中国 PPP 模式系列丛书

中国 PPP 模式的运作实务

吉富星 著

中国财经出版传媒集团
中国财政经济出版社

图书在版编目（CIP）数据

中国 PPP 模式的运作实务 / 吉富星主编 . —北京：中国财政经济出版社，2017.6

（中国 PPP 模式系列丛书）

ISBN 978 – 7 – 5095 – 7519 – 2

Ⅰ. ①中… Ⅱ. ①吉… Ⅲ. ①政府投资 – 合作 – 社会资本 – 研究 – 中国 Ⅳ. ①F832.48②F124.7

中国版本图书馆 CIP 数据核字（2017）第 139758 号

责任编辑：杨　骁　　　　　　责任校对：黄亚青
封面设计：陈宇琰　　　　　　版式设计：齐　杰

中国财政经济出版社 出版

URL：http：//www.cfeph.cn

E – mail：cfeph @ cfeph.cn

（版权所有　翻印必究）

社址：北京市海淀区阜成路甲 28 号　邮政编码：100142

营销中心电话：88190406　北京财经书店电话：64033436　84041336

北京财经印刷厂印刷　各地新华书店经销

710×1000 毫米　16 开　17.25 印张　310 000 字

2017 年 6 月第 1 版　2017 年 6 月北京第 1 次印刷

定价：58.00 元

ISBN 978 – 7 – 5095 – 7519 – 2

（图书出现印装问题，本社负责调换）

本社质量投诉电话：010 – 88190744

打击盗版举报热线：010 – 88190414　　QQ：447268889

推荐序

随着我国经济社会转型升级，公共服务（公共设施）的需求不断扩大，处于相对短缺状态。但是，财政约束日益收紧，单纯依赖政府已难以满足不断增长的公共服务需求。政府与社会资本合作（简称为PPP）作为向公众提供公共服务的一种新方式，受到世界各国青睐，方兴未艾。从我国实际出发，正式推广PPP起于2014年，目前已经成为全球最大的PPP市场，发展成绩斐然，但也存在"野蛮生长"问题。PPP规模的快速扩展，同时也表明我国PPP的发展已经到了一个新阶段，合作中的各种风险也将日益显现，相关深层次的改革也须提上议事日程。

PPP是公共服务提供的一种新模式，涉及不同性质主体之间的合作，形成了以前不曾有的民事关系、行政关系以及相关法律问题。同时，PPP也是公共治理的一个新路径，事关政府自身改革以及政府与市场、社会之间关系的重构问题，多元共治、共建、共享，由此形成一种新规则，引发权利、权力及责任的新界定。这预示着公共治理中政府、市场、社会之间的关系在发生实质性变化。PPP不仅可以平滑财政支出压力，更好地实现风险的合理分担、公共服务的"提质增效"，而且可渐渐扭转长期来形成的政府与市场、社会之间的界域关系，以及楚河汉界、泾渭分明的平面思维，继而从制度主义转向行为主义—行为合作。

PPP是基于长期性、平等性的合作伙伴关系，也是一种全程参与、收益共享、风险共担的共治关系。这种共治关系分为两个层面：一是宏观层面公共风险的多元共治关系，二是微观层面以项目"风险—收益"的分担与共享为核心的缔约关系。上述两层含义分别构成PPP宏观体制和微观机制的学理基础。PPP是财政实现自身在国家治理中基础性、支柱性作用的一种有效制度安排，其改革意义不亚于市场化改革，有利于推进国家治理体系和治理能力现代化。值得注意是，PPP不是政府"甩包袱"，也不是免费午餐，潜在的各种风险不可忽视。若合作不当，只会加重财政、公众负担，并导致财政风险隐匿、道德风险蔓延。对政府来说，不应将其异化为融资工具，当前更重要的是一种理念、思路、行为的转变，以及相应体制机制的变革。

《PPP模式的理论与政策》、《中国PPP模式的运作实务》、《中国PPP模式的案例解析》这三本书着重研究了政府与社会资本合作的理论、政策，并从项目全生命周期的运作、案例等层面进行解析。该套书体系完整、逻辑严谨、案例丰富、内容翔实，对PPP理论与实践所作的研究有一定的创新性。其中，在制度建设等方面的建议具有较强的针对性、可行性，项目运作过程中的实务与案例具有一定的启发性、示范性。

该套书的作者吉富星副教授是我指导毕业的经济学博士，在这个领域及金融投资方面拥有丰富的实操经验，再通过理论学习，研究能力提升很快，在政府与社会资本合作研究方面是复合型的专家。他先后在大型企业从事投融资管理工作十余年，在大学从事投资、金融等方面教学、研究三年。近年来，他多次参加了财政部及其他机构的PPP课题研究、政策研讨，发表多篇核心期刊论文。此外，他作为专家参与了财政部/国家PPP示范项目评审工作，同时，兼任财政部PPP中心专家、中国财政学会理事、投融资专委会副秘书长以及多个地方政府的政府与社会资本合作或金融顾问等。该套书在PPP理论与实践层面具有独到、深刻的理解，具有启发性，值得鼓励与肯定。当然，该套书中也存在一些需要进一步细化与完善之处。

基于我国国情的PPP理论与实践的研究还面临着很多挑战，亟待深入拓展。PPP在全世界没有一个统一、权威定义，并不存在静态的最佳实践。毋庸置疑的是，PPP将带来一场持续性、系统性、综合性的改革，意义重大、影响深远！PPP的健康持续发展应加强相关体制机制（财政、行政等）改革、强化制度（立法、政策、指南、合同等）安排、协同推进配套改革，切实消除财政机会主义、社会资本短期倾向，回归到公共服务效率与公平这一本义。PPP发展任重道远，不会是一片坦途，需要积极审慎、稳中求进、规范创新推进。

刘尚希

中国财政学会副会长、中国财政科学研究院院长

前言

政府与社会资本合作（PPP）是公共产品供给的新机制，也是国家治理能力提升的重要新工具。但是，PPP是一个实践先于理论的机制，与所处的环境紧密相关，需要因地制宜地推进具体工作。本书主要从运作实务层面，重点就PPP政策与流程、操作核心环节、交易结构、财务测算、项目采购、项目融资及实操中的各种疑问进行剖析。

本书内容分为八个章节，总体分为三大部分。

第一部分为第一章和第二章，主要阐述了PPP操作流程、核心支撑文件的要点。其中，第一章针对目前制度安排碎片化以及冲突问题，提出基本建设程序与当前PPP操作流程的衔接、优化的建议，在此基础上，形成了较为详细的全生命周期的PPP操作框架及主要核心要素。第二章重点对PPP项目决策、落地阶段的"两评一案（物有所值评价报告、财政承受能力论证报告、项目实施方案）"以及PPP项目合同进行了框架式解析。

第二部分为第三章到第七章，主要阐述了PPP项目实施过程中的一些关键环节，包括运作方式、交易结构、财务建模与定价、项目采购、融资等方面的核心要素与操作要点。其中，第三章主要分析PPP模式的适用性、运作方式和交易结构的核心要素。第四章主要阐述了PPP项目的财务指标体系及测算过程，同时，分析了其在定价、风险防范等实践中的应用。第五章主要阐述了PPP项目采购的流程，解析了一些难点、疑点问题。第六章主要分析PPP项目的融资结构、融资难点，并解析政府、社会资本参与PPP融资的相关案例。第七章主要分析了PPP模式的风险性，以及如何规范、创新地推进PPP模式。

第三部分为附录，基于 PPP 全过程视角，对 PPP 项目涉及的法律、财务、财政、金融、工程等诸多领域常见政策、实操疑问进行了解答。

本书在编写过程中，相关部委司局、地方财政部门、金融机构和科研单位的很多专家、学者对本书给予了指导、提出了很多有益的建议，在此由衷地表示感谢。尤其是要感谢我的博士生导师中国财政科学研究院院长刘尚希研究员的指导与鼓励，也非常感谢财政部专项支持的《政府与社会资本合作立法研究》课题组其他成员提供的帮助。此外，感谢 PPP 领域的专家学者和实务工作者，本书是在学习和借鉴他们已有研究成果的基础上做出的一点探索和思考。最后，要衷心感谢中国财政经济出版社的杨骁同志，他为本书的顺利出版做了大量的策划、编辑工作。

PPP 在实践层面呈现多样化、复杂性等特点，很难达成统一、标准答案，也难以形成普适的最佳实践经验。本书的研究只是一个初步的框架，仍有许多不完善甚至错误之处，敬请各位读者批评指正。

吉富星

2017 年 6 月

目录

第一章　我国基本建设程序与当前 PPP 操作流程的衔接、优化 ………… 1

第一节　投资项目的基本建设程序 /1

第二节　我国当前 PPP 操作流程 /9

第三节　PPP 操作流程与传统基本建设程序的衔接、优化 /20

第二章　PPP 项目实施大纲、方案与合同要点 ……………………… 24

第一节　PPP 项目全生命周期的实施大纲及部门分工 /24

第二节　PPP 项目决策的核心支撑文件
　　　　——"两报告、一方案" /37

第三节　PPP 项目的核心——PPP 合同体系 /55

第三章　PPP 模式的适用性、运作方式与交易结构的要素 ………… 72

第一节　PPP 模式的适用性 /72

第二节　PPP 项目运作方式的核心要素 /74

第三节　PPP 项目交易结构的核心要素 /81

第四章　PPP 项目的财务建模与财务评价的应用 ……………………… 94

第一节　项目财务测算的基本概念、指标体系和模型搭建 /94

第二节　财务模型的主要应用：定价、风险评估与
　　　　决策管理 /115

第五章　PPP 项目的采购 ……………………………………………… 132

第一节　PPP 项目采购面临的部分难点 /132

第二节　PPP 项目采购主要流程 /144

第三节　采购的资格条件、响应文件与评分标准 /151

第六章　PPP 项目的融资 ……………………………………………… 155

第一节　PPP 项目的融资结构、工具、责任与难点 /155
第二节　政府 PPP 基金 /160
第三节　PPP 项目的融资案例 /166
第四节　小结与建议 /177

第七章　PPP 项目的风险性、规范性与创新性 ……………………… 178

第一节　PPP 项目推进过程的问题及风险 /178
第二节　我国 PPP 模式的核心特征与规范性 /186
第三节　PPP 模式的创新 /193

附录　PPP 在全生命周期实施过程中的问题解析 ………………… 199

第一节　PPP 相关概念与逻辑辨析、债务与预算 /199
　一、基本概念与关联关系 /199
　　1. 目前地方政府有哪些融资方式？/199
　　2. PPP 的标准定义是什么？/200
　　3. 政府购买服务与 PPP 之间是什么关系？/200
　　4. PPP 与特许经营之间是什么关系？/201
　　5. BT 方式属于 PPP 的范畴吗？/201
　　6. BOT 与 PPP 之间是什么关系？/202
　　7. PPP 与私有化是什么关系？/202
　　8. 股权合作属于 PPP 模式的一种吗？/203
　　9. 何谓融资平台？/203
　　10. 哪些主体能作为政府方或实施机构？/203
　　11. 社会资本主要指哪些主体？/204
　　12. 社会资本与项目公司是什么关系？/204
　　13. 非营利组织能否作社会资本？/205
　　14. 什么是可行性研究报告？/205
　　15. 什么是产出说明？/205
　　16. 什么是可用性付费？/206
　　17. 什么是绩效付费？/206
　　18. 什么是物有所值？/206
　　19. 物有所值评价可信吗？/207

二、债务、支出责任与预算 /207
    20. 地方政府应出具财政承诺函吗？/207
    21. PPP 项目的政府付费、补贴属于政府债务吗？/207
    22. 各类棚改、工程项目等政府购买服务支出属于政府债务吗？/208
    23. 2015 年以来实施的专项建设基金属于政府债务吗？/208
    24. 我国地方政府的债务风险如何？/209
    25. 什么是财政预算？/209
    26. 我国财政预算包括哪几部分？/210
    27. 政府财政承受能力论证时，从财政角度应关注哪些因素？/210
    28. 何为中期财政规划？/211
    29. 财政如何保障 PPP 项目的政府付费支付？/211
    30. PPP 项目年度支出责任在 10% 红线内，投资安全吗？/211

第二节　PPP 的适用性与规范性 /212
一、PPP 适用领域、范围 /212
    1. PPP 模式适用哪些领域？/212
    2. PPP 项目范围或合作内容包括哪些？/212
    3. 融资平台经政府授权后可以作为实施机构吗？/213
    4. 融资平台可以作为社会资本参与 PPP 吗？/213
    5. 公益性项目可以采取 PPP 模式吗？/213
    6. 公益性项目或 BT 项目如何转为 PPP 项目？/214
    7. PPP 项目中可以有房地产开发吗？/214

二、规范性要素 /214
    8. 合作期限必须超过 10 年吗？/214
    9. 是不是社会资本或项目公司必须负责运营？/215
    10. PPP 模式应禁止固定回报吗？/215
    11. 最低需求保证与固定回报的区别？/216
    12. PPP 项目是不是应禁止所有明（名）股实债行为？/216
    13. PPP 模式下应禁止回购安排吗？/217
    14. PPP 模式下应禁止运营返包吗？/217
    15. 如何界定变相 BT 方式？/217
    16. PPP 项目中政府承诺内容是什么？/218
    17. PPP 模式的规范性特征有哪些？/218

第三节　PPP 相关合同风险与责权利 /218
一、合同体系与权利义务 /218
    1. PPP 协议体系包括哪些？/218

2. 政府在 PPP 中扮演的角色是什么？/219
3. PPP 项目合同是民事合同还是行政合同？/219
4. 政府方主体出现机构调整如何处理？/220
5. 人民政府是否可以直接签署 PPP 项目合同？/220
6. PPP 项目合同如何签署？/221
7. 政府方通常具有哪些权利和义务？/221
8. 社会资本方的通常具有哪些权利和义务？/221

二、风险分配 /222
9. 政府方和社会资本方的风险分配原则是什么？/222
10. 通常由政府方承担的风险是什么？/222
11. 通常由项目公司承担的风险是什么？/222
12. 通常由双方共同承担的风险是什么？/222

三、部分合同难点 /222
13. 存量项目中的职工如何安置？/222
14. 项目的用地取得方式有哪些？/223
15. 如何取得配置的经营性土地？/223
16. 对土地的权利有哪些限制？/223
17. 项目期限与土地使用期限存在不匹配问题？/224
18. 唯一性条款是什么？/224
19. 政府可以用收益权出资入股项目公司吗？/224
20. 项目的资产所有权属于哪一方？/224

四、违约与争议 /225
21. 常见的政府方违约事件包括哪些情形？/225
22. 常见的项目公司违约事件包括哪些情形？/225
23. 合同提前终止的事由有哪些？/225
24. 争议解决方式有哪些？/226
25. 争议期间合同该如何履行？/227
26. 项目合作期延期的原则？/227

第四节　PPP 模式要点与交易结构 /227
一、交易结构设计及运作方式 /227
1. 项目的交易结构包括哪些主要内容？/227
2. 项目的交易结构应考虑哪些关键因素？/227
3. PPP 主要有哪些运作方式？/228
4. BTO、BTL 等属于 PPP 运作方式吗？/228
5. 商业模式或交易结构如何创新？/228

二、投融资结构 /229
    6. 项目的投资构成是什么？/229
    7. 项目公司自有资金或资本金比例有何要求？/229
    8. 股东借款可以作为资本金吗？/229
    9. 政府入股不分红、劣后方式可行吗？/230
    10. PPP项目的融资责任由谁承担？/230
    11. PPP项目的融资方式有哪些？/230
    12. 项目都能实现项目融资吗？/230
    13. 贷款担保主要有哪几类？/231
    14. PPP项目哪些财产和权利可以抵押、质押？/231
    15. 新设项目公司可以发行项目收益债吗？/232
    16. PPP产业基金有哪些种类以及如何退出？/232

三、回报机制 /233
    17. PPP项目回报机制主要有哪几类？/233
    18. 各种回报机制适用哪一类项目？/233
    19. 设定付费机制时需要考虑哪些因素？/233
    20. PPP项目定价的财务指标有哪些，多少较为合理？/234
    21. 按财金〔2015〕21号文公式计算财政补助合理吗？/234
    22. 如何完善公共服务价格调整机制？/235
    23. 如何对超额收益实施限制？/235

第五节 PPP项目程序与采购 /236
  一、项目落地前程序 /236
    1. 各部门如何分工？/236
    2. 社会资本发起PPP项目还需要走采购程序吗？/236
    3. PPP项目采购前是否必须有可行性研究报告？/237
    4. PPP项目是否应该走备案制而非审批制管理？/237
    5. PPP项目立项或项目批复给谁？/237
    6. 使用者付费的PPP项目可以不用开展财政承受能力论证吗？/238
    7. 市场测试有无必要？/238

  二、项目采购 /238
    8. PPP采购是属于政府采购范畴吗？/238
    9. 社会投资人与承包商是否可以合并招选（两标合一标）？/239
    10. 是不是最好采取公开招标方式呢？/239
    11. 竞争性谈判和竞争性磋商是一样的吗？/239
    12. 联合体是法人吗？/240

13. 联合体牵头方必须控股吗？ /240
14. 如何在合同中约定工程费用的控制？ /240
15. 社会资本方应缴纳多少履约保证金？ /241
16. 采购过程中报价如何设定？ /241
17. 在采购过程中，供应商少于 3 家怎么办？ /241

第六节　PPP 项目公司与股权变更 /241
　　一、项目公司组建 /241
　　　　1. PPP 与混合所有制的关系？ /241
　　　　2. PPP 项目是否都必须成立项目公司？ /242
　　　　3. 中标社会资本是否可以让其子公司出资设立项目公司？ /242
　　　　4. 联合体成员是不是都需要入股项目公司？ /243
　　　　5. 政府入股有什么好处？ /243
　　　　6. 政府入股比例多少为宜？ /243
　　　　7. 项目公司与一般商业企业主要有什么区别？ /243
　　　　8. 项目公司是否可以采用合伙企业或其他形式？ /243
　　　　9. 项目资本金与项目公司注册资本有什么关系？ /244
　　　　10. 政府入股项目公司有哪些约定？ /244
　　二、项目公司股权变更与权利 /244
　　　　11. 政府和社会资本对于项目股权变更的关注点有何不同？ /244
　　　　12. 应主要关注哪些股权变更？ /245
　　　　13. 对股权变更有哪些限制？ /246
　　　　14. 社会资本权利限制主要体现在哪个方面？ /246
　　　　15. 项目的退出机制有哪些？ /246

第七节　PPP 执行与监管 /247
　　一、建设与运营 /247
　　　　1. 项目设计责任谁来承担？ /247
　　　　2. 社会资本是否对建设成本超支承担全部责任？ /248
　　　　3. 项目公司是否可以将建设、运营的部分工作外包？ /248
　　　　4. 如何确定最终的投资额？ /248
　　　　5. 项目交工验收与竣工验收有什么区别？ /249
　　　　6. 项目开始运营的一般条件是什么？ /249
　　二、会计、税收 /249
　　　　7. PPP 税收难点如何处理？ /249
　　　　8. 如何完善 PPP 税收？ /250
　　　　9. 政府如何实现项目资产的控制？ /250

10. 项目资产在法律与会计上可能存在的差异是什么？/251
11. 项目公司资产在会计上如何确认？/251
12. 资产的折旧或摊销如何确定？/251
13. 金融机构控股PPP，能否实现社会资本出表？/252
14. PPP项目开展证券化的范围和标准？/252
15. PPP资产证券化能实现社会资本（股东方）完全退出或出表吗？/253

三、评估、监管 /253
16. 政府方对运营维护的监督和介入包括什么内容？/253
17. 项目的暂停服务是指什么？/253
18. 政府如何行使介入权？/254
19. 如何开展中期评估工作？/254
20. 如何开展绩效监管？/255
21. 信息公开应包括什么内容？/255
22. 合同终止后，政府回购如何补偿社会资本？/255

四、项目移交 /256
23. 项目进行移交时需要移交哪些内容？/256
24. 移交的条件和标准是什么？/256
25. 项目移交过程中如何评估和测试？/256
26. 移交费用（含税费）如何分担？/257

第八节 其他 /257
1. 我国PPP市场发展的主要风险是什么？/257
2. 我国有没有必要进行PPP立法？/257
3. 我国PPP立法应该怎么立？/258
4. PPP会出现较大范围的纠纷吗？/258
5. PPP会产生庞氏骗局吗？/258
6. 民企参与PPP市场的程度如何？/259
7. PPP咨询服务的服务内容和收费？/259
8. 如何进一步完善我国PPP咨询市场？/259
9. PPP发展成功的要素是什么？/260
10. 如何看待我国PPP发展？/260

第一章

我国基本建设程序与当前 PPP 操作流程的衔接、优化

PPP（政府与社会资本合作）模式在中国并不是一个新生事物，但 2014 年以来中国推广的 PPP 模式是政府职能转变、公共服务供给机制的重大变革。很显然，这一轮 PPP 模式无论在广度、深度上都超越过去的政府特许经营模式，同时，也与传统的政府投资、BT 方式（建设 - 移交，已被政府禁止）、企业商业化投资方式的运作机理不同。客观上讲，当前 PPP 操作流程在管理体制上尚未理顺、存在政出多门现象。尤其是，财政部、发改委出台的 PPP 政策存在一定差异，PPP 操作流程与传统的基本建设程序也存在一定的冲突。不可否认的是，传统的基本建设程序有其严谨科学之处。但是，PPP 项目与传统投资项目运作机理不同，关键是如何衔接优化，而不是割裂运行、甚至相互抵触。本章主要介绍了传统基本建设程序、PPP 操作流程，同时，提出了两者的衔接、优化的建议。

第一节 投资项目的基本建设程序

一、传统基本建设的全流程和各个阶段内容

基本建设是指以固定资产扩大再生产为目的进行的各种新建、改建、扩建、迁建、恢复工程，及与之相关的各项建设工作。建设程序是指建设项目从设想、选择、评估、决策、设计、施工到竣工验收、投入生产等的整个过程。通常，一个建设项目要经历投资前期、建设期及生产经营期这三个时期或阶段，其项目全过程如图 1-1 所示：

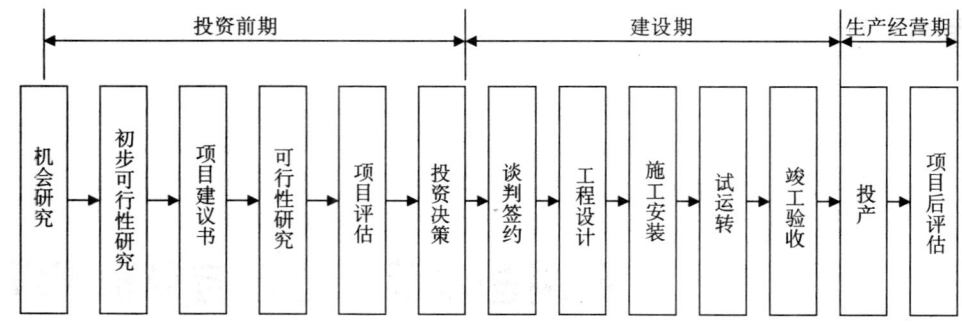

图 1-1 项目投资决策和建设全过程

目前，我国基本建设程序可大致划分为投资前期、建设期、生产经营期三大阶段。在此基础上，可进一步具体细分为几个子阶段，即项目建议书阶段、可行性研究（以下简称"可研"）阶段、初步设计阶段、施工图设计阶段、施工建设准备阶段、建设实施阶段、竣工验收阶段和项目后评估阶段。其中，可行性研究是项目投资前期阶段中的一项非常重要工作，是整个项目研究和控制的重点。可行性研究主要是对项目在技术上是否可行和经济上是否合理进行科学的分析和论证，通过技术、工程和经济上的全面分析论证和多种方案比较，提出评价意见。

当然，上述部分环节在实践过程中可以有所精简、合并。如对于一些相对单一、技术工艺要求不高、前期工作成熟的项目，项目建议书和可行性研究报告也可以合并，一步到位编制项目可行性研究报告，即可行性研究报告代项目建议书。此外，设计过程一般划分为两个阶段，即初步设计和施工图设计，重大项目和技术复杂项目，可根据不同行业的特点和需要，增加技术设计阶段。

以某省的基本建设程序为例，投资项目从项目立项到实施大致要经历 28 个主要环节（不同行业、区域的项目程序有差异），其中大部分流程涉及审批，相关流程和内容如下：

1. 项目建议书阶段（立项）

项目建议书是项目建设筹建单位，根据国民经济和社会发展的长远规划、行业规划、产业政策、生产力布局、市场、所在地的内外部条件等要求，经过调查、预测分析后，提出的某一具体项目的建议文件。项目建议书是基本建设程序中最初阶段的工作，是对拟建项目的框架性设想，也是政府选择项目和后续可行性研究的依据。该阶段分为以下几个环节：

（1）编制项目建议书。有些部门在编制项目建议书之前，也可以增加初步可行性研究工作，对拟进行建设的项目初步论证后，再编制项目建议书。项目建议书按要求编制完成后，按照建设总规模和限额的划分审批权限报批。属中央投资、中央和地方合资的大中型和限额以上建设项目的项目建议书需报送国家投资主管部门（发改委）审批；属省政府投资为主的建设项目需报省投资主管部门

（发改委）审批；属市（州、地）政府投资为主的建设项目需报市（州、地）投资主管部门（发改委）审批；属县（市、区）政府投资为主的建设项目需报县（市、区）投资主管部门（发改局）审批。

（2）办理项目选址规划意见书。项目建议书编制完成后，项目筹建单位应到规划部门办理建设项目选址规划意见书。

（3）办理建设用地规划许可证和工程规划许可证。项目筹建单位应到规划部门办理。

（4）办理土地使用审批手续。项目筹建单位应到国土部门办理。

（5）办理环保审批手续。项目筹建单位应到环保部门办理。

在完成开展以上工作的同时，可以做好以下工作：进行拆迁摸底调查，并请有资质的评估单位评估论证；做好资金来源及筹措准备；准备好选址建设地点的测绘等。

2. 可行性研究阶段（项目审批）

（6）编制可行性研究报告。由经过国家资格审定的适合项目的等级和专业范围的规划、设计、工程咨询单位承担项目可行性研究报告的编制工作。可行性研究报告一般具备以下基本内容：总论，建设规模和建设方案，市场预测和确定的依据，建设标准，设备方案，工程技术方案，原材料、燃料供应、动力、运输、供水等协作配合条件，建设地点，占地面积，布置方案，项目设计方案，节能、节水措施，环境影响评价，劳动安全卫生与消防，组织机构与人力资源配置，项目实施进度，投资估算，融资方案，财务评价，经济效益评价，社会效益评价，风险分析，招标投标内容和核准招标投标事项，研究结论与建议。

（7）可行性研究报告论证。报告编制完成后，项目建设筹建单位应委托有资质的单位进行评估、论证。

（8）可行性研究报告报批。项目建设筹建单位提交书面报告，附上可行性研究报告文本以及其他附件（如建设用地规划许可证、工程规划许可证、土地使用手续、环保审批手续、拆迁评估报告、可研报告的评估论证报告、资金来源和筹措情况等手续）上报原项目审批部门审批。可行性研究报告经批准后，不得随意修改和变更。如果在建设规模、建设方案、建设地区或建设地点、主要协作关系等方面有变动以及突破投资控制数时，应经原批准机关同意重新审批。经过批准的可行性研究报告，是确定建设项目、编制设计文件的依据。可行性研究报告批准即意味着政府同意该项目进行建设，至于如何将项目列入年度计划，要根据其前期工作的进展情况以及政府财力等因素进行综合平衡后决定。

（9）到国土部门办理土地使用证。

（10）办理征地、青苗补偿、拆迁安置等手续。

（11）地勘。根据可研报告审批意见委托或通过招标、比选等方式选择有资质的地勘单位进行地勘。

（12）报审市政配套方案。报审供水、供气、供热、排水等市政配套方案，一般项目要在规划、建设、土地、人防、消防、环保、文物、安全、劳动、卫生等主管部门提出审查意见，取得有关协议或批件。

3. 初步设计阶段

根据建设项目的不同情况，工程设计一般划分为两个阶段，即初步设计和施工图设计。重大项目和技术复杂项目可根据不同行业的特点和需要增加技术设计阶段。

（13）初步设计。项目筹建单位应根据可研报告审批意见，委托或通过招标投标择优选择有相应资质的设计单位进行初步设计。初步设计是根据批准的可行性研究报告和必要而准确的设计基础资料，对设计对象进行通盘研究，阐明在指定的地点、时间和投资控制数内，拟建工程在技术上的可能性和经济上的合理性。通过对设计对象作出的基本技术规定，编制项目的总概算。初步设计主要内容包括：设计依据、原则、范围和设计的指导思想，自然条件和社会经济状况，工程建设的必要性，建设规模、建设内容、建设方案、原材料、燃料和动力等的用量及来源，技术方案及流程、主要设备选型和配置，主要建筑物、构筑物、公用辅助设施等的建设，占地面积和土地使用情况，总体运输，外部协作配合条件，综合利用、节能、节水、环境保护、劳动安全和抗震措施，生产组织、劳动定员和各项技术经济指标，工程投资及财务分析，资金筹措及实施计划，总概算表及其构成。如果初步设计提出的总概算超过可行性研究报告确定的总投资估算10%以上或其他主要指标需要变更时，要重新报批可行性研究报告。

（14）消防手续。到消防部门办理。

（15）初步设计文本审查。初步设计文本完成后，应报规划管理部门审查，并报原可研审批部门审查批准。初步设计文件经批准后，总平面布置、主要工艺过程、主要设备、建筑面积、建筑结构、总概算等不得随意修改、变更。经过批准的初步设计，是设计部门进行施工图设计的重要依据。

4. 施工图设计阶段

（16）施工图设计。通过招标、比选等方式择优选择设计单位进行施工图设计。施工图设计的主要内容是根据批准的初步设计，绘制出正确、完整和尽可能详尽的建筑安装图纸。其设计深度应满足设备材料的安排、非标设备的制作以及建筑工程施工要求等。

（17）施工图设计文件的审查备案。施工图文件完成后，应将施工图报有资质的设计审查机构审查，并报行业主管部门备案。

（18）编制施工图预算。聘请有预算资质的单位编制施工图预算。

5. 施工建设准备阶段

（19）编制项目投资计划书。据此，按现行的建设项目审批权限进行报批。

（20）建设工程项目报建备案。省重点建设项目、省批准立项的涉外建设项目及跨市、州的大中型建设项目，由建设单位向省人民政府建设行政主管部门报建。其他建设项目按隶属关系由建设单位向县以上人民政府建设行政主管部门报建。

（21）建设工程项目招标。业主自行招标或通过比选等竞争性方式择优选择招标代理机构；通过招标或比选等方式择优选定设计单位、勘察单位、施工单位、监理单位和设备供货单位，签订设计合同、勘察合同、施工合同、监理合同和设备供货合同。发改部门根据项目情况和国家规定，对项目的招标范围、招标方式、招标组织形式、发包初步方案等进行核准。

6. 建设实施阶段

（22）开工前准备。项目在开工建设之前要切实做好以下准备工作：征地、拆迁和场地平整，完成"三通一平"即通路、通电、通水，修建临时生产和生活设施，组织设备、材料订货，作好开工前准备，准备必要的施工图纸。

（23）办理工程质量监督手续。持施工图设计文件审查报告和批准书，中标通知书和施工、监理合同，建设单位、施工单位和监理单位工程项目的负责人和机构组成，施工组织设计和监理规划（监理实施细则）等资料到工程质量监督机构办理工程质量监督手续。

（24）办理施工许可证。到工程所在地的县级以上人民政府建设行政主管部门办理施工许可证。

（25）项目开工前审计。审计机关在项目开工前，会对项目的资金来源是否正当、落实，项目开工前的各项支出是否符合国家的有关规定，资金是否按有关规定存入银行专户等进行审计。建设单位应向审计机关提供资金来源及存入专业银行的凭证、财务计划等有关资料。

（26）报批开工。具备各项开工条件后，建设单位向主管部门提出开工申请。建设项目经批准新开工建设，项目即进入了建设实施阶段。项目新开工时间，是指建设项目设计文件中规定的任何一项永久性工程（无论生产性或非生产性）第一次正式破土开槽开始施工的日期。不需要开槽的工程，以建筑物的正式打桩作为正式开工。公路、水库需要进行大量土、石方工程的，以开始进行土方、石方工程作为正式开工。

7. 竣工验收阶段

（27）竣工验收。根据国家现行规定，凡新建、扩建、改建的基本建设项目和技术改造项目，按批准的设计文件所规定的内容建成，符合验收标准的，必须及时组织验收，办理固定资产移交手续。根据建设项目的规模大小和复杂程度，整个项目的验收可分为初步验收和竣工验收两个阶段进行。规模较大、较为复杂的建设项目，应先进行初验，然后进行全部项目的竣工验收。规模较小、较简单的项目可以一次进行全部项目的竣工验收。建设项目全部完成，经过各单项工程的验收，符合设计要求，并具备竣工图表、竣工决算、工程总结等必要文件资料，由项目主管部门或建设单位向负责验收的单位提出竣工验收申请报告。

8. 项目后评价阶段

（28）项目后评价。国家对一些重大建设项目，在竣工验收若干年后进行后评价。这主要是为了总结项目建设成功和失败的经验教训，供以后项目决策借鉴。

二、固定资产投资项目的核准程序与要点

根据我国投资项目审批制度，分为审批制、核准制与备案制三种。对于政府投资项目[①]一律采取审批制，相关程序见上。对于企业使用政府补助、转贷、贴息投资建设的项目，政府只审批资金申请报告。对于企业不使用政府投资建设的项目，区别情况实行核准制和备案制。一般而言，政府仅对重大项目和限制类项目从维护社会公共利益角度进行核准，其他的项目由企业自主采取备案制。由于基础设施、公共服务类项目绝大多数涉及政府职能或付费以及公共利益，故主要采取审批制或核准制，较少采取备案制。以下主要补充介绍项目核准程序与要点。

目前，企事业单位等固定资产投资项目需要向政府投资主管部门（发改委）申请核准或批复。其中，项目核准所需的材料较多，虽然在核准制下企事业单位看似只需提交项目申请报告，但相应的其他审批程序相对较多。以北京市发改委关于企业固定资产的核准程序为例：

1. 申报材料

企业、事业单位、社会团体等投资建设的固定资产投资项目核准（不含工业和信息化投资项目）需要申报材料如下：

（1）项目所在地区县发展改革部门、市属有关部门或市属国有控股集团、总公司出具的关于项目核准的初审意见及请示或报批函；

（2）城乡规划行政主管部门出具的有效规划意见；

（3）国土资源行政主管部门出具的用地预审意见（不涉及新增用地，在已批准的建设用地范围内进行改扩建的项目，可以不进行用地预审）。采取"招拍挂"方式供地的项目只需提交《国有建设用地使用权出让合同》、招标文件或挂牌文件、中标通知书。土地转让项目还需提交国土部门出具的《国有建设用地转

[①] "政府投资项目"一般指政府使用"各类政府投资资金，包括预算内投资、各类专项建设基金、统借国外贷款等"进行全部或部分投资的项目，投资方式则可分为直接投资、资本金注入、投资补助、基金注资、担保补贴、转贷和贷款贴息等。

让登记表》；

（4）环境保护行政主管部门出具的环境影响评价审批文件；

（5）具备甲级工程咨询资质的机构编制的项目申请报告；

（6）项目建设单位合法身份证明文件；

（7）国家和本市有关规定应当提交的其他材料。

2. 政府审查要点

（1）是否符合国家法律法规和宏观调控政策；

（2）是否符合国家和本市发展规划、产业政策、技术政策和准入标准；

（3）是否合理开发并有效利用了资源；

（4）是否影响我国国家安全、经济安全和生态安全；

（5）是否对公众利益，特别是项目建设地的公众利益不产生重大不利影响；

（6）项目建设单位是否具有承担项目建设的能力；

（7）建设项目用地预审是否明确具体供地方式；

（8）是否符合北京市其他相关法规政策规定。

3. 其他审批

决策阶段的项目建议书（初步可行性研究报告）、可行性研究报告等由发改委审批；设计阶段和施工阶段的初步设计与施工许可由行业主管部门和工程所在地人民政府审批；其他政府相关部门也有相应的要求，比如施工许可证必须取得规划许可证和办理用地批准手续方可申请办理。

三、现有基本建设程序利弊兼具、亟需改革

传统基本建设程序运作多年，的确具有较强的策划、管控等功能，可以有效控制成本、提高项目工程质量和运营效率，达到提高投资效益的目的。建设程序是项目从酝酿到投产运营全过程各项工作开展先后顺序的规定，反映各个阶段之间的内在联系，总体上符合经济规律。从制定规划、确定建设项目、勘察、定点、设计、建筑、安装、试车，直到竣工验收交付使用等各个阶段、各个环节之间的关系，都有较为严格的规定和程序，流程细、环节多、控制严，可形成层层递进、互相关联的规范与监管体系，可以更好地控制成本、质量。以造价控制为例，建设项目在建设程序的不同阶段，项目工程造价的计算方法和精度是不同的，如图1-2所示。通常按照"总投资概算不得超过总投资估算的10%，施工图预算不得突破设计概算"的原则进行审查，最终结算突破概算的，须有调整概算报批手续。通过此举可以有效控制成本超支等行为。

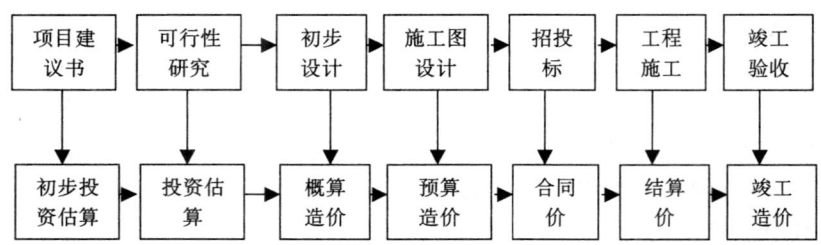

图1-2 建设程序各阶段对应的工程造价

故此，传统的基本建设程序具有一定的合理性、科学性和规范性。但是，在我国项目建设过程中，实际上存在一些较为突出的问题：

其一，可行性研究报告演变为"可批性"报告。可行性研究作为基本建设程序中的重要环节，普遍性沦为"可批性"报告。相关部门前期工作不扎实、思想上不重视、市场价格恶性竞争、编制时间紧张等因素导致可研报告普遍缺乏深入研究、论证，深度严重不足。多数可研报告依然站在政府出资角度，都是为应付审批而"走形式"，实际应用价值不大。可行性研究报告在编制过程中，仅在项目选址、工程方案、设备选型、工艺流程等方面对后期项目决策有价值，在商业模式、财务方案、风险分担方面欠缺较大。

其二，程序繁琐，审批多、审批难。目前，政府对微观经济活动直接干预仍显过多，行政审批事项仍然较多。部分地区仍然存在重审批、轻监管、少服务等问题，相关行政审批链条未见明显缩短、审批效率没有明显提高。此外，还存在部分地方以备案方式进行变相核准或审批的问题，自行设置审批（核准）前置条件等问题。审批难一个重要原因是前置条件太多，一般项目的前置条件达到数十项。很多项目前期工作和审批时间都远远超过了实际施工时间，存在耗时、耗钱、影响进度，也存在一定的权力"设租""寻租"等腐败现象。

其三，很多项目并未严格按照程序走，往往是"先上车、后补票"，或多或少存在"七无三边"工程。建设单位违反基本建设程序先后次序较为普遍，导致"七无三边"工程的出现。"七无"是指"无立项、无报建、无开工许可证、无招投标、无资质、无监理、无验收"；"三边"工程是指"边勘察、边设计、边施工"。这些问题实际上也导致了传统基建程序的优势未发挥。

目前项目审批的趋势是简政放权，应基于项目"负外部性"的政府许可，将企业投资自主权"还权到位"。对不使用政府投资建设的项目，一律不再实行审批制，区别不同情况实行核准制和备案制。项目核准机关对企业提交的项目申请报告，应当主要从维护经济安全、合理开发利用资源、保护生态环境、优化重大布局、保障公共利益、防止出现垄断等方面依法进行审查，作出是否予以核准的决定，并加强监督管理。要注意对企业投资项目的"外部性"条件进行审查和把关，如对环境的污染、水土的流失、能源的消耗等是否会影响到当地居民的生活。项目的市场前景、经济效益、资金来源、产品技术方案等均由企业自主决策、自担风险，项目核准机关不得干预企业的投资自主权。

当前，应依托互联网和大数据技术，逐步建设信息共享、覆盖各地在线审批监管平台，推行并联审批、在线审批，促进市场秩序更加规范，市场活力充分释放。在项目的可行性研究报告或项目申请报告的审批、核准阶段，一般只保留用地预审和规划选址两项前置审批，重特大项目增加环评审批为前置条件。项目审批或核准"做减法"，进一步精简审批事项。剩下的这些项目将由"串联"改为"并联审批"，项目审批或核准也做"乘法"。"并联办理"模式下，各部门同时办理，并且在网上可以查到进度。在简化前期审批条件的同时，还需要加强对项目的后续监管。

第二节 我国当前 PPP 操作流程

一、我国财政、发改两部委 PPP 操作流程

财政部于 2014 年 11 月 29 日发布了《关于印发政府和社会资本合作模式操作指南（试行）的通知》（财金〔2014〕113 号），国家发展改革委于 2014 年 12 月 2 日发布了《关于开展政府和社会资本合作的指导意见》（发改投资〔2014〕2724 号）。此外，2016 年 10 月，国家发展改革委又发布了《传统基础设施领域实施政府和社会资本合作项目工作导则》的通知（发改投资〔2016〕2231 号），进一步规范传统基础设施领域政府和社会资本合作项目操作流程。两个部委对 PPP 操作流程分别作出了规定，流程上存在较大差异，但核心机制相差不大。

1. 发改委关于 PPP 操作的流程规定

2014 年 12 月，国家发展改革委发布的《关于开展政府和社会资本合作的指导意见》（发改投资〔2014〕2724 号）规定，加强政府和社会资本合作项目的规范管理分为 6 个环节：

（1）项目储备。根据经济社会发展需要，按照项目合理布局、政府投资有效配置等原则，切实做好 PPP 项目的总体规划、综合平衡和储备管理。从准备建设的公共服务、基础设施项目中，及时筛选 PPP 模式的适用项目，按照 PPP 模式进行培育开发。

（2）项目遴选。会同行业管理部门、项目实施机构，及时从项目储备库或

社会资本提出申请的潜在项目中筛选条件成熟的建设项目，编制实施方案并提交联审机制审查，明确经济技术指标、经营服务标准、投资概算构成、投资回报方式、价格确定及调价方式、财政补贴及财政承诺等核心事项。

（3）伙伴选择。实施方案审查通过后，配合行业管理部门、项目实施机构，按照《招标投标法》《政府采购法》等法律法规，通过公开招标、邀请招标、竞争性谈判等多种方式，公平择优选择具有相应管理经验、专业能力、融资实力以及信用状况良好的社会资本作为合作伙伴。

（4）合同管理。项目实施机构和社会资本依法签订项目合同，明确服务标准、价格管理、回报方式、风险分担、信息披露、违约处罚、政府接管以及评估论证等内容。各地可参考《政府和社会资本合作项目通用合同指南》，细化完善合同文本，确保合同内容全面、规范、有效。

（5）绩效评价。项目实施过程中，加强工程质量、运营标准的全程监督，确保公共产品和服务的质量、效率和延续性。鼓励推进第三方评价，对公共产品和服务的数量、质量以及资金使用效率等方面进行综合评价，评价结果向社会公示，作为价费标准、财政补贴以及合作期限等调整的参考依据。项目实施结束后，可对项目的成本效益、公众满意度、可持续性等进行后评价，评价结果作为完善PPP模式制度体系的参考依据。

（6）退出机制。政府和社会资本合作过程中，如遇不可抗力或违约事件导致项目提前终止时，项目实施机构要及时做好接管，保障项目设施持续运行，保证公共利益不受侵害。政府和社会资本合作期满后，要按照合同约定的移交形式、移交内容和移交标准，及时组织开展项目验收、资产交割等工作，妥善做好项目移交。依托各类产权、股权交易市场，为社会资本提供多元化、规范化、市场化的退出渠道。

2016年10月，发改委发布的《传统基础设施领域实施政府和社会资本合作项目工作导则》（发改投资〔2016〕2231号）中明确政府和社会资本合作项目操作流程分为项目储备、项目论证、社会资本方选择、项目执行四个阶段。

（1）项目储备。主要包括：加强规划政策引导、建立PPP项目库、纳入年度实施计划、确定实施机构和政府出资人代表等。

（2）项目论证。主要包括：PPP项目实施方案编制、项目审批、核准或备案、PPP项目实施方案审查审批、合同草案起草。

（3）社会资本方选择。主要包括：社会资本方遴选、PPP合同确认谈判、PPP项目合同签订。

（4）项目执行。主要包括：项目公司设立、项目法人变更、项目融资及建设、营绩效评价、项目临时接管和提前终止、项目移交、PPP项目后评价、信息公开及社会监督。

2. 财政部关于 PPP 操作流程的规定

2014 年 11 月，财政部发布《政府和社会资本合作模式操作指南（试行）》（财金〔2014〕113 号），该指南适用于规范政府、社会资本和其他参与方开展政府和社会资本合作项目的识别、准备、采购、执行和移交等活动，明确 PPP 项目操作实施可分为 5 个阶段，19 个步骤，5 个阶段分别为：项目识别、项目准备、项目采购、项目执行、项目移交，详见图 1-3：

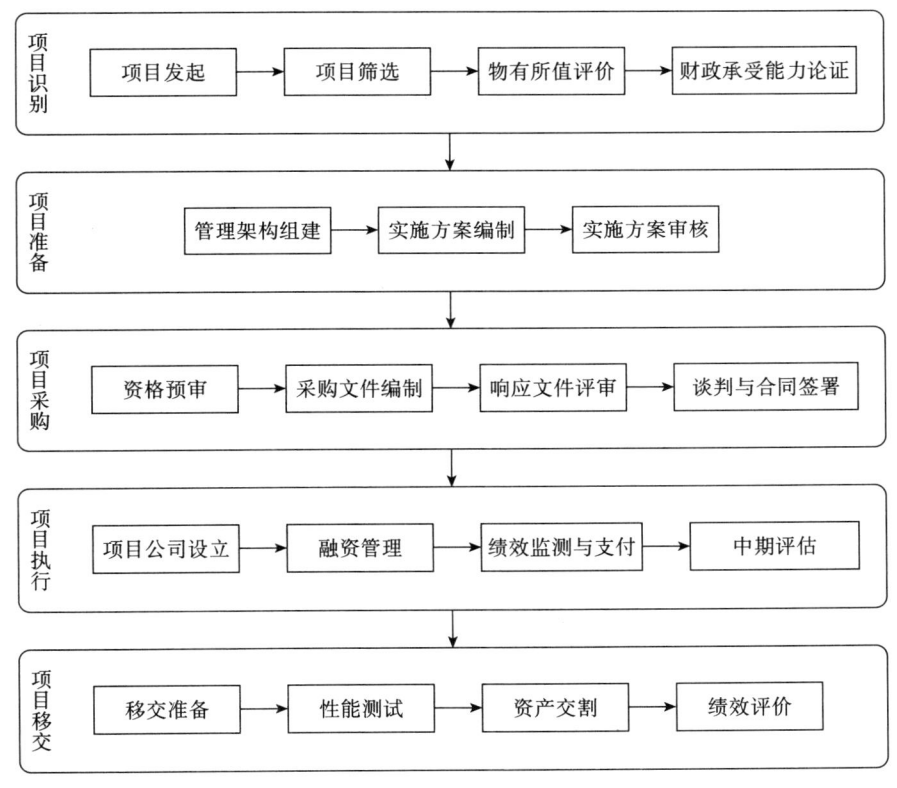

图 1-3　财政部 PPP 主要操作流程

总体上而言，财政部操作流程更为细化，后续支撑性文件更完整，也是目前各地实际推进 PPP 项目的主要操作性指南。截至 2016 年 12 月底，财政部全国 PPP 综合信息平台入库项目共计 11260 个，投资额 13.5 万亿元。其中，已签约落地 1351 个，投资额 2.2 万亿元，落地率 31.6%。全国入库项目和落地项目均呈逐月持续稳步上升态势，运行较好。

二、财政部 PPP 操作流程的关键阶段和内容

财政部对于 PPP 的操作流程分为 5 个阶段，19 个步骤，详细内容如下：

（一）项目识别

1. 项目发起

政府和社会资本合作项目由政府或社会资本发起，以政府发起为主。

（1）政府发起。财政部门（政府和社会资本合作中心）应负责向交通、住建、环保、能源、教育、医疗、体育健身和文化设施等行业主管部门征集潜在政府和社会资本合作项目。行业主管部门可从国民经济和社会发展规划及行业专项规划中的新建、改建项目或存量公共资产中遴选潜在项目。

（2）社会资本发起。社会资本应以项目建议书的方式向财政部门（政府和社会资本合作中心）推荐潜在政府和社会资本合作项目。政府部门在接到社会资本提出的 PPP 项目建议书之后，对该 PPP 项目建议进行初步审查，判定该项目是否具有潜在的公共利益；如果该 PPP 项目符合公共利益的需求，那么政府部门将邀请 PPP 项目的发起人提交更多的关于项目可行性的信息，以便政府部门对社会资本的资质以及项目的技术可行性和经济可行性进行适当的评估，判定项目是否可以按照政府部门可接受的方式顺利实施。

2. 项目筛选

财政部门（政府和社会资本合作中心）会同行业主管部门，对潜在政府和社会资本合作项目进行评估筛选，确定备选项目。财政部门（政府和社会资本合作中心）应根据筛选结果制定项目年度和中期开发计划。

对于列入年度开发计划的项目，项目发起方应按财政部门（政府和社会资本合作中心）的要求提交相关资料。新建、改建项目应提交可行性研究报告、项目产出说明和初步实施方案；存量项目应提交存量公共资产的历史资料、项目产出说明和初步实施方案。

3. 物有所值评价

财政部门（政府和社会资本合作中心）会同行业主管部门，从定性和定量两方面开展物有所值评价工作。定量评价工作由各地根据实际情况开展。

定性评价重点关注项目采用政府和社会资本合作模式与采用政府传统采购模式相比能否增加供给、优化风险分配、提高运营效率、促进创新和公平竞争等。

定量评价主要通过对政府和社会资本合作项目全生命周期内政府支出成本现值与公共部门比较值进行比较，计算项目的物有所值量值，判断政府和社会资本

合作模式是否降低项目全生命周期成本。

4. 财政承受能力论证

为确保财政中长期可持续性，财政部门应根据项目全生命周期内的财政支出、政府债务等因素，对部分政府付费或政府补贴的项目，开展财政承受能力论证，每年政府付费或政府补贴等财政支出不得超出当年财政收入的一定比例。通过物有所值评价和财政承受能力论证的项目，可进行项目准备。

（二）项目准备

5. 管理架构组建

县级（含）以上地方人民政府可建立专门协调机制，主要负责项目评审、组织协调和检查督导等工作，实现简化审批流程、提高工作效率的目的。政府或其指定的有关职能部门或事业单位可作为项目实施机构，负责项目准备、采购、监管和移交等工作。

6. 实施方案编制

项目实施机构应组织编制项目实施方案，依次对以下内容进行介绍：

（1）项目概况。项目概况主要包括基本情况、经济技术指标和项目公司股权情况等。基本情况主要明确项目提供的公共产品和服务内容、项目采用政府和社会资本合作模式运作的必要性和可行性，以及项目运作的目标和意义。经济技术指标主要明确项目区位、占地面积、建设内容或资产范围、投资规模或资产价值、主要产出说明和资金来源等。项目公司股权情况主要明确是否要设立项目公司以及公司股权结构。

（2）风险分配基本框架。按照风险分配优化、风险收益对等和风险可控等原则，综合考虑政府风险管理能力、项目回报机制和市场风险管理能力等要素，在政府和社会资本间合理分配项目风险。原则上，项目设计、建造、财务和运营维护等商业风险由社会资本承担，法律、政策和最低需求等风险由政府承担，不可抗力等风险由政府和社会资本合理共担。

（3）项目运作方式。项目运作方式主要包括委托运营、管理合同、建设－运营－移交、建设－拥有－运营、转让－运营－移交和改建－运营－移交等。具体运作方式的选择主要由收费定价机制、项目投资收益水平、风险分配基本框架、融资需求、改扩建需求和期满处置等因素决定。

（4）交易结构。交易结构主要包括项目投融资结构、回报机制和相关配套安排。项目投融资结构主要说明项目资本性支出的资金来源、性质和用途，项目资产的形成和转移等。项目回报机制主要说明社会资本取得投资回报的资金来源，包括使用者付费、可行性缺口补助和政府付费等支付方式。相关配套安排主要说明由项目以外相关机构提供的土地、水、电、气和道路等配套设施和项目所需的上下游服务。

（5）合同体系。合同体系主要包括项目合同、股东合同、融资合同、工程承包合同、运营服务合同、原料供应合同、产品采购合同和保险合同等。项目合同是其中最核心的法律文件。项目边界条件是项目合同的核心内容，主要包括权利义务、交易条件、履约保障和调整衔接等边界。权利义务边界主要明确项目资产权属、社会资本承担的公共责任、政府支付方式和风险分配结果等。交易条件边界主要明确项目合同期限、项目回报机制、收费定价调整机制和产出说明等。履约保障边界主要明确强制保险方案以及由投资竞争保函、建设履约保函、运营维护保函和移交维修保函组成的履约保函体系。调整衔接边界主要明确应急处置、临时接管和提前终止、合同变更、合同展期、项目新增改扩建需求等应对措施。

（6）监管架构。监管架构主要包括授权关系和监管方式。授权关系主要是政府对项目实施机构的授权，以及政府直接或通过项目实施机构对社会资本的授权；监管方式主要包括履约管理、行政监管和公众监督等。

（7）采购方式选择。项目采购应根据《中华人民共和国政府采购法》及相关规章制度执行，采购方式包括公开招标、竞争性谈判、邀请招标、竞争性磋商和单一来源采购。项目实施机构应根据项目采购需求特点，依法选择适当采购方式。公开招标主要适用于核心边界条件和技术经济参数明确、完整、符合国家法律法规和政府采购政策，且采购中不作更改的项目。

7. 实施方案审核

财政部门（政府和社会资本合作中心）应对项目实施方案进行物有所值和财政承受能力验证，通过验证的，由项目实施机构报政府审核；未通过验证的，可在实施方案调整后重新验证；经重新验证仍不能通过的，不再采用政府和社会资本合作模式。

（三）项目采购

8. 资格预审

项目实施机构应根据项目需要准备资格预审文件，发布资格预审公告，邀请社会资本和与其合作的金融机构参与资格预审，验证项目能否获得社会资本响应和实现充分竞争，并将资格预审的评审报告提交财政部门（政府和社会资本合作中心）备案。

项目有3家以上社会资本通过资格预审的，项目实施机构可以继续开展采购文件准备工作；项目通过资格预审的社会资本不足3家的，项目实施机构应在实施方案调整后重新组织资格预审；项目经重新资格预审合格社会资本仍不够3家的，可依法调整实施方案选择的采购方式。

资格预审公告应在省级以上人民政府财政部门指定的媒体上发布。资格预审合格的社会资本在签订项目合同前资格发生变化的，应及时通知项目实施机构。

资格预审公告应包括项目授权主体、项目实施机构和项目名称、采购需求、对社会资本的资格要求、是否允许联合体参与采购活动、拟确定参与竞争的合格社会资本的家数和确定方法，以及社会资本提交资格预审申请文件的时间和地点。提交资格预审申请文件的时间自公告发布之日起不得少于15个工作日。

9. 采购文件编制

项目采购文件应包括采购邀请、竞争者须知（包括密封、签署、盖章要求等）、竞争者应提供的资格、资信及业绩证明文件、采购方式、政府对项目实施机构的授权、实施方案的批复和项目相关审批文件、采购程序、响应文件编制要求、提交响应文件截止时间、开启时间及地点、强制担保的保证金交纳数额和形式、评审方法、评审标准、政府采购政策要求、项目合同草案及其他法律文本等。

采用竞争性谈判或竞争性磋商采购方式的，项目采购文件除上款规定的内容外，还应明确评审小组根据与社会资本谈判情况可能实质性变动的内容，包括采购需求中的技术、服务要求以及合同草案条款。

10. 响应文件评审

评审小组由项目实施机构代表和评审专家共5人以上单数组成，其中评审专家人数不得少于评审小组成员总数的2/3。评审专家可以由项目实施机构自行选定，但评审专家中应至少包含1名财务专家和1名法律专家。项目实施机构代表不得以评审专家身份参加项目的评审。

项目采用公开招标、邀请招标、竞争性谈判、单一来源采购方式开展采购的，按照政府采购法律法规及有关规定执行。

项目采用竞争性磋商采购方式开展采购的，按照下列基本程序进行：

（1）采购公告发布及报名。竞争性磋商公告应在省级以上人民政府财政部门指定的媒体上发布。竞争性磋商公告应包括项目实施机构和项目名称、项目结构和核心边界条件、是否允许未进行资格预审的社会资本参与采购活动，以及审查原则、项目产出说明、对社会资本提供的响应文件要求、获取采购文件的时间、地点、方式及采购文件的售价、提交响应文件截止时间、开启时间及地点。提交响应文件的时间自公告发布之日起不得少于10日。

（2）资格审查及采购文件发售。已进行资格预审的，评审小组在评审阶段不再对社会资本资格进行审查。允许进行资格后审的，由评审小组在响应文件评审环节对社会资本进行资格审查。项目实施机构可以视项目的具体情况，组织对符合条件的社会资本的资格条件进行考察核实。采购文件售价，应按照弥补采购文件印制成本费用的原则确定，不得以营利为目的，不得以项目采购金额作为确定采购文件售价依据。采购文件的发售期限自开始之日起不得少于5个工作日。

（3）采购文件的澄清或修改。提交首次响应文件截止之日前，项目实施机构可以对已发出的采购文件进行必要的澄清或修改，澄清或修改的内容应作为采购文件的组成部分。澄清或修改的内容可能影响响应文件编制的，项目实施机构应在提交首次响应文件截止时间至少5日前，以书面形式通知所有获取采购文件的社会资本；不足5日的，项目实施机构应顺延提交响应文件的截止时间。

（4）响应文件评审。项目实施机构应按照采购文件规定组织响应文件的接收和开启。评审小组对响应文件进行两阶段评审：

第一阶段：确定最终采购需求方案。评审小组可以与社会资本进行多轮谈判，谈判过程中可实质性修订采购文件的技术、服务要求以及合同草案条款，但不得修订采购文件中规定的不可谈判核心条件。实质性变动的内容，须经项目实施机构确认，并通知所有参与谈判的社会资本。具体程序按照《政府采购非招标方式管理办法》及有关规定执行。

第二阶段：综合评分。最终采购需求方案确定后，由评审小组对社会资本提交的最终响应文件进行综合评分，编写评审报告并向项目实施机构提交候选社会资本的排序名单。具体程序按照《政府采购货物和服务招标投标管理办法》及有关规定执行。

项目实施机构应在资格预审公告、采购公告、采购文件、采购合同中，列明对本国社会资本的优惠措施及幅度、外方社会资本采购我国生产的货物和服务要求等相关政府采购政策，以及对社会资本参与采购活动和履约保证的强制担保要求。社会资本应以支票、汇票、本票或金融机构、担保机构出具的保函等非现金形式缴纳保证金。参加采购活动的保证金的数额不得超过项目预算金额的2%。履约保证金的数额不得超过政府和社会资本合作项目初始投资总额或资产评估值的10%。无固定资产投资或投资额不大的服务型合作项目，履约保证金的数额不得超过平均6个月的服务收入额。

项目实施机构应组织社会资本进行现场考察或召开采购前答疑会，但不得单独或分别组织只有一个社会资本参加的现场考察和答疑会。

11. 谈判与合同签署

项目实施机构应成立专门的采购结果确认谈判工作组。按照候选社会资本的排名，依次与候选社会资本及与其合作的金融机构就合同中可变的细节问题进行合同签署前的确认谈判，率先达成一致的即为中选者。确认谈判不得涉及合同中不可谈判的核心条款，不得与排序在前但已终止谈判的社会资本进行再次谈判。

确认谈判完成后，项目实施机构应与中选社会资本签署确认谈判备忘录，并将采购结果和根据采购文件、响应文件、补遗文件和确认谈判备忘录拟定的合同文本进行公示,公示期不得少于5个工作日。合同文本应将中选社会资本响应文件中的重要承诺和技术文件等作为附件。合同文本中涉及国家秘密、商业秘密的内容可以不公示。

公示期满无异议的项目合同,应在政府审核同意后,由项目实施机构与中选社会资本签署。

需要为项目设立专门项目公司的,待项目公司成立后,由项目公司与项目实施机构重新签署项目合同,或签署关于承继项目合同的补充合同。

项目实施机构应在项目合同签订之日起2个工作日内,将项目合同在省级以上人民政府财政部门指定的媒体上公告,但合同中涉及国家秘密、商业秘密的内容除外。

各级人民政府财政部门应当加强对PPP项目采购活动的监督检查,及时处理采购活动中的违法违规行为。

(四) 项目执行

12. 项目公司设立

社会资本可依法设立项目公司,也可根据需求不再成立项目公司。政府可指定相关机构依法参股项目公司。项目实施机构和财政部门(政府和社会资本合作中心)应监督社会资本按照采购文件和项目合同约定,按时足额出资设立项目公司。

13. 融资管理

项目融资由社会资本或项目公司负责。社会资本或项目公司应及时开展融资方案设计、机构接洽、合同签订和融资交割等工作。财政部门(政府和社会资本合作中心)和项目实施机构应做好监督管理工作,防止企业债务向政府转移。

社会资本或项目公司未按照项目合同约定完成融资的,政府可提取履约保函直至终止项目合同;遇系统性金融风险或不可抗力的,政府、社会资本或项目公司可根据项目合同约定协商修订合同中相关融资条款。

当项目出现重大经营或财务风险,威胁或侵害债权人利益时,债权人可依据与政府、社会资本或项目公司签订的直接介入协议或条款,要求社会资本或项目公司改善管理等。在直接介入协议或条款约定期限内,重大风险已解除的,债权人应停止介入。

14. 绩效监测与支付

项目合同中涉及的政府支付义务,财政部门应结合中长期财政规划统筹考虑,纳入同级政府预算,按照预算管理相关规定执行。财政部门(政府和社会资本合作中心）和项目实施机构应建立政府和社会资本合作项目政府支付台账，严格控制政府财政风险。在政府综合财务报告制度建立后，政府和社会资本合作项目中的政府支付义务应纳入政府综合财务报告。

项目实施机构应根据项目合同约定，监督社会资本或项目公司履行合同义务，定期监测项目产出绩效指标，编制季报和年报，并报财政部门（政府和社会资本合作中心）备案。

政府有支付义务的，项目实施机构应根据项目合同约定的产出说明，按照实际绩效直接或通知财政部门向社会资本或项目公司及时足额支付。设置超额收益分享机制的，社会资本或项目公司应根据项目合同约定向政府及时足额支付应享有的超额收益。

项目实际绩效优于约定标准的，项目实施机构应执行项目合同约定的奖励条款，并可将其作为项目期满合同能否展期的依据；未达到约定标准的，项目实施机构应执行项目合同约定的惩处条款或救济措施。

社会资本或项目公司违反项目合同约定，威胁公共产品和服务持续稳定安全供给，或危及国家安全和重大公共利益的，政府有权临时接管项目，直至启动项目提前终止程序。

政府可指定合格机构实施临时接管。临时接管项目所产生的一切费用，将根据项目合同约定，由违约方单独承担或由各责任方分担。社会资本或项目公司应承担的临时接管费用，可以从其应获终止补偿中扣减。

在项目合同执行和管理过程中，项目实施机构应重点关注合同修订、违约责任和争议解决等工作。

（1）合同修订。按照项目合同约定的条件和程序，项目实施机构和社会资本或项目公司可根据社会经济环境、公共产品和服务的需求量及结构等条件的变化，提出修订项目合同申请，待政府审核同意后执行。

（2）违约责任。项目实施机构、社会资本或项目公司未履行项目合同约定义务的，应承担相应违约责任，包括停止侵害、消除影响、支付违约金、赔偿损失以及解除项目合同等。

（3）争议解决。在项目实施过程中，按照项目合同约定，项目实施机构、社会资本或项目公司可就发生争议且无法协商达成一致的事项，依法申请仲裁或提起民事诉讼。

15. 中期评估

项目实施机构应每 3~5 年对项目进行中期评估，重点分析项目运行状况和项目合同的合规性、适应性和合理性；及时评估已发现问题的风险，制订应对措施，并报财政部门（政府和社会资本合作中心）备案。

政府相关职能部门应根据国家相关法律法规对项目履行行政监管职责，重点关注公共产品和服务质量、价格和收费机制、安全生产、环境保护和劳动者权益等。

社会资本或项目公司对政府职能部门的行政监管处理决定不服的，可依法申请行政复议或提起行政诉讼。

政府、社会资本或项目公司应依法公开披露项目相关信息，保障公众知情权，接受社会监督。

社会资本或项目公司应披露项目产出的数量和质量、项目经营状况等信息。政府应公开不涉及国家秘密、商业秘密的政府和社会资本合作项目合同条款、绩效监测报告、中期评估报告和项目重大变更或终止情况等。

社会公众及项目利益相关方发现项目存在违法、违约情形或公共产品和服务不达标准的，可向政府职能部门提请监督检查。

（五）项目移交

16. 移交准备

项目移交时，项目实施机构或政府指定的其他机构代表政府收回项目合同约定的项目资产。

项目合同中应明确约定移交形式、补偿方式、移交内容和移交标准。移交形式包括期满终止移交和提前终止移交；补偿方式包括无偿移交和有偿移交；移交内容包括项目资产、人员、文档和知识产权等；移交标准包括设备完好率和最短可使用年限等指标。

采用有偿移交的，项目合同中应明确约定补偿方案；没有约定或约定不明的，项目实施机构应按照"恢复相同经济地位"原则拟定补偿方案，报政府审核同意后实施。

17. 性能测试

项目实施机构或政府指定的其他机构应组建项目移交工作组，根据项目合同约定与社会资本或项目公司确认移交情形和补偿方式，制定资产评估和性能测试方案。

项目移交工作组应委托具有相关资质的资产评估机构，按照项目合同约定的评估方式，对移交资产进行资产评估，作为确定补偿金额的依据。

项目移交工作组应严格按照性能测试方案和移交标准对移交资产进行性能测试。性能测试结果不达标的，移交工作组应要求社会资本或项目公司进行恢复性修理、更新重置或提取移交维修保函。

18. 资产交割

社会资本或项目公司应将满足性能测试要求的项目资产、知识产权和技术法律文件，连同资产清单移交项目实施机构或政府指定的其他机构，办妥法律过户和管理权移交手续。社会资本或项目公司应配合做好项目运营平稳过渡相关工作。

19. 绩效评价

项目移交完成后，财政部门（政府和社会资本合作中心）应组织有关部门对项目产出、成本效益、监管成效、可持续性、政府和社会资本合作模式应用等进行绩效评价，并按相关规定公开评价结果。评价结果作为政府开展政府和社会资本合作管理工作决策参考依据。

第三节 PPP操作流程与传统基本建设程序的衔接、优化

一、两者机理不同，各有利弊，但衔接不足

传统的基本建设程序和PPP操作流程是在不同时期提出的，两者目的、立足点不同，各有利弊。客观上讲，传统的基本建设程序具有一定的科学性、规范性，但存在程序繁琐、效率低、僵化、单边性等问题，仍有部分计划经济思维，与当前的市场化改革、简政放权存在一定的冲突。

PPP操作流程更强调政府与社会资本的平等合作，更关注项目全生命周期的投资运营及风险分担，落脚于公共服务的提质增效。PPP项目决策体系重在构建合作模式、风险分担、绩效考核和理顺合同关系等。PPP强调的市场意识、契约精神、激励相容等原则与理念无疑是传统投资项目欠缺的，也是当前市场化改革、行政体制改革等体制机制变革所需的。PPP与传统投资项目相比，具有一定的特殊性：

一是PPP项目采购的是公共服务，而非限于资产本身。PPP项目强调的是全生命周期合作，涵盖规划、设计、建设、融资、运营、维护等多个环节。PPP项目关注的不仅仅是资产和造价，而是全生命周期的成本降低、物有所值，落脚在公共服务供给的质量和效益上。故此，PPP项目相对传统项目更复杂。

二是PPP项目更强调风险分担，更强调在政府监管下发挥社会资本的经验和能力，而非传统项目的单向决策与管控。PPP项目与传统的政府建设项目完全不同，政府方的参与必须有一定的限度，过度的干预不仅会影响项目公司正常的经营管理，而且还可能将本已交由项目公司承担的风险和管理角色又揽回到政府身上，从而违背PPP初衷。故此，PPP项目更强调共同治理、优势互补。

三是PPP项目大多面向社会公众提供公共服务，注重绩效付费。PPP项目需

要考虑服务对象的切身感受，需要结合预算绩效评价、社会公众评价、第三方评价等其他方式，综合评价PPP项目的实施和管理效果。故此，PPP项目回归到公共服务质量和公众满意度这一本源。

四是PPP项目的前期论证、采购程序更复杂，但基本建设程序在建设监管等方面更复杂。PPP项目非常注重前期分析论证，执行过程中主要是由社会资本承担主要管理责任和风险，基本建设程序更注重建设过程中的造价、质量等方面监管。故PPP项目的分工、问责机制更突出，有效规避了既当"裁判员"又当"运动员"的问题。

从本质上说，PPP是政府为了提供公共服务而进行的一种特殊采购活动，属于政府采购范畴，与传统的投资项目的决策、实施过程不同。PPP决策的基本体系是实施方案、物有所值评价和财政承受能力论证，与基本建设程序侧重点不同。

目前，PPP模式操作流程没有与传统投资、项目建设程序有效衔接，并且存在冲突。其一，PPP模式操作流程五个阶段与基本建设程序相比，步骤不一样、审批权不同、侧重点不一样。例如，基本建设程序中的规划、可研、土地、环评等的审批权在不同层级的部门手中，环节众多，而PPP实施方案由本级人民政府审批，对相关基本建设程序的内容深度、批复等并没有特别要求。其二，PPP项目是否适用传统政府投资项目审批制或核准制存在争议，是否严格履行基本建设的采购、设计、审计等方面规定也模糊不清。理论上讲，PPP项目在选择社会资本前，依然属于政府投资项目，应履行审批制或核准制，但确定社会资本后，两者程序如何衔接可以优化、商榷。PPP项目主要由社会资本投资，形成的是企业债务，故有人提出应适用备案制。显然，这一理解是片面的。尽管PPP项目可能全部由社会资本出资，也可能不需要政府补贴，但是，PPP项目属于公共服务供给范畴，涉及公众利益及政府终极责任。故此，不能简单套用一般性企业投资项目思维。PPP项目应根据项目特点，主要采取审批制或核准制，备案制只适用于部分企业自主经营决策的环节，如采购供应商、招聘专业技术人员等。但是，PPP项目与基本建设程序对接时，政府部门应简政放权、差别审批、审慎监管。从目前实践来看，现有的PPP相关政策、操作流程在规划、造价、质量等方面控制以及行业部门分工等方面的确也存在与传统基本建设程序衔接考虑不足等问题。

二、两者在程序和实体上的衔接与优化

PPP操作程序与基本建设程序各有利弊，两者应进一步衔接、优化。但是，这并不意味着两者简单的叠加、重组，仍需要以PPP核心本质、契约精神为线索展开。PPP项目需要解决市场失灵、普遍服务和绩效不符要求等问题，但是，解

决问题的重点不是依靠审批或备案，而是构建信息公开、绩效评估与付费机制等互相配合的审慎监管体系。譬如，政府对于项目质量的控制主要通过付费机制和终止权利来间接把控，不宜过多干预项目公司经营管理权。PPP绩效监控、支付机制等可让项目形成"物超所值"的闭环，充分发挥社会资本的积极性、专业性和社会责任感，而不是简单地依靠行政干预、审批等行为。故而，建议两者进行有效对接、优化融合：

（1）完善顶层设计，厘清职责。PPP操作应摒弃部门之争，进行协同作战，与社会资本形成良性互动、紧密合作关系。在现有的政策、实践基础上，进一步完善法律法规、政策、操作指南，形成统一、协调的管理体制。PPP领域不可一分为二或以其他方式割裂运行，PPP程序在与基本建设程序对接时，要结合项目特性区别对待，但总体基调仍应为简政放权、做好后续有效监管和服务。

（2）PPP项目仍需将可行性研究报告作为一项重要的、基础性前期工作开展，但适当优化结构和内容。政府应基于项目建议书或可行性研究报告进行判断，项目建设是否具有必要性和可行性，决策项目是否要建、怎么建。然后，在此基础上，进一步决策是否采取PPP模式、如何实施项目。发起PPP项目应先符合总体规划，并且，编制具有一定深度的可研报告，可考虑将可研、实施方案和财政承受能力评价等组合在一起，构成PPP决策的基本体系。对拟采用PPP模式的项目，可以考虑将项目是否适用PPP模式的论证纳入项目可行性研究论证，在可行性研究报告中增加PPP项目实施专章，科学分析项目采用PPP模式的必要性和可行性，不断优化工程建设规模、建设内容、建设标准、技术方案及工程投资等。在批复可行性研究报告或核准项目申请报告时，明确可根据社会资本方选择结果依法变更项目法人。

（3）在前期策划、论证阶段将部分环节适当精简、整合。可以考虑PPP程序、基本建设程序两者的部分环节精简、融合。一种思路是，可考虑将物有所值评价、财政承受能力两项评价并入PPP实施方案。另一种思路是，将物有所值评价报告融入可行性研究报告之中，甚至可以考虑将可行性研究报告与PPP实施方案合并为一个，但在商业模式、市场分析、商务条件等方面要加强深度。尤其值得注意的是物有所值评价不可流于形式，要和后期的绩效评价、中期评估结合起来纠偏、调适。

（4）在审批环节，积极推行"多评合一、并联审批"，可以将部分前期工作或审批程序放在社会资本遴选完成后或项目正式开工前完成即可。一方面要进一步减少前置程序、简化项目审批、核准或备案程序，另外一方面，要对PPP实施方案采取联合评审方式推进。积极引入第三方评估机构，从项目建设的必要性、合规性、规划衔接性、PPP模式适用性、财务可负担性以及价格和收费的合理性等方面进行综合评估。财政、发改、规划、国土、环保等部门与相关行业主管部门应形成联动机制，开展联合项目评审，重点以实施方案和PPP项目合同草案为基准，开展详细论证、评审。政府和社会资本依法办理合作项目设计、规划、用地、建设、收费等审批手续时，有关部门应当简化办理手续，对于实施方案、合同等约定的内容不再作实质性审查。无论采购完成后的前期工作由哪一方承担，项目实施机构均应做好审慎监管和支持，以及必要的审查、批准。

（5）在竞争性采购环节，如涉及国有资产、公共资源，要建立起相应的评估、公开、竞争等机制。如涉及土地"招拍挂"出让，鼓励相关土地的公开出让工作与社会资本方采购工作合并开展。对于涉及国有资产转让、资源配置或对价时，应健全资产评估和信息公开机制，与PPP项目实施方案评审、竞争性采购等环节有机衔接。采购社会资本后，如与审批、核准、备案时的项目法人不一致，可办理项目法人变更手续，并给予必要的政策支持和税费优惠。

（6）强调绩效和产出导向，简化工程招投标、施工建设、运营等环节的审批程序，实施差别化监管。在PPP项目采购完成后，即便设计工作由项目公司承担，但政府方享有在一定的期限内审查设计文件并提出意见的权利，并且，核心公共服务项目竣工后需经过政府审计确认。对重大民生项目（涉及重大公共安全、公共利益）、政府付费或补贴的项目，政府不可"当甩手掌柜"，更不可"越俎代庖"，而应在社会资本方主导实施项目过程中，按合同约定适度加强过程和结果监控，确保成本、质量、安全等风险可控。政府要重点审查投资额与政府付费或补贴紧密相关的公益性项目或准经营性项目，严格把控造价、质量、安全和进度。对政府付费型、财政补贴与投资额挂钩的项目，可以考虑政府牵头或双方联合招标方式确定社会资本外的监理、设计、造价咨询机构等，协助政府开展专业的监管、顾问工作。对于使用者付费项目以及对技术、运营等能力要求较高的项目，政府应依据合同约定，更多尊重、采纳社会资本的合理化建议，给予社会资本方更多自主权以便更好地发挥其积极性、专业性。故此，对于一般性PPP项目、经营性PPP项目（使用者付费型）、综合性强的PPP项目，鼓励社会资本承担更多责任与风险，获得对等的、合理的收益。政府应简政放权、侧重于结果导向考核，即便政府已审批了项目相关的规划、设计等方案，仍可鼓励社会资本在合理的风险分担以及激励机制下进行优化、创新。政府更应关注项目产出的绩效，而不应过度关注产品交付的方式、工艺流程、技术指标等，应在激励相容的合同体系下充分发挥社会资本的技术、管理、运营等方面创新能力以及风险应对能力。

综上，政府应遵循"让专业的人做专业的事"和"激励相容"的原则，着力推动公共服务供给提质增效。当前，应做好前期论证、决策程序的优化、衔接，理顺管理体制，形成简约高效、多方协作的新机制，切实构建遵诺践约、合作共享的新格局。

第二章

PPP 项目实施大纲、方案与合同要点

目前，财政部 PPP 项目操作流程分为五个阶段、十九个步骤。在此基础上，本章结合传统基本建设程序及项目投资运营的实践，形成了较为全面的操作框架及核心要素，同时，对 PPP 项目决策的"两论证/报告、一方案"以及项目合同进行了框架式解析。

第一节　PPP 项目全生命周期的实施大纲及部门分工

一、PPP 项目全生命周期实施大纲框架

根据现有财政部 PPP 操作流程、传统基本建设程序、项目投资运营的实际情况，项目从概念性发起到移交完成的全生命周期过程中，涉及多个主体、多种经济活动。据此，本书以时间序列为线索，框架式总结了各个阶段的核心操作环节、步骤、涉及的相应主体及产出。全生命周期实施大纲框架见表 2-1：

表 2-1　　　　　　PPP 项目全生命周期实施大纲框架

五个阶段	核心步骤	相关操作或业务	文件或产出	核心要素	责任主体	备注
一、项目识别	项目发起	政府发起	《项目建议书》或《项目初步可行性研究报告》	明确规划、技术规范和标准，初步匡算（资金需求、成本、收益），形成初步的项目产出说明	行业主管部门、发改部门	可以委托有资质或经验的设计院或中介
		社会资本发起			社会资本	

续表

五个阶段	核心步骤	相关操作或业务	文件或产出	核心要素	责任主体	备注
一、项目识别	项目筛选	初步筛选和评审	《初步PPP项目年度和中期开发计划》	有保有压、按轻重缓急形成初步的开发序列（实施、开发、储备批次）	财政部门会同发改部门、行业主管部门	列入计划的，进一步开展前期工作
		新建、改建项目：开展必要的前期工作	《项目可行性研究报告》	可以结合《项目建议书》适度深化，也可根据情况放后	行业主管部门会同财政部门、国资部门	可以委托中介
			《项目产出说明》	形成较为明晰的项目产出或绩效		
		存量项目：开展必要的前期工作	存量资产的历史资料；《可研报告》《竣工验收报告》等，立项、土地等批复等文件，过去3年以上经审计的《财务报告》	梳理存量项目的资产、效益、运营等状况		
			《资产评估报告》	保障国有资产的增值保值		
			《项目产出说明》	形成较为明晰的项目产出或绩效		
		编制初步实施方案	《初步实施方案》	明确项目的初步的基本情况、市场前景分析（如有）、全生命周期成本预测、交易结构、投融资结构、收益回报、财务测算等	行业主管部门会同财政部门	可以委托有经验的中介
		评审初步实施方案	专家评审意见	形成初步的是否适合采取PPP的专业判断	行业主管部门会同财政部门	建议让融资平台、同行业企业参与评审
		确定PPP项目库	《PPP项目年度和中期开发计划》	建立PPP项目开发库	同级人民政府	
	物有所值评价	编制物有所值评价报告	《项目物有所值评价报告》（暂定稿）	结合《初步实施方案》，从定性和定量两方面开展物有所值评价工作。定量评价工作由各地根据实际情况开展	财政部门会同行业主管部门	可以委托有经验的中介

续表

五个阶段	核心步骤	相关操作或业务	文件或产出	核心要素	责任主体	备注
一、项目识别	物有所值评价	评审物有所值评价报告	《项目物有所值评价报告审核意见》	结合《初步实施方案》出具意见	财政部门会同行业主管部门	聘请专家
	财政承受能力论证	编制财政承受能力论证报告	《财政承受能力论证报告》（暂定稿）	识别、测算全生命周期内的政府股权支出、补贴、风险承担、配套投入等支出责任，每年政府付费或政府补贴等财政支出不得超出当年支出的10%	财政部门会同行业主管部门	可以委托有经验的中介
		评审财政承受能力论证报告	《财政承受能力论证报告审核意见》	结合《初步实施方案》出具意见		聘请专家
二、项目准备	管理架构组建	建立专门协调机制	《成立PPP中心的通知》或《成立PPP项目领导小组、工作小组的通知》	主要负责项目评审、组织协调和检查督导等工作，实现简化审批流程、提高工作效率的目的	本级人民政府	
		指定项目实施机构	《授权书》	有关职能部门或事业单位可作为项目实施机构，负责项目准备、采购、监管和移交等工作（通常为行业主管部门）		
	实施方案编制与市场测试	编制实施方案	《项目实施方案》（初稿）	至少7个部分：项目概况、风险分配、运作方式、交易结构、合同体系、监管架构、采购选择	实施机构会同财政部门	
		进行必要的招商推介、市场测试	《项目推介资料》《市场测试反馈意见》	对外形成简化的招商、推介资料，同时，积极听取行业内社会资本的反馈意见		
		修编实施方案	《项目实施方案》（待审稿）	根据市场反馈意见适当修改		
		起草PPP项目合同	《PPP项目合同框架或草案》	结合《实施方案》，在合同中具体落实项目范围、融资、建设、运营等		避免方案、合同两张皮

续表

五个阶段	核心步骤	相关操作或业务	文件或产出	核心要素	责任主体	备注
二、项目准备	实施方案审核	专家评审	《项目实施方案评审意见》	可以结合前期工作及后续审批需要，相关部门参与开展"联审机制"	实施机构会同财政部门	
		调整实施方案	《项目实施方案》（评审修改稿）	依据评审意见修改		
		调整、验证物有所值和财政承受能力	《物有所值分析报告》和《财政承受能力论证报告》（正式稿）	通过验证，则进入下一步		
		定稿实施方案	《项目实施方案》（定稿）	结合专家评审、两项验证		
	前期工作及PPP项目的相关批复	规划选址	《建设项目选址意见书》	主要指划拨方式供地	规划部门	
		土地	《土地预审意见》或《国有土地使用证》	根据项目用地性质及取得方式	国土部门	
		环评	《环境影响评价批复》	根据项目批复需要	环保部门	
		其他设计文件	《初步设计》《施工图设计》等	可以适度放后，交由项目公司	相关部门	
		立项批复/项目审批或核准	《前期工作的批复》/《可行性研究报告的批复》或《项目核准的批复》	针对《项目建议书》/《可行性研究报告》或《项目申请报告》的行政批复	发改部门	根据项目特点确定立项及批复方式
		两评批复	《物有所值评价报告的批复》、《财政承受能力论证报告的批复》	对评审通过的"两评"出具审核或批复意见	财政局	
		PPP项目实施方案的批复	《PPP项目实施方案的批复》		本级人民政府	
三、项目采购	资格预审	省级以上人民政府财政部门指定的政府采购信息发布媒体上发布	《资格预审公告》	包括项目授权主体、项目实施机构和项目名称、采购需求、对社会资本的资格要求、是否允许联合体参与采购活动、是否限定参与竞争的合格社会资本的数量及限定的方法和标准以及社会资本提交资格预审申请文件的时间和地点	实施机构、采购代理机构	
		提交资格预审申请文件	《资格预审申请文件》	自公告发布之日起不得少于15个工作日	社会资本	

续表

五个阶段	核心步骤	相关操作或业务	文件或产出	核心要素	责任主体	备注
三、项目采购	资格预审	资格预审和评审	《资格预审的评审意见》	项目实施机构、采购代理机构应当成立评审小组，共5人以上单数组成，其中评审专家人数不得少于评审小组成员总数的2/3	实施机构、采购代理机构	
		资格预审结果告知、备案	《资格预审的评审报告》	3家以上社会资本通过资格预审，进入采购		
	采购文件编制	编制采购文件	公开招标、邀请招标、单一来源采购方式：《项目采购文件》或《招标文件》	包括采购邀请、竞争者须知、竞争者应当提供的资格、资信及业绩证明文件、采购方式、政府对项目实施机构的授权、实施方案的批复和项目相关审批文件、采购程序、响应文件编制要求、提交响应文件截止时间、开启时间及地点、保证金交纳数额和形式、评审方法、评审标准、政府采购政策要求、PPP项目合同草案及其他法律文本、采购结果确认、谈判中项目合同可变的细节等	实施机构、采购代理机构	
			竞争性谈判或者竞争性磋商采购方式：《项目采购文件》或《磋商文件》	除上款规定的内容外，还应当明确评审小组根据与社会资本谈判情况可能实质性变动的内容，包括采购需求中的技术、服务要求以及项目合同草案条款		
		发布采购公告	《采购公告》《采购文件》或《招标文件》			
		澄清或者修改	《更正公告》《补遗文件》等			
	响应文件评审	提交响应文件	《投标文件》或《磋商文件》		社会资本	
		采购评审	《评审报告》	竞争性磋商评审小组对响应文件进行两阶段评审：采购需求方案、综合评分	实施机构、采购代理机构	

续表

五个阶段	核心步骤	相关操作或业务	文件或产出	核心要素	责任主体	备注
三、项目采购	谈判与合同签署	采购结果确认谈判	《确认谈判备忘录》	项目实施机构应与中选社会资本签署确认谈判备忘录,并将采购结果和根据采购文件、响应文件、补遗文件和确认谈判备忘录拟定的合同文本进行公示,公示期不得少于5个工作日	实施机构、采购代理机构	
		公示后签署合同	《PPP项目合同》	公示期满无异议的项目合同,应在政府审核同意后,由项目实施机构与中选社会资本签署	实施机构与社会资本	
			《股东协议》或《合资合同》(如有)	如政府入股,需明确股权、公司治理分红约定等	国有公司与社会资本	
四、项目执行	项目公司设立(有些情况下可不设)	签署相关合同	《合资协议》(如有)、《公司章程》	明确项目公司章程、合资协议(如存在合资)		
		提交工商登记文件	《名称预先核准通知书》《公司设立登记申请书》《公司章程》《股东资格证明》《指定(委托)书》《住所使用证明》《许可项目审批文件》等	按工商登记要求准备登记文件	社会资本(国有公司,如有)	
		领取证照	三证合一、一照一码:营业执照、组织机构代码证、税务登记证			
	融资管理	签署融资合同	《贷款合同》或《融资协议》	与金融机构洽商融资	社会资本、项目公司	
		签署融资增信合同(如有)	《担保合同》等	根据增信安排		

续表

五个阶段	核心步骤	相关操作或业务	文件或产出	核心要素	责任主体	备注
四、项目执行	建设	建设合同备案	《工程承包合同》《保险合同》《咨询合同》等	项目公司具有经营自主权，通常只是向实施机构备案	项目公司	
		设计文件的审核	《初步设计的批复》《施工图设计的批复》	评审或批复并不免除社会资本的责任	主管部门	
		竣工验收	《竣工验收报告》	部分项目竣工之前有交工验收程序	项目公司、相关部门	
		投资评审	《投资评审报告》	投资项目预（概）算和竣工决（结）算进行评价与审查，对财政性资金投资项目资金使用情况	财政、审计等部门	
	运营维护	试运营（如有）	《环保验收》（如有）、《特许经营权证书》（如有）		实施机构及相关部门	
		运营合同的备案	《材料供应合同》《运营服务合同》等	项目公司具有经营自主权，通常只是向实施机构备案	项目公司	
		重大风险的介入、接管（如有）	《介入协议》《接管协议》	重大违约或风险情形的安排	相关方	
		绩效考核和监管	《绩效考核管理办法》《项目监管办法》（如有）		实施机构、财政部门	
	财政承诺管理	列入预算	《年度预算报告》《中期财政规划》		人大、财政部门、实施机构（行业主管部门）	
	绩效监测与支付	建立支付台账	《支出台账》			
		监督社会资本或项目公司履行合同义务	《项目产出绩效指标季报和年报》		实施机构（行业主管部门）、财政部门	

续表

五个阶段	核心步骤	相关操作或业务	文件或产出	核心要素	责任主体	备注
四、项目执行	绩效监测与支付	政府财政支出	《实际产出说明与绩效》《财政支出责任预算》		实施机构（行业主管部门）、财政部门	
		合同管理	《修订项目合同申请》《补充合同》	合同修订待政府审核同意后执行、违约责任和争议解决		
	中期评估	阶段性评估	《中期评估报告》	每3~5年对项目进行中期评估，重点分析项目运行状况和项目合同的合规性、适应性和合理性；以及物有所值等情况，及时评估已发现问题的风险，制订应对措施，并报财政部门（政府和社会资本合作中心）备案		
五、项目移交	移交准备	制定移交方案	《移交方案》	移交形式、补偿方式、移交内容和移交标准	实施机构、财政部门与项目公司	
			《移交补偿协议》（有偿移交的补充方案）			
	性能测试	制定资产评估和性能测试方案	《性能测试方案》			
			《资产评估报告》（有偿移交）			
	资产交割	正式移交	《资产交割清单》	将满足性能测试要求的项目资产、知识产权和技术法律文件，连同资产清单移交项目实施机构或政府指定的其他机构		
			《过户和管理权移交》			
	绩效评价	后评价	《项目绩效评价报告》	财政部门应组织有关部门对项目产出、成本效益、监管成效、可持续性、政府和社会资本合作模式应用等进行绩效评价，并按相关规定公开评价结果		

二、PPP 项目签约落地前主要工作内容、重点关注要素

（一）PPP 项目在落地前的主要文件、工作内容和分工

物有所值评价报告、财政承受能力论证报告、实施方案是 PPP 项目进行决策、采购落地的关键文件。其中，涉及固定资产等购建时，可研报告是开展前期论证较为基础性的文件。通常 PPP 项目落地前的主要文件、工作内容和分工见表 2-2：

表 2-2　　　　　PPP 项目落地前主要文件、工作内容与分工

序号	材料名称	咨询机构或设计院工作内容	政府或责任部门工作内容	备注
1	项目可行性研究报告（基础性，如涉及规划、根据需要）	设计院编制各类规划（概念性规划、总规、控规、修规等，前置或后置）	如涉及，规划部门出具意见（含选址）	如有，规划部门预先出具意见或审批（行业主管部门牵头负责、设计院编制）
		设计院负责编制可行性研究报告	发改委负责项目立项或项目批复	发改委依据权限和项目特点审批或核准（行业主管部门牵头负责、设计院编制）
2	项目物有所值评价报告	咨询机构负责编制报告	财政部门的审核/批复意见	财政部门会同（行业主管部门等评审）
3	项目财政承受能力论证报告	咨询机构负责编制报告	财政部门的审核/批复意见	财政部门负责（行业主管部门等参与）
4	项目实施方案	咨询机构负责编制报告	本级人民政府对项目实施方案的批复意见	本级人民政府出具 PPP 项目批复
5	采购与其他前期工作	采购与签约（资格预审文件、PPP 项目合同等）	行业主管部门会同招标代理机构负责以竞争性方式引入社会资本，最终由行业主管部门或实施机构与社会资本签署 PPP 项目合同	
		其他前期工作（如有，规划、土地、环评、初步设计、施工图设计等）	各类前期工作、开工前手续（如有）	行业主管局牵头负责（如有）

续表

序号	材料名称	咨询机构或设计院工作内容	政府或责任部门工作内容	备注
6	持续录入财政部PPP综合信息平台系统	财政局在线填报（县、市、省审核）	财政局PPP中心	

（二）PPP项目在落地前关注的主要问题和要素

1. 项目识别阶段

（1）社会资本发起问题。PPP项目鼓励社会资本发起项目，潜在的社会资本可以书面推荐的方式向财政部门提出潜在的合作项目。但是，这并不意味着后续项目的前期工作全由社会资本做，也不意味着项目已经"锁定"给该社会资本。PPP发起及后续操作仍需遵循公开采购程序，其他社会资本也同样有机会向政府部门提出PPP项目的建议或方案。同时，项目仍需要采取公平、公正、公开程序选择合适的社会资本。如发起项目的社会资本在采购过程中未中标或入选，政府应对其前期工作花费的成本给予适当补偿。

（2）项目筛选与动态管理。目前，各个政府部门推荐的PPP项目众多，如何快速评估项目开展PPP的潜力是一个难题。这需要各地结合自身规划、财力和发展实际，建立相应的筛选标准和程序。表2-3为亚行PPP通用筛选清单，可供参考。

表2-3　　　　　通用公私合作筛选和项目选择清单

筛选标准	是或否
1. 是否政府重点项目（纳入国家发展规划），初步评估（预算计划）是否包括政府机构在整个周期支持项目开发（7、10、15、20年以上）或具备相应的支付能力	
2. 是否需要大量的新投资	
3. 是否需要长期维护、可测量的业绩和/或运营标准，以及周期性更新	
4. 初步分析是否认为项目在技术、经济和环境方面可行	
5. 结构是否具有创新性，使得项目在财务上可行	
6. 在行业范围内是否已经开展国际、区域或国家层面的公私合作	
7. 私营部门是否对投资感兴趣	
8. 私营部门是否愿意承担项目相关风险；如果不愿意，风险结构设计是否可以让信用等级更高的可信赖合同方或政府提供一些支持？	
9. 收入流是否清晰明确（来自政府、直接来自公共用户，还是来自两个渠道）	
10. 是否能根据量化结果和明确的关键绩效指标评估项目绩效	

来源：亚洲开发银行。

通常，行业主管部门作为 PPP 项目的实施机构，根据行业内基础设施、公共服务和公用事业建设需要，编制行业 PPP 项目专项规划。行业主管部门可根据本地国民经济发展规划、各类专项规划及实际需要提出具体的 PPP 项目，报财政、发改部门以纳入本地区项目储备库。社会资本可向行业主管部门推荐潜在的 PPP 项目，行业主管部门应予以研究答复并跟进。发改部门、财政部门牵头负责项目的征集、论证和遴选，建立本地区 PPP 项目储备库，形成合理的项目开发序列，并进行动态调整。

（3）重视产出说明和绩效考核体系。政府方关注的焦点是如何达成成果进而满足需求，这就需要对产出进行严格和明确的定义。产出说明（Output Specification）是指项目建成后项目资产所应达到的经济、技术标准，以及公共产品和服务的交付范围、标准和绩效水平等。在实践中，公共部门必须对项目产出做定义和要求，但如果还对具体的设计方案、工艺流程等加以限制，可能会扼杀私人部门产出交付方式的灵活性和创新空间，还可能因技术壁垒等因素降低投资竞争程度。故此，在应用产出说明书时，应关注最终的项目产出品和服务绩效能否满足需求，而不是产出的交付方式。

（4）高度重视前期工作，项目论证需要充分、深入。进一步加强工程可行性研究报告编制、论证工作，需要对项目的技术与工艺、市场（尤其是需求预测）、财务与融资等开展深入的分析、研究。同时，初步的 PPP 实施方案编制或交易结构搭建也非常重要，需要对项目的运作方式、财务初步测算等重要边界有一个初步的分析，为财政承受能力论证、物有所值评价打好基础。

2. 项目准备及采购阶段

（1）高度重视市场测试，避免"闭门造车"。PPP 合同的长期性、复杂性，需要各个主体的充分参与、认知。为了促进交易双方的认知，正式采购程序启动前的市场测试（Market Sounding 或 Soft Market Testing）是一个比较好的安排。市场测试是在启动 PPP 正式采购程序前，政府方用以检验项目方案设想是否符合市场参与主体（如潜在竞标人、融资机构）的意愿，引发其兴趣，并借此获得各类市场参与主体的反馈。市场测试是对 PPP 方案进行调整完善的一种工具。在采购程序中安排市场测试，在交易初期建立交易双方的沟通机制，对形成双方合理预期，促成交易有重要意义，也是一种富有弹性的博弈机制。借助与市场参与主体的非正式沟通，了解潜在社会资本的兴趣、愿望和诉求，又不承担正式采购程序中要约邀请方的法律责任。政府方可以进一步分析和完善 PPP 项目方案，让方案更加契合市场需求、更加优先，促进项目加快落地、后期顺利执行。

（2）财政承受能力论证及支付预算后续仍需完善、调整。财政承受能力论证、物有所值分析报告在后续实施方案编制、市场测试过程中还需要不断修改完善。即使项目进入执行阶段后，每年财政支出责任可能由于造价、市场、绩效考核等因素发生变化。故此，需要结合PPP项目合同、实际情况调整未来的财政支出责任预算与执行。现有财政支出责任可能高估或低估，要紧紧围绕合同约定，对成本、绩效、市场风险等因素综合研判，加强预算管理。

（3）PPP项目合同至关重要，实施方案核心要素要落实在PPP项目合同之中。实施方案非常重要，但实际运行过程中，PPP项目合同才是最重要的、最核心的。目前，各地很多前期工作聚焦在实施方案的编制上面，很多项目最终出现实施方案和PPP项目合同"两张皮"。最具约束力的合同并没有有效体现风险分担与应对，导致责权利安排在法律层面上出现虚化、含糊、甚至不一致、冲突等问题。故而，非常有必要在实施方案评审前，将PPP项目合同框架进一步前置考虑、统筹完善，充分论证责权利安排等核心条款。可以考虑将实施方案、PPP项目合同两者联动编制和评审，一切运作及合作安排都要回归到合同这个核心。

三、政府部门在PPP项目全过程实施中的分工

一般而言，地方政府都会成立PPP项目工作领导小组，统筹协调和推进PPP工作，研究、决策项目实施过程中的重大事项。PPP项目工作领导小组办公室或PPP中心一般设在财政局（目前少部分设在发改系统），具体负责项目的相关协调工作，承担领导小组议定事项的组织落实、综合协调、督办检查等日常工作。政府各部门分工一般性安排如下：

财政局牵头PPP政策研究和PPP项目规划指导、识别评估、咨询服务、信息统计等工作；负责向发改部门、行业主管部门征集潜在PPP项目，牵头负责项目的物有所值评价和财政承受能力论证；会同行业主管部门组织相关部门及专家对项目实施方案等进行联合评审，报政府批准；负责采购监督、资产评估、性能测试、资产交割、绩效评价、第三方专业机构库管理等，为项目实施机构提供全方位的业务指导和技术支撑；落实项目财政资金及支出责任预算安排，履行财政监督职责等。

各行业主管部门或有关事业单位是PPP实施的责任主体，负责结合本行业特点和相关规划，遴选适宜采用PPP模式的潜在项目；具体负责PPP项目的前期工作、牵头负责编制PPP实施方案、选择社会资本方、签订项目合同、组织项目实施等工作；监督合同执行，办理项目移交，协调解决实施过程中相关问题。

发改、规划、国土、建设、环保等行政审批部门，共同负责优化相关审批流程，提高审批效率，做好PPP项目管理和服务工作。发改部门应结合国民经济和社会发展规划，牵头做好PPP模式项目筹划，积极在新建、改建项目或存量公共资产中筛选适宜采用PPP模式的项目，制订项目年度和中长期开发计划；负责落实PPP项目的立项、批复等前期工作以及后期的职能范围内的监管。

法制办负责 PPP 项目规范性文件和项目合同的合法性审查；规划、国土和相关职能部门负责 PPP 项目的用地保障工作；物价部门负责拟订和调整 PPP 项目的产品或服务涉及政府定价、政府指导价的价格，对涉及收费的 PPP 项目的价格进行监测、分析和预警；审计部门负责审计监督 PPP 项目投资资金使用，组织对项目的预算、决算情况实施专项审计；国资部门负责 PPP 项目国有资产的监督管理，确保国有资产保值增值。

以某综合管廊 PPP 项目为例，项目参与方在实施过程中的分工见表 2-3：

表 2-3　　某综合管廊 PPP 项目主体责权分工（工作界面）

项目内容	住建局（实施机构）	财政局	城投公司（政府出资人代表）	项目公司	审计局	发改等其他部门及区县
项目可研、立项等工作	▲		○			○
办理前期规划、用地、环评、安评等手续	▲		○			○
PPP 项目论证、咨询（方案、报告）	▲	▲	○			○
PPP 项目采购、签约	▲	○	○			
变更或办理立项、工程建设审批等手续	▲		○	○		○
项目拆迁补偿征地	▲		○	○		
完成项目投融资工作，确保项目资金及时到位			○	▲		
对勘察、设计及监理单位工作进行管理，并控制工程建设的规模、标准和造价	▲		○	▲		
对工程设计变更和现场签证进行审核认定	▲		○	○		
按合同约定及时支付工程费用和农民工资，承担所建工程的维稳、信访、安全、质量责任	○			▲		
按照国家及地方相关规定，组织工程竣工验收	▲		○	○		○
及时组织报工程决算报审材料				▲		
工程结算	○		○	○	▲	
工程竣工验收	▲		○	▲		

续表

项目内容	住建局（实施机构）	财政局	城投公司（政府出资人代表）	项目公司	审计局	发改等其他部门及区县
与入廊单位签订入廊协议	○		○	▲		
负责地下综合管廊的运营维护				▲		
负责运营期间的设施行政管理及运行维护监管职责	▲	○				○
对项目公司履约进行监督	▲	○			○	○
根据运营期内的通货膨胀情况，调整管廊运营成本及财政补贴	○	▲		○	○	
监管考核项目公司的日常维护行为	▲	○	○			
按期核算绩效考核评分	▲	▲	○			
核定项目财政补贴，并按季支付	○	▲	○			○
合作期满，将项目资产无偿移交给政府指定部门	▲	○	○	▲		

说明：▲表示由该部门或单位负责实施，○表示由该部门或单位协助实施。

需要特别指的是，上述各主体的分工与工作界面是根据某单一项目特点及本地实际约定的，并非固化或普遍适用的。简言之，PPP项目的成功实施绝非某一部门之责，也非某一部门之功，部门间的分工协作、政府公共治理理念的提升及行为方式的转变对PPP持续健康发展至关重要。

第二节　PPP项目决策的核心支撑文件
——"两报告、一方案"

一、物有所值评价报告

（一）物有所值定义和意义

"物有所值"即Value for Money的直译，是西方国家采用PPP模式建设基础设施项目时普遍采用的一种决策评估工具。英国最早将VFM引入公共基础设施项目采购模式的比选当中，形成了VFM评估指南。目前，加拿大、澳大利亚、韩国、日本等都采用该评估方法。物有所值（VFM）的评估方法是PPP模式精细化应用的标志。"物有所值"评价包括定性评价和定量评价两个方面，前者主要关注PPP模式与政府传统采购模式相比能否增加供给、优化风险、提高效率等，后者主要是通过将项目整个周期内的政府支出的现值与传统模式下公共部门的支出进行定量比较，以确定一个"物有所值"量。

从国外的实践来看，在不同阶段均须开展相应的VFM评价，所选方法和程序也不一样。如爱尔兰规定PPP采购过程中要进行四次VFM评价，分别在项目详细评估、编制项目产品/服务产出说明、对社会资本响应文件进行评审以及签订项目合同时进行，并在合同结束后、财务结算前还可以进行VFM检验；英国财政部在推行PFI时，要求在项目群层级（行业主管部门各自制定基础设施和公共服务项目群规划）、项目层级、采购层级三个阶段分别开展VFM评价；印度财政部则要求在项目的可行性研究阶段和采购阶段进行两次VFM评价。

物有所值评价是判断是否采用PPP模式代替政府传统投资运营方式提供公共服务项目的一种评价方法。"物有所值"关注成本、质量、风险、收益等多方面因素，是满足用户需求的产品或服务的生命周期内这些因素的最优组合。PPP项目要考虑以下几点要素：足够大的规模、长期性、成本、创新、资产利用率、设计建造和运营的整合、竞争性。

通过物有所值评估，能够避免项目盲目引入社会资本合作，从而优化公共资源配置和利用效率。严谨的物有所值评价可以有效判断项目采用PPP模式的适用性、可行性，真正实现"少花钱、多办事、办好事"。

（二）我国物有所值评价体系及工作流程

物有所值评价所需资料主要包括：（初步）实施方案、项目产出说明、风险识别和分配情况、存量公共资产的历史资料、新建或改扩建项目的（预）可行性研究报告、设计文件等。

物有所值评价包括定性评价和定量评价两部分。现阶段以定性评价为主，鼓励开展定量评价。定量评价可作为项目全生命周期内风险分配、成本测算和数据收集的重要手段，以及项目决策和绩效评价的参考依据。

应统筹定性评价和定量评价结论，作出物有所值评价结论。物有所值评价结论分为通过和未通过。通过的项目，可进行财政承受能力论证；未通过的项目，可在调整实施方案后重新评价，仍未通过的不宜采用PPP模式。物有所值评价的工作流程如图2-1所示。

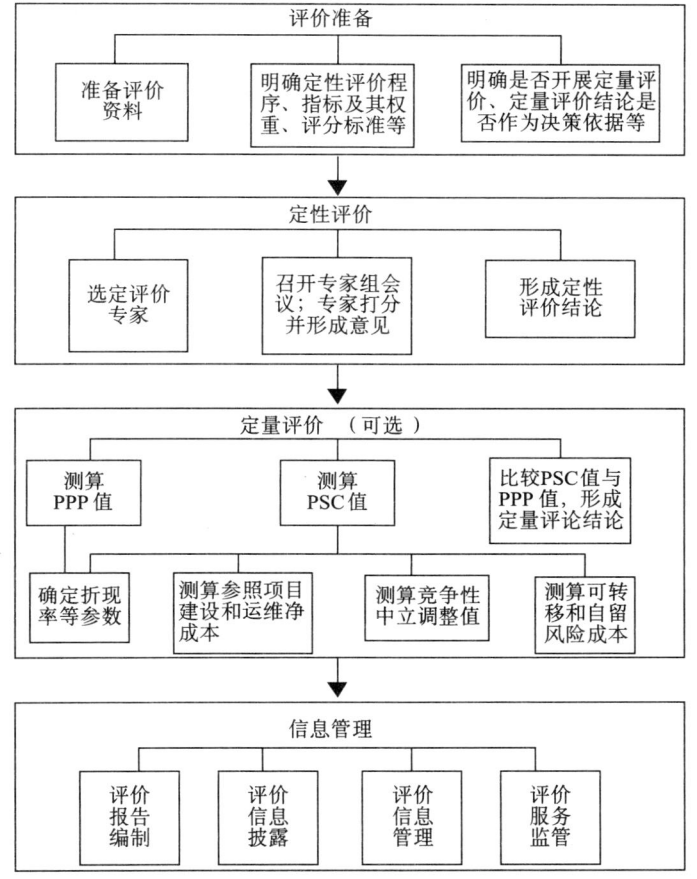

图 2-1　PPP 项目物有所值评价流程

(三) 物有所值定性分析

1. 定性评价程序

物有所值定性分析重点关注项目采用 PPP 模式与采用政府传统模式相比能否降低或减少政府性债务的强度和额度，增加供给，优化风险分配、提高建设和运营的效率、促进创新和公平竞争等。

项目本级财政部门（或 PPP 中心）会同行业主管部门组织召开专家组会议。物有所值定性分析采用专家评分法，主要包括确定定性分析指标，组成专家组、召开专家组会议和做出定性分析结论等。

（1）确定定性分析指标：在已给定的六项基本指标及其权重的基础上，组织补充指标及其权重。基本指标分别是全生命周期整合程度、风险识别与分配、绩效导向与鼓励创新、潜在竞争程度、政府机构能力、可融资性，六个基本指标的合计权重为80%。补充评价指标主要是六项基本评价指标未涵盖的其他影响因素，包括项目规模、大小、预期使用寿命长短、主要固定资产种类、全生命周期成本测算准确性、运营收入增长潜力、行业示范性等。补充评价指标权重为20%，不少于2项指标，每一项指标权重不超过10%。详细打分表结构见表2-4。

表2-4　　　　　　　　　　物有所值 VFM 评价

	指标	权重	评分	加权分
基本指标	1. 全生命周期整合程度			
	2. 风险识别与分配			
	3. 绩效导向与鼓励创新			
	4. 潜在竞争程度			
	5. 政府机构能力			
	6. 可融资性			
	基本指标小计	80%		
补充指标（至少选2项）	7. 项目规模大小			
	8. 预期使用寿命长短			
	9. 主要固定资产种类			
	10. 全生命周期成本测算准确性			
	11. 运营收入增长潜力			
	12. 行业示范性			
	补充指标小计	20%		
	合计	100%		

专家签字：

（2）组成专家组：结合项目特点，专家组有7名专家组成，包括财政、资产评估、会计、金融、工程技术、项目管理、法律方面专家等专家各一名。

（3）召开专家会议：专家在充分讨论后按照评价指标逐项打分；按照指标权重计算加权平均分，得到评分结果，形成专家组意见。

（4）做定性分析结论：根据评分结果和专家组意见，做出定性分析结论。原则上，评分结果在60分以上的，项目通过物有所值定性分析；否则，项目不适宜采用PPP模式。

2. 评价指标

在各项评价指标中，六项基本评价指标权重为80%，其中任一指标权重一般不超过20%；补充评价指标权重为20%，其中任一指标权重一般不超过10%。补充指标不少于2项。

六项基本指标如下：

（1）全生命周期整合程度：主要考核在项目全生命周期内，项目设计、投融资、建造、运营和维护等环节能否实现长期、充分整合。采用PPP模式，将项目的设计、建造、融资、运营和维护等全生命周期环节整合起来，通过一个长期合同全部交由社会资本合作方实施，是实现物有所值的重要机理。

（2）风险识别与分配：主要考核在项目全生命周期内，各风险因素是否得到充分识别并在政府和社会资本之间进行合理分配。清晰识别和优化分配风险，是物有所值的一个主要驱动因素。在项目识别阶段的物有所值评价工作开始前，着手风险识别工作，有利于在后续工作实现风险分配优化。

（3）绩效导向与鼓励创新：主要考核是否建立以基础设施及公共服务供给数量、质量和效率为导向的绩效标准和监管机制，是否落实节能环保、支持本国产业等政府采购政策，能否鼓励社会资本创新。PPP项目的绩效指标，特别是关键绩效指标，主要是确定对PPP项目运营维护和产出进行检测的要求和标准，例如，公共产品和服务的数量和质量（或可用性）等。绩效指标越符合项目具体情况，越全面合理，越清晰明确，则绩效导向程度越高。一般来讲，产出说明应主要规定社会资本合作方应付产出的规格要求，尽可能不对项目的投入和社会资本合作方具体实施等如何实现交付的问题提出要求，从而为社会资本合作方提供创新机会。

（4）潜在竞争程度：主要考核项目内容对社会资本参与竞争的吸引力。主要通过察看项目将引起社会资本（或其联合体）之间竞争的潜力，以及预计在随后的项目准备、采购等阶段是否能够采取促进竞争的措施等。

（5）政府机构能力：主要考核政府转变职能、优化服务、依法履约、行政监管和项目执行管理等能力。PPP理念主要包括依法依合同平等合作、风险分担、全生命周期绩效管理等，以及PPP不仅是基础设施及公共服务融资手段，更是转变政府职能、建立现代财政制度等的重要手段。政府的PPP能力主要包括知识、技能和经验等，包括可通过购买服务获得的能力。

（6）可融资性：主要考核项目的市场融资能力。主要通过预计项目对金融机构（贷款和债券市场）的吸引力来评分。吸引力越大，项目越具有融资可行性，越能够顺利完成融资交割和较快进入建设、运营阶段，实现较快增加基础设施及公共服务供给的可能性就越大。

补充评价指标主要是六项基本评价指标未涵盖的其他影响因素，包括项目规模大小、预期使用寿命长短、主要固定资产种类、全生命周期成本测算准确性、运营收入增长潜力、行业示范性等。

（1）项目规模大小：主要依据项目的投资额或资产价值来评分。PPP项目的准备、论证、采购等前期环节的费用较大，只有项目规模足够大，才能使这些前期费用占项目全生命周期成本的比例处于合理和较低水平。此外，一般情况下，基础设施及公共服务项目的规模越大，越能够采用PPP模式吸引社会资本参与。

（2）预期使用寿命长短：主要依据项目的资产预期使用寿命来评分。项目的资产使用寿命长，为利用PPP模式提高效率和降低全生命周期成本提供了基础条件。

（3）主要固定资产种类：主要依据PPP项目包含的资产种类多少来评分。一个项目可以包含多个种类的资产，一般来说，项目的资产种类越多，由社会资本方实施，将实现更高的效率和更好的效果。

（4）全生命周期成本测算准确性：主要通过察看项目对采用PPP模式的全生命周期成本的理解和认识程度以及全生命周期成本将被准确预估的可能性来评分。全生命周期成本是确定PPP合作期长短、付费多少、政府补贴等的重要依据。

（5）运营收入增长潜力：主要通过预计社会资本合作方增加额外收入的可能程度来评分。社会资本合作方通过实施项目，在满足公共需求的前提下，增加额外收入，可以降低政府的成本和公众的支出。

（6）行业示范性：主要是指项目是否符合行业或地区发展方向和重点，在模式上是否具有创新性、引领性。

具体的物有所值定性分析评分参考标准见表2-5：

表2-5　　　　　PPP项目物有所值定性分析评分参考标准

编号	指标	评分参考标准
1	全生命周期整合程度	● 81~100 = 项目资料表明，设计、融资、建造和全部运营、维护到将整合到一个合同中；对于存量项目采用PPP模式，至少有融资和全部运营、维护整合到一个合同中 ● 61~80 = 项目资料表明，设计、融资和建造以及核心服务或大部分非核心服务的运营、维护将整合到一个合同中；对于存量项目采用PPP模式，至少有融资和核心服务或大部分非核心服务的运营、维护将整合到一个合同中 ● 41~60 = 项目资料表明，设计、融资、建造和维护等将整合到一个合同中，但不包括运营；或融资、建造、运营和维护等将整合到一个合同中，但不包括设计；对于存量项目采用PPP模式，仅运营和维护将整合到一个合同中 ● 21~40 = 项目资料表明，融资、建造和维护等将整合到一个合同中，但不包括设计和运营 ● 0~20 = 项目资料表明，设计、融资、建造等三个或其中更少的环节将整合到一个合同中

续表

编号	指标	评分参考标准
2	风险识别与分配	• 81~100=项目资料表明，已进行较为深入的风险识别工作，预计其中的绝大部分风险或全部主要风险将在政府与社会资本合作方之间明确和合理分配 • 61~80=项目资料表明，已进行较为深入的风险识别工作，预计其中的大部分主要风险可以在政府与社会资本合作方之间明确和合理分配 • 41~60=项目资料表明，已进行初步的风险识别工作，预计这些风险可以在政府与社会资本合作方之间明确和合理分配 • 21~40=项目资料表明，已进行初步的风险识别工作，预计这些风险难以在政府与社会资本合作方之间明确和合理分配 • 0~20=项目资料表明，尚未开展风险识别工作，或没有清晰识别风险
3	绩效导向与鼓励创新	• 81~100=绝大部分绩效指标符合项目具体情况，全面合理，清晰明确。项目产出说明提出了较为全面、清晰和可测量的产出规格要求，没有对如何交付提出要求 • 61~80=大部分绩效指标符合项目具体情况，全面合理，清晰明确。项目的产出规格要求较为全面、清晰和可测量，并对如何交付提出了少量要求 • 41~60=绩效指标比较符合项目具体情况，但不够全面和清晰明确，缺乏部分关键绩效指标。项目的产出规格要求不够全面、清晰和可测量，并对如何交付提出了少量要求 • 21~40=已设置的绩效指标比较符合项目具体情况和明确，但主要关键绩效指标未设置。项目的产出规格要求不够全面、清晰和可测量，并对如何交付提出了较多要求 • 0~20=未设置绩效指标或绩效指标不符合项目具体情况，不合理、不明确。项目的产出说明基本上没有明确产出规格要求，或主要对如何交付进行了要求
4	潜在竞争程度	• 81~100=项目将引起社会资本（或其联合体）之间竞争的潜力大且存在明显的证据或迹象，例如参与项目推介会的行业领先的国内外企业数量较多 • 61~80=项目将引起社会资本（或其联合体）之间竞争的潜力较大，预期后续通过采取措施可进一步提高竞争程度 • 41~60=项目将引起社会资本（或其联合体）之间竞争的潜力一般，预期后续通过采取措施可提高竞争程度 • 21~40=项目将引起社会资本（或其联合体）之间竞争的潜力较小，预期后续通过采取措施有可能提高竞争程度 • 0~20=项目将引起社会资本（或其联合体）之间竞争的潜力小，预期后续不大可能提高竞争程度

续表

编号	指标	评分参考标准
5	政府机构能力	• 81~100 = 政府具备较为全面、清晰的 PPP 理念，且本项目相关政府部门及机构具有较强的 PPP 能力 • 61~80 = 政府的 PPP 理念一般，但本项目相关政府部门及机构具有较强的 PPP 能力 • 41~60 = 政府的 PPP 理念一般，且本项目相关政府部门及机构的 PPP 能力一般 • 21~40 = 政府的 PPP 理念较欠缺，且本项目相关政府部门及机构的 PPP 能力较欠缺且不易较快获得 • 0~20 = 政府的 PPP 理念欠缺，且本项目相关政府部门及机构的 PPP 能力欠缺且难以获得
6	可融资性	• 81~100 = 预计项目对金融机构的吸引力很高，或已有具备强劲实力的金融机构明确表达了对项目的兴趣 • 61~80 = 预计项目对金融机构的吸引力较高 • 41~60 = 预计项目对金融机构的吸引力一般，通过后续进一步准备，可提高吸引力 • 21~40 = 预计项目对金融机构的吸引力较差，通过后续进一步准备，可提高吸引力 • 0~20 = 预计项目对金融机构的吸引力很差
7	项目规模大小	• 81~100 = 新建项目的投资或存量项目的资产公允价值在 10 亿元以上 • 61~80 = 新建项目的投资或存量项目的资产公允价值介于 2 亿元到 10 亿元之间 • 41~60 = 新建项目的投资或存量项目的资产公允价值介于 1 亿元到 2 亿元之间 • 21~40 = 新建项目的投资或存量项目的资产公允价值介于 5000 万元到 1 亿元之间 • 0~20 = 新建项目的投资或存量项目的资产公允价值小于 5000 万元 （注：可根据具体项目的类型、所在地区等因素重新设定金额大小）
8	预期使用寿命长短	• 81~100 = 资产的预期使用寿命大于 40 年 • 61~80 = 资产的预期使用寿命为 31~40 年 • 41~60 = 资产的预期使用寿命为 21~30 年 • 21~40 = 资产的预期使用寿命为 11~20 年 • 0~20 = 资产的预期使用寿命小于 10 年 （注：可根据具体项目的类型、所在地区等因素重新设定年限长短）
9	主要固定资产种类	• 81~100 = 项目的资产种类在三个以上 • 61~80 = 项目是两类较复杂或技术要求较高资产的组合 • 41~60 = 项目是两类中等复杂程度资产的组合，或者是若干个同类资产打包项目 • 21~40 = 项目是两类复杂程度较低资产的组合，或者项目是一个较为复杂的资产 • 0~20 = 项目只包括一个较为简单的资产

续表

编号	指标	评分参考标准
10	全生命周期成本测算准确性	• 81~100 = 项目相关信息表明，项目的全生命周期成本已被很好地理解和认识，并且被准确预估的可能性很大 • 61~80 = 项目相关信息表明，项目的全生命周期成本已被较好地理解和认识，并且被准确预估的可能性较大 • 41~60 = 项目相关信息表明，项目的全生命周期成本已被较好地理解和认识，但尚无法确定能否被准确预估 • 21~40 = 项目相关信息表明，项目的全生命周期成本理解和认识还不够全面清晰 • 0~20 = 项目相关信息表明，项目的全生命周期成本基本上没有得到理解和认识
11	运营收入增长潜力	• 81~100 = 预计社会资本在满足公共需求的前提下，非常有可能充分利用资产增加额外收入 • 61~80 = 预计社会资本在满足公共需求的前提下，较有可能充分利用资产增加额外收入 • 41~60 = 预计社会资本在满足公共需求的前提下，利用项目资产增加额外收入的可能性一般 • 21~40 = 预计社会资本利用项目资产获得额外收入的可能性较小 • 0~20 = 预计社会资本利用项目资产获得额外收入的可能性非常小
12	行业示范性	• 81~100 = 项目在行业内有显著的示范效应 • 61~80 = 项目在行业内有较强的示范效应 • 41~60 = 项目在行业内有一定的示范效应 • 21~40 = 项目的行业示范效应一般 • 0~20 = 项目的行业示范效应较小

（四）物有所值定量分析

1. 定量分析步骤

在假定采用PPP模式与政府传统投资模式的产出绩效相同的前提下，通过对PPP项目全生命周期内政府支出成本的净现值（PPP值）与公共部门比较值（PSC值）进行比较，判断PPP模式能否降低项目全生命周期成本。其中，物有所值定量测算结构见图2-2：

物有所值定量分析的主要步骤包括：

（1）根据参照项目计算PSC值；

（2）根据影子报价和实际报价计算PPP值；

（3）比较PSC值和PPP值，计算物有所值量值和指数，得出定量分析结论。PPP值小于PSC值的，项目转入准备阶段，否则不宜采用PPP模式，应从当

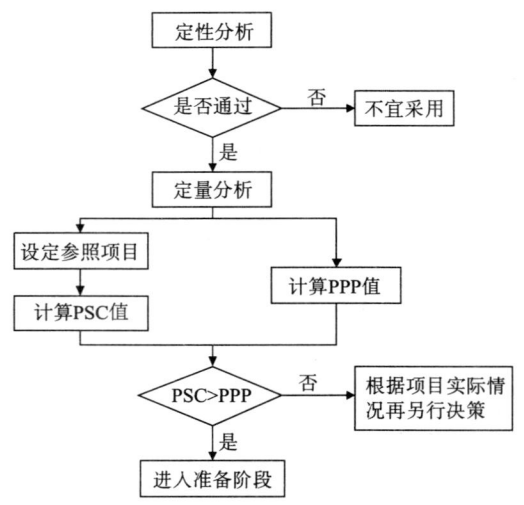

图 2-2 物有所值定量分析流程

地 PPP 项目目录中剔除。相关物有所值定量分析流程见图 2-3：

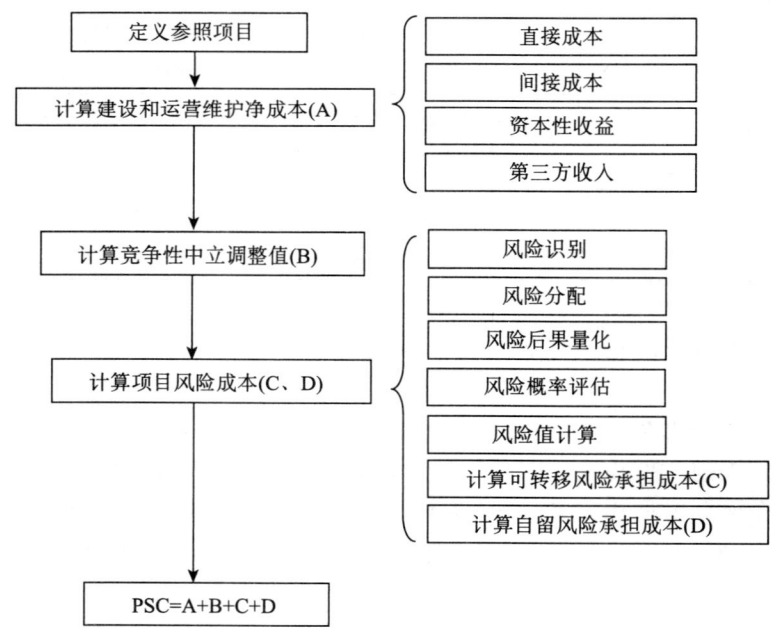

图 2-3 物有所值定量测算结构

2. PSC 值计算

设定项目的参照项目如下：假设政府采用现实可行的、最有效的传统投资方式实施的、与 PPP 项目产出相同的虚拟项目；最近五年内，相同或相似地区采用政府传统投资方式实施的、与PPP项目产出相同或非常相似的项目。

折现率选取参照如下：依据财政部《政府和社会资本合作项目财政承受能力论证指引》（财金〔2015〕21号）第十七条："年度折现率应考虑财政补贴支出发生年份，并参照同期地方政府债券收益率合理确定"。

PSC值是指政府采用传统采购模式提供与PPP项目产出说明要求相同的基础设施及公共服务的全生命周期成本的净现值。PSC值为三项成本的全生命周期现值之和：参照项目的建设和运营维护净成本（即初始PSC值）、竞争性中立调整值、项目全部风险成本。

PSC值＝初始PSC值＋竞争性中立调整值＋项目全部风险成本（可转移风险承担成本＋自留风险承担成本）。

（1）初始PSC值（建设净成本）。主要包括参照项目设计、建造、升级、改造、大修等方面投入的现金以及固定资产、土地使用权等实物和无形资产的价值，并扣除参照项目全生命周期内产生的转让、租赁或处置资产所获的收益。运营维护净成本主要包括参照项目全生命周期内运营维护所需的原材料、设备、人工等成本，以及管理费用、销售费用和运营期财务费用等，并扣除假设参照项目与PPP项目付费机制相同情况下能够获得的使用者付费收入等。

初始PSC值＝（建设成本－资本性收益）＋（运营维护成本－第三方收入）＋其他成本

（2）竞争性中立调整值。主要是采用政府传统投资方式比采用PPP模式实施项目少支出的费用，通常包括少支出的土地费用、行政审批费用、有关税费等。

（3）项目全部风险成本。包括可转移给社会资本的风险承担成本和政府自留风险的承担成本，参照《政府和社会资本合作项目财政承受能力论证指引》（财金〔2015〕21号）第二十一条及有关规定测算。政府自留风险承担成本等同于PPP值中的全生命周期风险承担支出责任，两者在PSC值与PPP值比较时可对等扣除。

3. PPP值计算

PPP值可等同于PPP项目全生命周期内股权投资、运营补贴、风险承担和配套投入等各项财政支出责任的现值，参照《政府和社会资本合作项目财政承受能力论证指引》（财金〔2015〕21号）及有关规定测算。

4. 定量评价结果

物有所值量值＝PSC值－PPP值

物有所值指数＝（PSC值－PPP值）÷PSC值×100％

物有所值量值和指数越大，说明采用PPP模式替代传统投资模式，政府所能节约的成本越大。PPP值小于或等于PSC值的，认定为通过定量评价；PPP值大于 PSC 值的，认定为未通过定量评价。

（五）物有所值评价报告内容

（1）项目基础信息。主要包括项目概况、项目产出说明和绩效标准、PPP 运作方式、风险分配框架和付费机制等。

（2）评价方法。主要包括定性评价程序、指标及权重、评分标准、评分结果、专家组意见以及定量评价的 PSC 值、PPP 值的测算依据、测算过程和结果等。

（3）评价结论，分为"通过"和"未通过"。

（4）附件。通常包括（初步）实施方案、项目产出说明、可行性研究报告、设计文件、存量公共资产的历史资料、PPP 项目合同、绩效监测报告和中期评估报告等。

二、财政承受能力论证报告

（一）概要和流程

财政承受能力论证是指识别、测算 PPP 项目的各项财政支出责任，科学评估项目实施对当前及今后年度财政支出的影响，为 PPP 项目财政管理提供依据。财政部门应坚持合理预测、公开透明、从严把关，统筹处理好当期与长远关系，严格控制 PPP 项目财政支出规模。

财政承受能力评估包括财政支出能力评估以及行业和领域平衡性评估。财政承受能力论证的结论分为"通过论证"和"未通过论证"。"通过论证"的项目，各级财政部门应当在编制年度预算和中期财政规划时，将项目财政支出责任纳入预算统筹安排。"未通过论证"的项目，则不宜采用 PPP 模式。

依据财政部《政府和社会资本合作项目财政承受能力论证指引》（财金〔2015〕21 号），财政承受能力论证的相关流程和规定如图 2 - 4 所示。

（二）责任识别

PPP 项目全生命周期过程的财政支出责任，主要包括股权投资、运营补贴、风险承担、配套投入等。

1. 股权投资支出责任

指在政府与社会资本共同组建项目公司的情况下，政府承担的股权投资支出

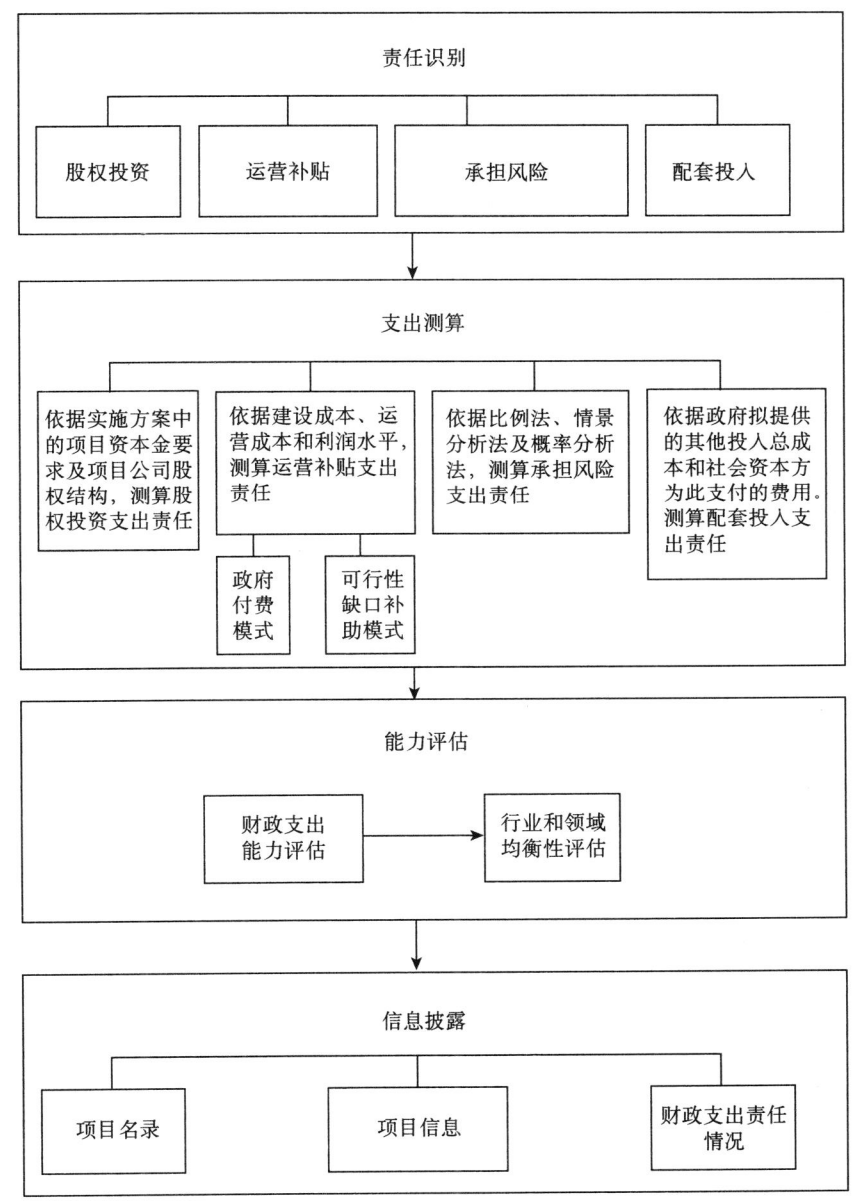

图 2-4 财政承受能力论证工作流程

责任。如果社会资本单独组建项目公司，政府不承担股权投资支出责任。

2. 运营补贴支出责任

指在项目运营期间，政府承担的直接付费责任。不同付费模式下，政府承担的运营补贴支出责任不同。政府付费模式下，政府承担全部运营补贴支出责任；

可行性缺口补助模式下，政府承担部分运营补贴支出责任；使用者付费模式下，政府不承担运营补贴支出责任。

3. 风险承担支出责任

指项目实施方案中政府承担风险带来的财政或有支出责任。通常由政府承担的法律风险、政策风险、最低需求风险以及因政府方原因导致项目合同终止等突发情况，会产生财政或有支出责任。

4. 配套投入支出责任

指政府提供的项目配套工程等其他投入责任，通常包括土地征收和整理、建设部分项目配套措施、完成项目与现有相关基础设施和公用事业的对接、投资补助、贷款贴息等。配套投入支出应依据项目实施方案合理确定。

（三）支出测算

财政部门（或PPP中心）应当综合考虑各类支出责任的特点、情景和发生概率等因素，对项目全生命周期内财政支出责任分别进行测算。

1. 股权投资支出

应当依据项目资本金要求以及项目公司股权结构合理确定。股权投资支出责任中的土地等实物投入或无形资产投入，应依法进行评估，合理确定价值。计算公式为：

股权投资支出 = 项目资本金 × 政府占项目公司股权比例

2. 运营补贴支出

应当根据项目建设成本、运营成本及利润水平合理确定，并按照不同付费模式分别测算。财金〔2015〕21号文针对政府补贴提供了一种简便的计算方式，但并非强制使用。相关计算方式如下：

对政府付费模式的项目，在项目运营补贴期间，政府承担全部直接付费责任。政府每年直接付费数额包括：社会资本方承担的年均建设成本（折算成各年度现值）、年度运营成本和合理利润。计算公式为：

$$当年运营补贴支出数额 = \frac{项目全部建设成本 \times (1+合理利润率) \times (1+年度折现率)^n}{财政运营补贴周期(年)} + 年度运营成本 \times (1+合理利润率)$$

对可行性缺口补助模式的项目，在项目运营补贴期间，政府承担部分直接付费责任。政府每年直接付费数额包括：社会资本方承担的年均建设成本（折算成各年度现值）、年度运营成本和合理利润，再减去每年使用者付费的数额。计算公式为：

$$当年运营补贴支出数额 = \frac{项目全部建设成本 \times (1+合理利润率) \times (1+年度折现率)^n}{财政运营补贴周期(年)} +$$

年度运营成本×(1+合理利润率)-当年使用者付费数额

其中，n代表折现年数。财政运营补贴周期指财政提供运营补贴的年数。

年度折现率应考虑财政补贴支出发生年份，并参照同期地方政府债券收益率合理确定。

合理利润率应以商业银行中长期贷款利率水平为基准，充分考虑可用性付费、使用量付费、绩效付费的不同情景，结合风险等因素确定。

在计算运营补贴支出时，应当充分考虑合理利润率变化对运营补贴支出的影响。

PPP项目实施方案中的定价和调价机制通常与消费物价指数、劳动力市场指数等因素挂钩，会影响运营补贴支出责任。在可行性缺口补助模式下，运营补贴支出责任受到使用者付费数额的影响，而使用者付费的多少因定价和调价机制而变化。在计算运营补贴支出数额时，应当充分考虑定价和调价机制的影响。

需要指出的是，PPP项目千差万别，模式可以千变万化，以上测算方式并不一定适用所有项目，也不一定是最优的测算方式。在实践中，通常可结合项目特点、风险分配及政府财政资金、对价、资源等安排，灵活、高效规划财政补贴。据此边界条件与各方诉求，建立财务模型，采取DCF（现金流贴现）方式测算内部收益率（IRR），进而推导补贴额或单价等核心价格或收益指标。

3. 风险承担支出

应充分考虑各类风险出现的概率和带来的支出责任，可采用比例法、情景分析法或概率法进行测算。如果PPP合同约定保险赔款的第一受益人为政府，则风险承担支出应为扣除该等风险赔款金额的净额。

比例法。在各类风险支出数额和概率难以进行准确测算的情况下，可以按照项目的全部建设成本和一定时期内的运营成本的一定比例确定风险承担支出。

情景分析法。在各类风险支出数额可以进行测算、但出现概率难以确定的情况下，可针对影响风险的各类事件和变量进行"基本"、"不利"及"最坏"等情景假设，测算各类风险发生带来的风险承担支出。计算公式为：风险承担支出数额=基本情景下财政支出数额×基本情景出现的概率+不利情景下财政支出数额×不利情景出现的概率+最坏情景下财政支出数额×最坏情景出现的概率。

概率法。在各类风险支出数额和发生概率均可进行测算的情况下，可将所有可变风险参数作为变量，根据概率分布函数，计算各种风险发生带来的风险承担支出。

4. 配套投入支出责任

应综合考虑政府将提供的其他配套投入总成本和社会资本方为此支付的费用。配套投入支出责任中的土地等实物投入或无形资产投入，应依法进行评估，合理确定价值。计算公式为：配套投入支出数额=政府拟提供的其他投入总成本-社会资本方支付的费用。

必要时，应进行财政支出能力评估结论的情景分析。测量 PPP 项目多个不确定因素同时发生变化以及某些极端不利事件发生对财政支出能力的影响，帮助财政支出能力评估结论使用者正确理解与科学运用评估结论。

（四）能力评估

财政部门（或 PPP 中心）识别和测算单个项目的财政支出责任后，汇总年度全部已实施和拟实施的 PPP 项目，进行财政承受能力评估。

财政承受能力评估包括财政支出能力评估以及行业和领域平衡性评估。财政支出能力评估，是根据 PPP 项目预算支出责任，评估 PPP 项目实施对当前及今后年度财政支出的影响；行业和领域均衡性评估，是根据 PPP 模式适用的行业和领域范围，以及经济社会发展需要和公众对公共服务的需求，平衡不同行业和领域 PPP 项目，防止某一行业和领域 PPP 项目过于集中。

每一年度全部 PPP 项目需要从预算中安排的支出责任，占一般公共预算支出比例应当不超过 10%。省级财政部门可根据本地实际情况，因地制宜确定具体比例，并报财政部备案，同时对外公布。

在进行财政支出能力评估时，未来年度一般公共预算支出数额可参照前五年相关数额的平均值及平均增长率计算，并根据实际情况进行适当调整。

通过论证且经同级人民政府审核同意实施的 PPP 项目，各级财政部门应当将其列入 PPP 项目目录，并在编制中期财政规划时，将项目财政支出责任纳入预算统筹安排。在 PPP 项目正式签订合同时，财政部门（或 PPP 中心）应当对合同进行审核，确保合同内容与财政承受能力论证保持一致，防止因合同内容调整导致财政支出责任出现重大变化。

三、项目实施方案

（一）项目采用 PPP 模式的初步方案

1. 项目基本情况

包括但不限于项目名称、类型（在建或建成）、地点、联系人；项目建设的必要性、前期工作合规性（规划、可研、环评、土地等）、技术路线、所处阶段（申报、设计、融资、采购、施工、运行）、开工和计划完成时间；总投资及资本构成、资产负债、股权结构、融资结构及主要融资成本、收益情况（总收益、收入来源、收费价格和定价机制）；政府现有支持安排、社会资本介入情况（如有）；纠纷情况（如有）等。

2. 可行性分析

包括但不限于对相关要求满足情况的分析、行业主管部门和融资平台意愿、项目对社会资本的吸引力分析、债权人转换配合意愿及担保解除可能性等。

项目采用PPP模式要进行"物有所值"定性分析，重点关注PPP与政府传统采购模式相比能否增加供给，优化风险分担，降低项目全生命周期成本，提高运营效率，促进创新和竞争。

3. 初步实施安排

包括但不限于政府和社会资本的权利义务、风险分担、PPP运作方式、投融资结构、政府配套安排、合同期限、收益回报方式、收费定价调整机制、财政可承受能力评估、合作伙伴选择方式、项目公司（SPV）设立情况等。

4. 财务测算

包括但不限于投资回报测算、现金流量分析、项目财务状况、项目存续期间政府补贴情况等。

（二）项目实施方案

项目实施方案通常包括运作方式、交易结构、采购方式等。按照《财政部关于印发政府和社会资本合作模式操作指南（试行）的通知》（财金〔2014〕113号），项目实施方案的内容包括但不限于以下七个部分：

（1）项目基本情况，包括项目名称、类型、所在地、所属行业、实施背景、建设运营内容、总投资等。主要包括基本情况、经济技术指标和项目公司股权情况等。

基本情况主要明确项目提供的公共产品和服务内容、项目采用政府和社会资本合作模式运作的必要性和可行性，以及项目运作的目标和意义。

经济技术指标主要明确项目区位、占地面积、建设内容或资产范围、投资规模或资产价值、主要产出说明和资金来源等。

项目公司股权情况主要明确是否要设立项目公司以及公司股权结构。

（2）风险分配框架，包括风险识别情况、风险分配方案（政府与社会资本各自承担哪些风险、是否设置保底和超额收益分成机制）、风险防范措施等。

按照风险分配优化、风险收益对等和风险可控等原则，综合考虑政府风险管理能力、项目回报机制和市场风险管理能力等要素，在政府和社会资本间合理分配项目风险。原则上，项目设计、建造、财务和运营维护等商业风险由社会资本承担，法律、政策和最低需求等风险由政府承担，不可抗力等风险由政府和社会资本合理共担。

（3）项目运作方式，包括项目合作期限、资产权属、具体运作方式等。

项目运作方式主要包括委托运营、管理合同、建设－运营－移交、建设－拥有－运营、转让－运营－移交和改建－运营－移交等。

具体运作方式的选择主要由收费定价机制、项目投资收益水平、风险分配基本框架、融资需求、改扩建需求和期满处置等因素决定。

（4）项目交易结构，包括回报机制（成本收入测算、付费机制、回报率）、投融资结构（资本金金额及比例、贷款金额及比例、资金来源、项目公司股权结构）、政府配套安排等。

交易结构主要包括项目投融资结构、回报机制和相关配套安排。项目投融资结构主要说明项目资本性支出的资金来源、性质和用途，项目资产的形成和转移等。项目回报机制主要说明社会资本取得投资回报的资金来源，包括使用者付费、可行性缺口补助和政府付费等支付方式。相关配套安排主要说明由项目以外相关机构提供的土地、水、电、气和道路等配套设施和项目所需的上下游服务。

（5）合同体系，主要包括项目合同、股东合同、融资合同、工程承包合同、运营服务合同、原料供应合同、产品采购合同和保险合同等。项目合同是其中最核心的法律文件。

项目边界条件是项目合同的核心内容，主要包括权利义务、交易条件、履约保障和调整衔接等边界。权利义务边界主要明确项目资产权属、社会资本承担的公共责任、政府支付方式和风险分配结果等。交易条件边界主要明确项目合同期限、项目回报机制、收费定价调整机制和产出说明等。履约保障边界主要明确强制保险方案以及由投资竞争保函、建设履约保函、运营维护保函和移交维修保函组成的履约保函体系。调整衔接边界主要明确应急处置、临时接管和提前终止、合同变更、合同展期、项目新增改扩建需求等应对措施。

（6）监管架构，主要包括授权关系和监管方式。授权关系主要是政府对项目实施机构的授权，以及政府直接或通过项目实施机构对社会资本的授权；监管方式主要包括履约管理、行政监管和公众监督等。

（7）社会资本合作采购方式。项目采购应根据《中华人民共和国政府采购法》及相关规章制度执行，采购方式包括公开招标、竞争性谈判、邀请招标、竞争性磋商和单一来源采购。项目实施机构应根据项目采购需求特点，依法选择适当采购方式。

第三节　PPP 项目的核心——PPP 合同体系

一、合同体系构成与法律依据

PPP 项目合同体系较为复杂，涉及众多领域法律问题。PPP 采购从行为性质上属于政府向社会资本采购公共服务的民事法律行为，构成民事主体之间的民事法律关系。同时，政府作为公共事务的管理者，在履行 PPP 项目的规划、管理、监督等行政职能时，与社会资本之间构成行政法律关系。因此，我国 PPP 项目合同相关法律关系的确立和调整依据，主要是现行的民商法、行政法、经济法和社会法，包括《民法通则》《合同法》《预算法》《政府采购法》《公司法》《担保法》《保险法》《行政许可法》《行政处罚法》《行政复议法》《民事诉讼法》《仲裁法》《行政诉讼法》《会计法》《土地管理法》《建筑法》《环境保护法》等。

行政协议强调政府方与社会资本方的行政法律关系，突出当事人双方的不平等性，与 PPP 强调的契约精神不符，加剧了社会投资者的疑虑和担心。此外，行政案件由最初作出行政行为的行政机关所在地人民法院管辖。社会资本方普遍担心基于 PPP 协议引发的行政诉讼可能会受到当地干预。事实上，PPP 主要强调平等合作，应主要界定为民商事合同，争议解决机制设计应当具有灵活性，不宜拘泥于某一种解决方式。

在 PPP 项目中，项目参与方通过签订一系列合同来确立和调整彼此之间的权利义务关系，构成 PPP 项目的合同体系。PPP 项目的合同通常包括 PPP 项目合同、股东协议、履约合同（包括工程承包合同、运营服务合同、原料供应合同、产品或服务购买合同等）、融资合同和保险合同等。其中，PPP 项目合同是整个 PPP 项目合同体系的基础和核心，如图 2-5 所示。

在整个合同体系中，PPP 项目合同或合作协议是与政府最直接相关、也是 PPP 项目实施中最重要的合同。其次是股东协议（《公司章程》），但股东协议是基于政府入股项目公司情形下的签署的合同。如政府不入股，则不存在与政府相关的股东协议。其他合同，如工程承包合同、运营服务合同等均是由项目公司自主经营、与相关方协商确定的，政府仅仅是依据 PPP 项目合同约定来履行必要的监管职能，没有太大直接关系。

1. PPP 项目合同

PPP 项目合同是政府方与社会资本方依法就 PPP 项目合作所订立的合同。其目的是在政府方与社会资本方之间合理分配项目风险，明确双方权利义务关系，

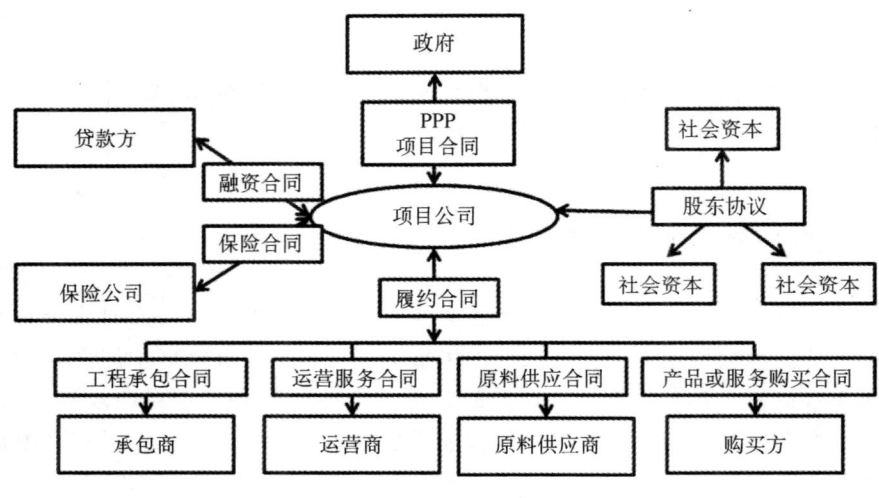

图 2-5 合同体系

保障双方能够依据合同约定合理主张权利，妥善履行义务，确保项目全生命周期内的顺利实施。PPP 项目合同是其他合同产生的基础，也是整个 PPP 项目合同体系的核心。

在项目初期阶段，项目公司尚未成立时，政府方会先与社会资本（即项目投资人）签订意向书、备忘录或者框架协议，以明确双方的合作意向，详细约定双方有关项目开发的关键权利义务。待项目公司成立后，由项目公司与政府方重新签署正式 PPP 项目合同，或者签署关于承继上述协议的补充合同。

在 PPP 项目合同中通常也会对 PPP 项目合同生效后，政府方与项目公司及其母公司之前就本项目所达成的协议是否会继续存续进行约定。

2. 股东协议及公司章程

股东协议由项目公司的股东签订，用以在股东之间建立长期的、有约束力的合约关系。股东协议通常包括以下主要条款：前提条件、项目公司的设立和融资、项目公司的经营范围、股东权利、履行 PPP 项目合同的股东承诺、股东的商业计划、股权转让、股东会、董事会、监事会组成及其职权范围、股息分配、违约、终止及终止后处理机制、不可抗力、适用法律和争议解决等。

项目投资人订立股东协议、公司章程的主要目的在于设立项目公司，由项目公司负责项目的建设、运营和管理，因此项目公司的股东可能会包括希望参与项目建设、运营的承包商，原料供应商，运营商，融资方等主体。在某些情况下，为了更直接地参与项目的重大决策、掌握项目实施情况，政府也可能通过直接参股的方式成为项目公司的股东（但政府通常并不控股和直接参与经营管理）。在这种情形下，政府与其他股东相同，享有作为股东的基本权益，同时也需履行股东的相关义务，并承担项目风险。

股东协议、公司章程除了包括规定股东之间权利义务的一般条款外，还可能包括与项目实施相关的特殊规定。以承包商作为项目公司股东为例，承包商的双重身份可能会导致股东之间一定程度的利益冲突，并在股东协议中予以反映。例如，为防止承包商在工程承包事项上享有过多的控制权，其他股东可能会在股东协议中限制承包商在工程建设及索赔事项上的表决权；如果承包商参与项目的主要目的是承担项目的设计、施工等工作，并不愿长期持股，承包商会希望在股东协议中预先做出股权转让的相关安排。但另一方面，如果融资方也是股东，融资方通常会要求限制承包商转让其所持有的项目公司股权的权利，例如要求承包商至少要到工程缺陷责任期满后才可转让其所持有的项目公司股权。

值得注意的是，项目公司的股东并不一定要同股同权。政府（政府出资方代表）入股项目公司，通常只能参股，不参与公司实质性管理，但对涉及重大公共利益事项具有一票否决权。此外，政府入股可以不分红，也可以采取劣后分红形式。政府作为股东不得提供任何形式的担保，原则上融资责任由项目公司承担；如果项目公司无法解决融资问题，通常社会资本作为全资或控股股东来全权负责融资工作，包括但不限于提供担保、增信、借款等方式。

3. 履约合同

（1）工程承包合同。项目公司一般只作为融资主体和项目管理者而存在，本身不一定具备自行设计、采购、建设项目的条件，因此可能会将部分或全部设计、采购、建设工作委托给工程承包商，签订工程承包合同。项目公司可以与单一承包商签订总承包合同，也可以分别与不同承包商签订合同。承包商的选择要遵循相关法律法规的规定。由于工程承包合同的履行情况往往直接影响PPP项目合同的履行，进而影响项目的贷款偿还和收益情况。因此，为了有效转移项目建设期间的风险，项目公司通常会与承包商签订一个固定价格、固定工期的"交钥匙"合同，将工程费用超支、工期延误、工程质量不合格等风险全部转移给承包商。此外，工程承包合同中通常还会包括履约担保和违约金条款，进一步约束承包商妥善履行合同义务。

（2）运营服务合同。根据PPP项目运营内容和项目公司管理能力的不同，项目公司有时会考虑将项目全部或部分的运营和维护事务外包给有经验的运营商，并与其签订运营服务合同。个案中，运营维护事务的外包可能需要事先取得政府的同意。但是，PPP项目合同中约定的项目公司的运营和维护义务并不因项目公司将全部或部分运营维护事务分包给其他运营商实施而豁免或解除。

（3）原料供应合同。有些PPP项目在运营阶段对原料的需求量很大、原料成本在整个项目运营成本中占比较大，同时受价格波动、市场供给不足等影响，又无法保证能够随时在公开市场上以平稳价格获取，继而可能会影响整个项目的持续稳定运营，例如燃煤电厂项目中的煤炭。因此，为了防控原料供应风险，项目公司通常会与原料的主要供应商签订长期原料供应合同，并且约定一个相对稳定的原料价格。在原料供应合同中，一般会包括以下条款：交货地点和供货期限、供货要求和价格、质量标准和验收、结算和支付、合同双方的权利义务、违约责任、不可抗力、争议解决等。除上述一般性条款外，原料供应合同通常还会包括"照供不误"条款，即要求供应商以稳定的价格、稳定的质量品质为项目提供长期、稳定的原料。

（4）产品或服务购买合同。在PPP项目中，项目公司的主要投资收益来源于项目提供的产品或服务的销售收入，因此保证项目产品或服务有稳定的销售对象，对于项目公司而言十分重要。根据PPP项目付费机制的不同，项目产品或服务的购买者可能是政府，也可能是最终使用者。以政府付费的供电项目为例，政府的电力主管部门或国有电力公司通常会事先与项目公司签订电力购买协议，约定双方的购电和供电义务。此外，在一些产品购买合同中，还会包括"照付不议"条款，即项目公司与产品的购买者约定一个最低采购量，只要项目公司按照该最低采购量供应产品，不论购买者是否需要采购该产品均应按照该最低采购量支付相应价款。

4. 融资合同

从广义上讲，融资合同可能包括项目公司与贷款方签订的项目贷款合同、担保人就项目贷款与贷款方签订的担保合同、政府与贷款方和项目公司签订的直接介入协议等多个合同。其中，项目贷款合同是最主要的融资合同。在项目贷款合同中一般包括以下条款：陈述与保证、前提条件、偿还贷款、担保与保障、抵销、违约、适用法律与争议解决等。同时，出于贷款安全性的考虑，贷款方往往要求项目公司以其财产或其他权益作为抵押或质押，或由其母公司提供某种形式的担保或由政府作出某种承诺，这些融资保障措施通常会在担保合同、直接介入协议以及PPP项目合同中具体体现。

5. 保险合同

由于PPP项目通常资金规模大、生命周期长，负责项目实施的项目公司及其他相关参与方通常需要对项目融资、建设、运营等不同阶段的不同类型的风险分别进行投保。通常可能涉及的保险种类包括货物运输险、建筑工程险、针对设计或其他专业服务的专业保障险、针对间接损失的保险、第三人责任险、政治风险保险等。

6. 其他合同

在PPP项目中还可能会涉及其他的合同，例如与专业中介机构签署的投资、法律、技术、财务、税务等方面的咨询服务合同。

二、PPP项目合同架构与核心条款

在PPP项目合同体系中，各个合同之间并非完全独立、互不影响的，而是紧密衔接、相互贯通的，合同之间存在着一定的"传导关系"。首先，在合同签订阶段，作为合同体系的基础和核心，PPP项目合同的具体条款不仅会直接影响到项目公司股东之间的协议内容，而且会影响项目公司与融资方的融资合同以及与保险公司的保险合同等其他合同的内容。此外，PPP项目合同的具体约定，还可能通过工程承包或产品服务购买等方式，传导到工程承包（分包）合同、原料供应合同、运营服务合同和产品或服务购买合同上。反过来，在合同履行阶段，合同关系的传导方向可能发生逆转。例如分包合同的履行出现问题，会影响到总承包合同的履行，进而影响到PPP项目合同的履行。

根据《中华人民共和国政府和社会资本合作法（征求意见稿）》中关于合作协议的草案约定，PPP项目合同或合作协议应包括以下内容：①合作项目名称、内容、运作方式及期限；②项目公司经营范围、注册资本等；③合作项目的融资；④合作项目设计、建设、运营、维护的标准和监督管理；⑤收益取得方式；⑥价费及其调整机制；⑦履约担保、权益配置和风险分担；⑧合作各方的权利和义务；⑨政府方的监督和介入；⑩合作项目资产所有权归属及移转；⑪合作协议变更、提前终止及补偿；⑫合作期满移交；⑬违约责任与争议解决；⑭其他应当约定的事项。

PPP项目由于行业、付费机制、运作方式等具体情况的不同，PPP项目合同可能会千差万别。结合财政部、发改委的相关PPP合同指南等及在PPP领域的具体实践，PPP项目合同中核心条款及关注点主要包括如下几个方面。

（一）合作范围和期限

1. 合作范围

主要约定政府和社会资本方合作关系的重要事项，包括合作内容、合作期限、排他性约定及合作的履约保证等。

根据项目运作方式和具体情况的不同，政府与项目公司的合作范围可能包括设计、融资、建设、运营、维护某个基础设施或提供某项公共服务等。根据项目的不同或运作方式不同，双方合作内容包括上述职能的全部或部分。但就我国现阶段PPP项目而言，"运营"始终应为PPP项目合作内容中不可缺少的一部分。

通常上述合作范围是排他的，即政府在合作期限内不会就该PPP项目合同项下的全部或部分内容与其他任何一方合作。

2. 项目公司

实际上，社会资本不一定要设立项目公司，政府也不一定入股项目公司。如政府入股项目公司，需明确出资方式和参股比例。此外，应明确政府股东代表在项目公司法人治理结构中的特殊安排，如在特定事项上是否拥有否决权等。

3. 合作期限

明确项目合作期限及合作的起讫时间和重要节点，包括建设期和运营期。影响期限设置的因素包括：(1) 政府所需要的公共产品或服务的供给期间；(2) 项目资产的经济生命周期以及重要的整修时点；(3) 项目资产的技术生命周期；(4) 项目的投资回收期；(5) 项目设计和建设期间的长短；(6) 财政承受能力；(7) 现行法律法规关于项目合作期限的规定等。实践中应当根据项目的风险分配方案、运作方式、付费机制和具体情况选择合理的项目合作期限规定方式。

对于打包型 PPP 项目或复合型 PPP 项目，通常分期或分区建设，可以结合各子项目完工或竣工时间点和回报诉求，以子项目为主体独立设定合作期限，也可以分期设定合作期限，或整体统一设定合作期限等。

现实操作中，出于收益与风险的平衡以及参与方诉求的调和，PPP 项目合作期限与资产寿命周期往往并不一致。目前，多数公益性 PPP 项目合作期限为 10~15 年，多数经营性 PPP 项目合作期限为 20~30 年。

由于 PPP 项目的实施周期通常较长，为了确保项目实施的灵活性，PPP 项目合同中还可能包括关于延长项目合作期限的条款。常见的延期事由包括：因政府方违约导致项目公司延误履行其义务；因发生政府方应承担的风险导致项目公司延误履行其义务；经双方合意且在合同中约定的其他事由。此外，导致项目合作期限结束有两种情形：项目合作期限届满或者项目提前终止。

（二）项目投融资

1. 投资额

（1）对于包含新建、改扩建工程的合作项目，应在合同中明确工程建设总投资及构成。例如，处于可行性研究报告阶段的 PPP 项目，投资只能达到估算程度，根据规范，投资估算额包括工程费用（建筑安装工程费、设备及工器具购置费）、工程建设其他费用、预备费（基本预备费、价差预备费）、建设期利息、流动资金。

PPP 项目应明确总投资的认定依据，如投资概算或竣工决算等，原则上涉及财政补贴的项目都应以政府审计的决算结果为准。

（2）对于包含政府向社会资本或项目公司转让资产（或股权）的合作项目，应履行审计、评估、公开程序，并应在合同中明确受让价款及其构成（含暂估方式）。

2. 投资控制责任

根据合作项目特点、前期工作深度及风险分配考量等，可约定项目公司承担全部超支责任、部分超支责任，或不承担超支责任。

3. 投融资方案

项目合同需要明确项目总投资的资金来源和到位计划，明确以下事项：

（1）投融资结构：包括项目资本金比例及出资方式，债务资金的规模、来源。

（2）增信：项目公司以项目资产或其他权益（例如运营期的收费权）或社会资本以其所持有的与项目相关的权利（例如其所持有的项目公司股权）为担保向融资方申请融资等。

（3）融资责任：合同通常会约定当项目公司融资存在困难时，社会资本应承担相应融资责任，提供相应的增信或股东借款。如有必要，可约定政府为债务融资提供的支持条件，但不得提供担保、回购等。合同应明确各方投融资违约行为的认定和违约责任。

（4）资金的到位计划：明确各类资金到位时间，以匹配项目建设需求。

（三）项目前期工作

1. 前期工作内容及要求

明确项目需要完成的前期工作内容、深度、控制性进度要求，以及需要采用的技术标准和规范要求，对于超出现行技术标准和规范的特殊规定，应予以特别说明。

对新建项目而言，应明确可行性研究、初步设计、施工图等前期工作要求；对存量项目而言，应明确转让资产（或股权）或租赁等方式，以及项目尽职调查、清产核资、资产评估等前期工作要求。

2. 前期工作任务分担

合同应分别约定政府和项目公司所负责的前期工作内容。开展PPP采购前，通常政府应完成可行性研究报告；对于公益性项目，政府可以主导可研、初步设计等工作以控制好造价，其他方面可以委托给项目公司或双方约定承担。

3. 前期工作经费

明确政府和项目公司分别承担的前期工作费用。对于政府开展前期工作的经费需要项目公司承担的，应明确费用范围、确认和支付方式，以及前期工作成果和知识产权归属。

4. 设计审查与监管

通常设计工作由项目公司负责，但政府方享有在一定的期限内审查设计文件并提出意见的权利。如果设计文件中存在任何不符合合同约定的内容，政府方可以要求项目公司进行修正，有关修正的风险、费用由项目公司承担。项目公司对其所作出的设计承担全部责任。该责任不因该设计已由项目公司分包给其他设计单位或已经政府方审查而被豁免或解除。

若需要设定对项目前期工作的特别监管措施,应在合同中明确监管内容、方法和程序,以及监管费用的安排等事项。

(四) 项目用地

1. 土地权利的取得

政府以划拨或出让等方式向项目公司提供项目建设用地的土地使用权及相关进入场地的道路使用权,并根据项目建设需要为项目公司提供临时用地。项目的用地预审手续和土地使用权证均由政府方办理,项目公司主要予以配合。

经营性用地应通过招标、拍卖、挂牌方式进行公开出让。依法需要以"招拍挂"方式供应土地使用权的宗地或地块,在市、县国土资源主管部门编制供地方案、签订宗地出让(出租)合同、开展用地供后监管的前提下,可将通过竞争方式确定项目投资方和用地者的环节合并实施。

上述土地如涉及征地、拆迁和安置,通常由政府负责完成该土地的征用补偿、拆迁、场地平整、人员安置等工作,并向项目公司提供没有设定他项权利、满足开工条件的净地作为项目用地。

2. 相关权利的费用

负责取得土地使用权与支付相关费用的有可能不是同一主体,费用的承担可以协商,可以全部由一方承担,也可以由项目公司限额承担等。具体项目公司应当承担哪些费用和承担多少,需要根据费用的性质、项目公司的承担能力、项目的投资回报等进行综合评估。

3. 土地使用的权利及限制

项目公司有权在项目期限内独占性地使用特定土地进行以实施项目为目的的活动。但是,未经政府批准,项目公司不得将该项目涉及的土地使用权转让给第三方或用于该项目以外的其他用途。

(五) 工程建设

1. 进度、质量、安全及管理要求

合同应约定项目建设的进度、质量、安全及管理要求。
(1) 项目控制性进度计划,包括项目建设期各阶段的建设任务、工期等要求。
(2) 项目达标投产标准,包括生产能力、技术性能、产品标准等。
(3) 项目建设标准,包括技术标准、工艺路线、质量要求等。
(4) 项目安全要求,包括安全管理目标、安全管理体系、安全事故责任等。

(5) 工程建设管理要求，包括对招投标、施工监理、分包等。

2. 工程建设保险

合同应约定建设期需要投保的相关险种，如建筑工程一切险、安装工程一切险、建筑施工人员团体意外伤害保险等，并落实各方的责任和义务，注意保险期限与项目运营期相关保险在时间上的衔接。

3. 工程变更管理

合同应约定建设方案变更（如工程范围、工艺技术方案、设计标准或建设标准等的变更）和控制性进度计划变更等工程变更的触发条件、变更程序、方法和处置方案。

4. 实际投资认定

合同应根据投资控制要求，约定项目实际投资的认定方法，以及项目投资发生节约或出现超支时的处理方法，并视需要设定相应的激励机制。

5. 监督和介入

政府对项目建设的监督和介入权利主要包括：

（1）定期获取有关项目计划和进度报告及其他相关资料；

（2）在不影响项目正常施工的前提下进场检查和测试；

（3）对建设承包商的选择进行有限的监控（例如设定资质要求等）；

（4）在特定情形下，介入项目的建设工作；等等。

若需要，可对项目建设招标采购、工程投资、工程质量、工程进度以及工程建设档案资料等事项安排特别监管措施，应在合同中明确监管的主体、内容、方法和程序，以及费用安排。

6. 项目验收

项目验收应遵照国家及地方主管部门关于基本建设项目验收管理的规定执行。项目验收通常包括专项验收和竣工验收。项目合同应约定项目验收的计划、标准、费用和工作机制等要求。如有必要，应针对特定环节做出专项安排。

7. 建设期违约和处理

合同应明确各方在建设期违约行为的认定和违约责任。可视影响将违约行为划分为重大违约和一般违约，并分别约定违约责任。

建设责任不因项目建设已部分或全部由项目公司分包给施工单位或承包商实施而豁免或解除。

（六）项目的运营维护

1. 试运营和正式运营

合同应约定试运营的安排，包括：

（1）试运营的前提条件和技术标准。
（2）试运营的期限。
（3）试运营期间的责任安排。
（4）试运营的费用和收入处理。
（5）正式运营的前提条件。
（6）正式运营开始时间和确认方式等。

2. 运营服务标准

合同应从维护公共利益、提高运营效率、节约运营成本等角度，约定项目运营服务标准。常见的运营标准和要求包括：
（1）服务范围和服务内容；
（2）生产规模或服务能力；
（3）运营技术标准或规范；
（4）产品或服务质量要求，如普遍服务、持续服务等；
（5）安全生产要求；
（6）环境保护要求；等等。

3. 运营服务要求变更

合同应约定运营期间服务标准和要求的变更安排，如：
（1）变更触发条件，如因政策或外部环境发生重大变化，需要变更运营服务标准等；
（2）变更程序，包括变更提出、评估、批准、认定等；
（3）新增投资和运营费用的承担责任；
（4）各方利益调整方法或处理措施。

4. 运营维护与修理

合同应约定项目运营维护与设施修理事项：
（1）项目日常运营维护的范围和技术标准；
（2）项目日常运营维护记录和报告制度；
（3）大中修资金的筹措和使用管理等。

5. 更新改造和追加投资

对于运营期间需要进行更新改造和追加投资的合作项目，合同应对更新改造和追加投资的范围、触发条件、实施方式、投资控制、补偿方案等进行约定。

6. 项目运营服务计量

合同应约定项目所提供服务（或产品）的计量方法、标准、计量程序、计量争议解决、责任和费用划分等事项。

7. 运营期的特别补偿

合同应约定运营期间由于政府特殊要求造成项目公司支出增加、收入减少的补偿方式、补偿金额、支付程序及协商机制等。

8. 运营期政府监管

政府有关部门依据自身行政职能对项目运营进行监管，项目公司应当予以配合。政府可在不影响项目正常运营的原则下安排特别监管措施，并与项目公司议定费用分担方式，如：

（1）委托专业机构开展中期评估和后评价。

（2）政府临时接管的触发条件、实施程序、接管范围和时间、接管期间各方的权利义务等。

9. 运营期违约事项和处理

合同应明确各方在运营期违约行为的认定和违约责任。可视影响将违约行为划分为重大违约和一般违约，并分别约定违约责任。

（七）收入和回报

1. 项目运营收入

回报机制为政府付费，或使用者付费机制，或可行性缺口补助。项目合同应按照合理收益、节约资源的原则，约定项目公司的收入范围、计算方法等事项。

（1）项目公司提供公共服务而获得的收入范围及计算方法。

（2）项目公司在项目运营期间可获得的其他收入。

（3）如涉及政府与社会资本收入分成的，应约定分成机制，如分成计算方法、支付方式、税收责任等。

2. 唯一性和超额利润限制

在采用使用者付费机制的项目中，要求政府承诺在一定期限内不在项目附近新建竞争性项目。

可以考虑设定一些限制超额利润的机制，包括约定投资回报率上限，超出上限的部分归政府所有，或者就超额利润部分与项目公司或社会资本进行分成等。

3. 服务价格及调整

合同应按照收益与风险匹配、社会可承受的原则，合理约定项目服务价格及调整机制。

执行政府定价的 PPP 项目，其价格及调整：（1）执行政府批准颁布的项目服务或产品价格；（2）遵守政府价格调整相关规定，配合政府价格调整工作，如价格听证等。

合同约定的 PPP 项目，其价格及调整：（1）初始定价及价格水平年；（2）运营期间的价格调整机制，包括价格调整周期或调价触发机制、调价方法、调价程序及各方权利义务等。

（八）股权变更限制

1. 锁定期

在一定期间内（如运营期前 2 年），未经政府批准，项目公司及其母公司不得发生股权变更的情形。在锁定期内，如果发生以下特殊的情形，可以允许发生股权变更：

（1）项目贷款人为履行本项目融资项下的担保而涉及的股权结构变更；

（2）将项目公司及其母公司的股权转让给社会资本的关联公司；

（3）如果政府参股了项目公司，则政府转让其在项目公司股权的不受上述股权变更限制。

2. 其他限制

约定对受让方的要求和限制，例如约定受让方须具备相应的履约能力及资格，并继承转让方相应的权利义务等。在一些特定的项目中，政府有可能不希望特定的主体参与到 PPP 项目中，可直接在合同中约定禁止将项目公司的股权转让给特定的主体。

3. 违反股权变更限制的后果

一旦发生违反股权变更限制的情形，将直接认定为项目公司的违约行为，情节严重的，政府方将有权因该违约而提前终止项目合同。

（九）项目移交

1. 移交前过渡期

项目合作期届满前的一定时期（如 12 个月）作为过渡期，并约定过渡期安排，以保证项目顺利移交。内容一般包括：

（1）过渡期的起讫日期、工作内容和进度安排；

（2）各方责任和义务，包括移交期间对公共利益的保护；

（3）负责项目移交的工作机构和工作机制，如移交委员会的设立、移交程序、移交责任划分等。

2. 移交范围

移交的范围通常包括：

（1）项目设施；

（2）项目土地使用权及项目用地相关的其他权利；

（3）与项目设施相关的设备、机器、装置、零部件、备品备件以及其他动产；

（4）项目实施相关人员；

（5）运营维护项目设施所要求的技术和技术信息；

（6）与项目设施有关的手册、图纸、文件和资料（书面文件和电子文档）；

（7）移交项目所需的其他文件。

3. 移交的条件和标准

（1）权利方面的条件和标准：项目设施、土地及所涉及的任何资产不存在权利瑕疵，其上未设置任何担保及其他第三人的权利。但在提前终止导致移交的情形下，如移交时尚有未清偿的项目贷款，就该未清偿贷款所设置的担保除外。

（2）技术方面的条件和标准：项目设施应符合双方约定的技术、安全和环保标准，并处于良好的运营状况。在一些 PPP 项目合同中，会对"良好运营状况"的标准做进一步明确，例如在不再维修的情况下，项目可以正常运营 3 年等。

4. 移交程序与费用

（1）评估和测试：在 PPP 项目移交前，通常需要对项目的资产状况进行评估并对项目状况能否达到合同约定的移交条件和标准进行测试。经评估和测试，项目状况不符合约定的移交条件和标准的，政府方有权提取移交维修保函，并要求项目公司对项目设施进行相应的恢复性修理、更新重置，以确保项目在移交时满足约定要求。

（2）移交手续办理：移交相关的资产过户和合同转让等手续由哪一方负责办理主要取决于合同的约定，多数情况下由项目公司负责。

（3）移交费用（含税费）承担：移交相关费用的承担，通常取决于双方的谈判结果，通常由项目公司承担移交手续的相关费用、共同承担、违约方来承担移交费用。

5. 转让

（1）项目相关合同的转让。

项目移交时，项目公司在项目建设和运营阶段签订的一系列重要合同可能仍然需要继续履行，因此可能需要将这些尚未履行完毕的合同由项目公司转让给政府或政府指定的其他机构。为能够履行上述义务，项目公司应在签署这些合同时即与相关合同方（如承包商或运营商）明确约定，在项目移交时同意项目公司将所涉合同转让给政府或政府指定的其他机构。此外，如果这些合同中包含尚未期满的相关担保，也应该根据政府的要求全部转让给政府或者政府指定的其他机构。

（2）技术转让。

如果有关技术为第三方所有，项目公司应在与第三方签署技术授权合同时即与第三方明确约定，同意项目公司在项目移交时将技术授权合同转让给政府或政府指定的其他机构。此外，PPP 项目合同中通常还会约定，如果这些技术的使用权在移交日前已期满,项目公司有义务协助政府取得这些技术的使用权。

6. 项目移交违约及处理

合同应明确项目移交过程中各方违约行为的认定和违约责任。

(十) 政府承诺

1. 付费或补助

按照法规纳入财政预算,依据合同约定的时间和金额付费或提供补助。

2. 最低需求(对经营性或准经营性项目)

即政府与项目公司约定一个项目的最低使用量,在项目实际使用量低于最低使用量时,不论实际使用量多少,政府均按约定的最低使用量付费。

3. 负责或协助获取项目相关土地权利

承诺提供项目有关土地的使用权或者为项目公司取得相关土地权利提供必要的协助。

4. 提供相关连接设施

政府给予一定的配套支持,包括建设部分项目配套设施,完成项目与现有相关基础设施和公用事业的对接等。

5. 办理有关政府审批手续

承诺协助项目公司获得有关的政府审批。尤其是对于那些项目公司无法自行获得或者由政府方办理会更为便利的审批,甚至可能会直接规定由政府方负责办理并提供合法有效的审批文件。

6. 防止不必要的竞争性项目

政府有义务防止不必要的竞争性项目,即通常所说的唯一性条款。

(十一) 争议解决

1. 争议解决方式

通常情况下,项目合同各方应在一方发出争议通知并指明争议事项后,首先争取通过友好协商的方式解决争议。若在约定期限内无法通过协商方式解决问题,则采用调解、仲裁或诉讼方式处理争议。PPP项目合同的争议解决条款最好在诉讼和仲裁中任选其一。

2. 争议期间的合同履行

诉讼或仲裁期间项目各方对合同无争议的部分应继续履行;除法律规定或另有约定外,任何一方不得以发生争议为由,停止项目运营服务、停止项目运营支持服务或采取其他影响公共利益的措施。

综上所述，PPP项目合同内容繁杂、复杂，难以完全照搬或形成统一合同样本。鉴于PPP项目的生命周期通常较长，在合同订立时既要充分考虑项目全生命周期内的实际需求，保证合同内容的完整性和相对稳定性，也要合理设置一些关于期限变更（展期和提前终止）、内容变更（产出标准调整、价格调整等）、主体变更（合同转让）的灵活调整机制，为未来可能长达20~30年的合同执行期预留调整和变更空间。

此外，在合同约定、谈判与执行过程中，要紧紧围绕PPP项目合同这一核心和大纲，同时还应关注以下几个方面：

（1）风险分担方面。尤其要约定在前期、建设、融资、运营、移交等全生命周期各个方面的风险分配机制以及相应的救济措施。

（2）项目建设的规范与造价确认机制。如约定好工程建设条件、进度、质量、安全要求，变更管理，实际投资认定，工程验收，工程保险及违约责任等事项。

（3）投融资方面。如投资规模、投资计划、融资方案和资金筹措、融资条件、投融资监管及违约责任等事项。

（4）运营方面。运营包括试运营和正式运营，重点约定合作项目运营的外部条件、运营服务标准和要求、更新改造及追加投资、服务计量、运营期保险、政府监管、运营支出及违约责任等事项。此外，应约定在运营过程中产生的主副产品的权属和处置权限，以及运营期间由于政府特殊要求造成社会资本主体支出增加、收入减少的补偿方式、补偿金额、支付程序及协商机制。

（5）绩效与支付方面。对项目的投资规模、投资计划与资金到位方案等进行系统、科学的核算和评估，约定合作项目收入、回报模式，价格确定和调整方式，财务监管及违约责任等事项。加强监督，确保公共产品和服务的质量、效率和延续性，鼓励推进第三方评估，评价结果向社会公示，作为合同调整的重要参考依据，并据此作为价费标准、财政补贴等的支付依据。

（6）违约条款方面。对于合同中涉及违约的各种情形在合同中予以约定，并对相应的违约责任进行明确细化。此外，约定争议解决方式，如协商、调解、仲裁或诉讼。

三、PPP合同设计与管理的核心

西方发达国家的PPP相对规范、高效，非常重视PPP合同的设计与管理。根据国外PPP的实践经验，PPP合同设计通常具有五个核心要素：

（1）绩效约定（Performance requirements）：定义公共资产或服务供给的质量、数量，以及包括处罚在内的绩效监测与执行机制。合同文本应当细化完善公共服务具体产出标准和绩效指标体系，明确绩效评价和项目付费的基准。

（2）付费机制（Payment mechanisms）：界定 PPP 项目是通过使用者付费，还是就使用量或可用性的政府付费，或混合付费，以及如何建立相应的奖励与处罚机制。合同文本应当根据项目全生命周期的投资成本（含合理重置成本）、运营成本、财务成本、税费等，设定好项目基准成本，明确能够纳入 PPP 项目定价以及项目付费依据的成本核算范围、成本类型和成本标准。结合项目收益率，合理测算确定项目的基准收入和收费（或补贴）标准。

（3）调整机制（Adjustment mechanisms）：建立应对变化，尤其是收费标准或服务标准的显著变化的合同调整机制。合同文本应当按照激励相容的原则，提前约定好各种情景下的损失或收益的分担、分享规则。

（4）争议解决程序（Dispute resolution procedures）：界定合同争议解决的体制机制，例如明确监管者、法院的作用，或者利用专家小组或国际仲裁。

（5）终止条款（Termination provisions）：界定合同期限，移交规定，提前终止的情形和影响。

为确保合同项下的政府（或公众）支付责任清晰、合理、可承受，西方国家在推进 PPP 过程中，将 PPP 合同管理付诸实践的四个关键方面归纳如下：

（1）建立专门的合同管理机构（Establishing contract management institutions）：界定和建立政府与社会资本在合同上有效的责任与沟通机制。

（2）监控 PPP 项目产出的交付与风险（Monitoring PPP delivery and risk）：监控与化解风险，确保合同的合规性、公共服务按合同绩效交付。

（3）积极应对变化（Dealing with change）：在合同中约定合同调整、争议解决、合同终止以及再谈判情形。

（4）有效管理合同到期和资产移交（Managing contract expiry and asset handover）：管理好合同到期的资产、运营服务的平稳过渡。

针对目前 PPP 项目的风险、收益等核心边界条件，具体在 PPP 项目合同或合作协议中，应重点关注以下几点：

（1）在政府与社会资本双方之间合理分配项目风险，并确保应由社会资本方承担的风险实现了有效转移；

（2）应当约定项目具体产出标准和绩效考核指标，明确项目付费与绩效评价结果挂钩；

（3）应当综合考虑项目全生命周期内的成本核算范围和成本变动因素，设定项目基准成本；

（4）应当根据项目基准成本和财务内部收益率等指标，参照工程竣工决算合理测算确定项目的补贴或收费定价基准。项目收入基准以外的运营风险由项目公司承担；

(5)合同应当合理约定项目补贴或收费定价的调整周期、条件和程序，作为项目合作期限内行业主管部门和财政部门执行补贴或收费定价调整的依据。

目前，我国PPP项目实施过程中，对PPP项目合同关注不够，对PPP项目合同的论证、审查的深度不足。事实上，PPP项目咨询、落地的关键及重心应放在PPP项目合同上，在合同约定上要规范、合理、明晰，在实施过程要遵诺履约，体现契约精神。

第三章

PPP 模式的适用性、运作方式与交易结构的要素

在基础设施、公共服务领域采取 PPP 模式并非唯一选择，也不一定是最好的方式，故此，需要认真识别、合理设计、详细论证。PPP 模式不可能包治百病，如运作不当，可能比 BT（建设－移交，政府回购）、政府直投等方式效果更差、风险更大。PPP 模式的适用性有一定局限性，需要谨慎、严格论证。政府之所以选择 PPP 的理由并非预算约束和债务压力，真正的缘由是"物有所值"、"最优风险共担"（世界银行，2007）。

PPP 项目的期限长、风险多、复杂度高、利益相关方多，运作方式和交易结构受到多个因素制约，通常只有最合适的方案、没有最优方案。宽泛地讲，运作方式和交易结构是有机联系在一起的，运作方式可看作交易结构的一部分，不可割裂开来。本章主要就 PPP 模式的适用性，项目的运作方式和交易结构的核心要素进行了分析。

第一节 PPP 模式的适用性

一、一般 PPP 适用范围

国外对 PPP 适用范围的相关规定不尽相同。多数国际组织和国家、地区采用列举法说明 PPP 适用的领域，类似部分"正面清单"方式。多数国家将 PPP 领域集中在交通运输（公路、铁路、港口、机场等）、公用事业（污水、固废、自来水、燃气、供热等）、公共服务（医院、学校、体育等）等政府应该提供的公共产品、准公共产品领域。世界上很大一部分国家和地区并未明确限定 PPP 的具

体适用领域或范围，而仅仅是通过对 PPP 的定义以及评估项目是否适用 PPP 这一方法，从另一个角度间接表达出适用范围。即强调 PPP 项目的一般特点，以及 PPP 是否能够更好地提供物有所值来反映 PPP 的适用范围。欧盟《PPP 成功指南（Guidelines for Successful PPPs）》中提到，PPP 只有在比传统模式具备更好的物有所值时才能应用。美国在《建立 PPP 项目工具（Establishing a PPP Program Toolkit）》中提到，当公共部门将 PPP 定为备选方法之一时，需要选择出其他最好的方法，通过物有所值评估来确定项目是否适合应用 PPP。

二、我国 PPP 模式的特殊性与适用性

采取正面清单或负面清单方式界定 PPP 模式的适用领域均有其积极意义。采取直接列举法这种方式很直观，在项目初步识别时可以节省时间、提升效率。从设定"负面清单"角度看，这种方式可有效放宽准入领域，提高民间资本参与度，具有一定的积极意义。客观上讲，当前 PPP 项目周期长、规模大、融资难等因素对民间资本形成了一定的"挤出效应"。负面清单思维有助于废除对非公有制经济各种形式的不合理规定，消除各种隐性壁垒。

但是，不管是通过列正面清单，还是负面清单的方式来限定 PPP 的适用范围，都可能会缩小或扩大 PPP 的实际应用范围。反过来讲，即便是某个行业可以采用 PPP 模式，但并不代表这个行业所有的项目适合采取 PPP 模式。涉及具体项目而言，是否适合采取 PPP 模式与行业领域关系并不太大。基础设施和公共服务项目均具有长期性、复杂性、所处环境差异大等特点，模式可复制性不一定强、项目的可比性也不一定强。某个项目是否采取 PPP 模式不一定与行业相关，进一步讲，分析项目的特点以及不适用于 PPP 的情形，对是否采取 PPP 模式而言可能更具参考价值。比较可行的方式是，通过提出 PPP 项目的核心特征，相应地提出不适用 PPP 的情形，以帮助政府和企业迅速判断项目是否采取 PPP 模式。

综上，考虑到 PPP 是一个不断发展的概念，应当充分考虑适应未来发展需要，保持必要的开放性和灵活性。因此，建议采取如下以项目特征、必要列举法等相结合的方式来明确 PPP 适用范围。

1. PPP 适用领域（列举法）

其一，采取正面清单方式。PPP 项目适用于基础设施类项目和公共服务类项目，包括：能源、交通运输、市政工程、农业、林业、水利、环境保护、保障性安居工程、医疗卫生、养老、教育、科技、文化、体育、旅游等。需要明确的是，基础设施、公共服务事实上是密不可分的或难以清晰界定的，从公众效用角度看，基础设施只是公共服务的外在形式或载体，政府提供的都是满足公众需求的公共服务。

其二，采取负面清单方式。对于纯商业性项目（可以完全市场化运作的或私人产品），国防、国家安全、司法等领域涉及国家安全、社会公平正义的项目（核心职能原则上必须由公共部门提供），不适宜采取PPP模式，进行有条件地排除。

2. 适宜采用PPP模式的项目特征（特征法）

（1）具有公共性、公益性；

（2）可量化的产出/绩效；

（3）私营部门供应商有竞争力；

（4）风险可分担；

（5）满足物有所值评价。

反之，对容易出现预期服务质量不确定性高、产出要求和绩效指标不容易明确，需要整合优势技术时难以更换供应商等情形的项目，不适宜采取PPP模式。简言之，PPP项目的核心是提供公共服务，项目是否适用PPP模式主要取决于是否能有效实现"物有所值"、"最优风险共担"，与所属领域没有直接、必然联系。

第二节 PPP项目运作方式的核心要素

一、部分国际机构对PPP运作方式或合同类型的分类

（一）世界银行关于PPP的分类

世界银行将PPP分为四大类[①]：

1. 管理与租赁合同（Management & lease contract）

一个私人组织机构获得在一定期限内对一个国有企业的管理权，同时国家仍拥有投资决策权。具体有两种形式：（1）管理合同。指政府支付给私人运营方费用，用于管理特定公共设施，此模式的运营风险在政府一方；（2）租赁合同。政府将资产有偿租赁给私人运营方，此模式下运营风险在私人运营机构一方。

2. 特许经营合同（Concession）

特许经营合同是以私人资本支出为主的管理与运营合同，指一家私营机构从

---

① 世界银行 & PPIAF, Glossary of Private Infrastructure Projects, Private Participation in Infrastructure Database Expanded methodology（June 2007），http：//ppi.worldbank.org.

国有企业获得一定期限内的经营管理权。该模式主要针对已存在或部分存在的设施。具体模式包括：修复-运营-移交（ROT）、修复-租赁-移交（RLT）、建设-修复-运营-移交（BROT）等。

3. 未开发项目或绿地项目（Greenfield project）

一家私营机构或公私合营机构，在特定合同期限内建设、运营一个新的设施。该设施的所有权应在合同期满后移交给公共部门。具体模式包括：建设-租赁-移交（BLT）、建设-运营-移交（BOT）、建设-拥有-运营（BOO）、市场化、租用等5类。

4. 资产剥离（Divestiture）

私营机构通过参与资产拍卖、公开发行或规模私有化项目等方式，获得国有机构的资产。具体模式包括：（1）全部资产剥离：政府将该项资产所属在国有公司的部分全部转移给私营机构（运营机构、机构投资者等）。（2）部分资产剥离：政府将该项资产所属在国有公司的一部分转移给私营机构（运营机构、机构投资者等），购买此项资产的私营机构不一定拥有资产的管理权。

（二）国际货币基金组织关于PPP的分类

国际货币基金组织（IMF, 2004）对PPP的类型和方式界定见表3-1。从分类及其定义可以看出，PPP是政府为了提供公共产品而引入私营机构参与的一种合作机制，合作的具体模式取决于项目的条件、风险和目标。

（三）亚洲开发银行提出的PPP运作方式

亚洲开发银行出版的《公私合作（PPP）手册》中PPP合同的基本类型有：服务合同；管理合同；包干制委托经营合同或租赁合同；建设-运营-转让（BOT）和类似安排；特许权；合资企业等几类。

1. 服务合同

在服务合同模式下，政府（公共部门）雇用私营公司或实体完成一个或多个特定的任务，时间通常为1到3年。公共部门仍然是基础设施服务的主要提供者，且只将部分业务承包给私营合作者。私营合作者必须按约定成本提供服务，通常必须满足公共部门制定的标准。政府一般采用竞争性招标程序来签订服务合同，鉴于合同期限不长及其范围较窄，竞争性招标通常是有效的。

政府向私营合作伙伴支付预先商定的服务费，该费用可能是一次性支付，也可能按单位成本或其他方式支付。因此，如果承包商在服务达标的同时能够降低运营成本，其利润将增加。融资方案会涉及一个成本加费用公式，在此公式中，

表 3-1　　　　　　　　　　IMF 对 PPP 的分类

类型	方式
建设-拥有-运营 Build-own-operate（BOO）	私营部门拥有所有权，未来无义务移交（私有化）
建设-开发-运营 Build-develop-operate（BDO）	
设计-建设-管理-融资 Design-construct-manage-finance（DCMF）	
对已有设施的扩建	
收购-建设-运营 Buy-build-operate（BBO）	私营部门收购或租赁现有资产
租赁-开发-运营 Lease-develop-operate（LDO）	
扩建后经营整体工程并转移 Wrap-around addition（WAA）	
新建设施	
建设-运营-移交 Build-operate-transfer（BOT）	政府拥有所有权，私营部门可能需要租赁资产
建设-运营-拥有-移交 Build-own-operate-transfer（BOOT）	
建设-出租-拥有-移交 Build-rent-own-transfer（BROT）	
建设-租赁-拥有-运营-移交 Build-lease-operate-transfer（BLOT）	
建设-移交-运营 Build-transfer-operate（BTO）	

来源：国际货币基金组织，2004。

劳动力等成本固定，私营伙伴参与利润分配。私营伙伴通常不与消费者互动。政府为扩大或完善利润分配系统所需的任何资本投资提供资金。

服务合同不适合于主要目标是吸引资本投资的情形。合同可能会提高效率，从而释放部分收入用于其他用途，但承包商并没有义务提供融资支持。事实上，如果其他资金来源（例如政府或捐助者）未落实，承包商的效率可能会受到影响。

2. 管理合同

管理合同将外包的服务范围扩大至部分或全部公共服务（即公共设施、医院、港口管理等）的管理和运营。虽然公共部门仍然是服务的最终提供者，但日常的管理和控制被分配给私营合作伙伴或承包商。多数情况下，私营合作伙伴提供运营资金而不是投资资本。

3. 承租合同或租赁合同

根据租赁合同，私营合作伙伴负责提供全部服务，并承担满足有关质量和服务标准的义务。除了新的投资和重置投资由公共部门负责外，运营商提供服务并自负费用和风险。租赁合同的期限一般是 10 年，续期可长达 20 年。服务的提供者由公共部门变更为私营部门，运营和维护的财务风险全部由私营部门运营商承担。特别是运营商承担亏损及消费者的未偿债务。租赁不涉及向私营部门出售任何资产。

4. 特许权

特许权允许私营部门运营商（受让人）在指定区域内负责全面提供公共服务，包括系统的运营、维护、征收费用、管理、建设和修复。重要的是，运营商负责所有资本投资。尽管私营部门运营商负责提供资产，该资产即使在特许期内也属于公共部门所有。公共部门负责确定实施标准，并确保受让人能达到标准。从本质上讲，公共部门的角色从服务提供者转变为服务价格和质量的规范者。

5. 建设－运营－转让（BOT）和类似安排

BOT及类似安排是一种特殊的特许权合同。根据此特许权，私营公司或组织按照政府设定的实施标准融资并建设新的基础设施或其中的重要组成部分。

BOT的基本形式有很多，包括：建设－转让－运营（BTO），项目在建设完成后而非合同期结束后移交至公共所有者；建设－拥有－运营（BOO），项目由开发商建设和运营，不将所有权转移至公共部门。根据设计－建设－运营（DBO）合同，所有权从来不属于私营部门。相反，基础设施项目的设计、建造和运营工作以单一合同的形式外包。设计－建设－融资－运营（DBFO）模式将设计、建设、融资和运营的责任捆绑在一起转移至私营部门合作伙伴。由于私营合作伙伴承担的融资责任不同，DBFO的各项安排也有很大差异。

6. 合资企业

成立合资企业是完全私有化的替代形式，基础设施由公共部门和私营运营商共同拥有和运营。公共和私营部门既可成立一家新公司，也可通过向一个或多个私营投资方出售股份来实现合资的目的，公司还可在证券交易所上市。这类合作的关键是要有良好的企业治理能力，尤其是独立于政府的能力。这一点很重要，因为政府既是所有者之一，又是监管者，而官员很可能会干涉公司业务以达到其政治目的。从持股人的地位出发，政府比较关心公司的赢利能力和可持续发展能力，为企业经营扫清政治障碍。私营合作伙伴承担经营者角色，其董事会成员通常可反映股权组成和专业化程度。

7. 混合安排

混合安排也可将多个合同类型的不同特点纳入同一个合约中，将最适合某一特定项目要求和运营条件的属性集中起来，这种形式被称为"混合安排"。混合安排在范围、风险分配和/或最适合特定项目的范围方面提供量身定制的解决方案。很显然，这种形式是变化多样的。

二、我国 PPP 模式的运作方式分类

（一）财政部提出的 PPP 运作方式

1. 存量项目运作方式

（1）委托运营（Operations & Maintenance，O&M），是指政府将存量公共资产的运营维护职责委托给社会资本或项目公司，社会资本或项目公司不负责用户服务的政府和社会资本合作项目运作方式。政府保留资产所有权，只向社会资本或项目公司支付委托运营费。

（2）管理合同（Management Contract，MC），是指政府将存量公共资产的运营、维护及用户服务职责授权给社会资本或项目公司的项目运作方式。政府保留资产所有权，只向社会资本或项目公司支付管理费。

（3）转让－运营－移交（Transfer－Operate－Transfer，TOT），是指政府将存量资产所有权有偿转让给社会资本或项目公司，并由其负责运营、维护和用户服务，合同期满后资产及其所有权等移交给政府的项目运作方式。

（4）改建－运营－移交（ROT）（Rehabilitate－Operate－Transfer，ROT），是指政府在 TOT 模式的基础上，增加改扩建内容的项目运作方式。

2. 增量项目运作方式

（1）建设－运营－移交（Build－Operate－Transfer，BOT），是指由社会资本或项目公司承担新建项目设计、融资、建造、运营、维护和用户服务职责，合同期满后项目资产及相关权利等移交给政府的项目运作方式。

（2）建设－拥有－运营（Build－Own－Operate，BOO），由 BOT 方式演变而来，两者区别主要是 BOO 方式下社会资本或项目公司拥有项目所有权，但必须在合同中注明保证公益性的约束条款，一般不涉及项目期满移交。

（二）发改委提出的 PPP 运作方式

（1）经营性项目。对于具有明确的收费基础，并且经营收费能够完全覆盖投资成本的项目，可通过政府授予特许经营权，采用建设－运营－移交（BOT）、建设－拥有－运营－移交（BOOT）等模式推进。

（2）准经营性项目。对于经营收费不足以覆盖投资成本、需政府补贴部分资金或资源的项目，可通过政府授予特许经营权附加部分补贴或直接投资参股等措施，采用建设－运营－移交（BOT）、建设－拥有－运营（BOO）等模式推进。

（3）非经营性项目。对于缺乏"使用者付费"基础、主要依靠"政府付费"回收投资成本的项目，可通过政府购买服务，采用建设－拥有－运营（BOO）、委托运营等市场化模式推进。

三、PPP 运作方式的关键要素

BOT 是最常见的 PPP 运作方式，主要应用于新建投资项目。事实上，BOT 方式具有延展性，可以转化为多种形式，如：BLMT（建设－租赁－维护－移交）、DBFO（设计－建设－融资－运营）、DBFOT（设计－建设－融资－运营－移交）等。BOT 及其衍生运作方式见表 3－2：

表 3－2　　　　　　　　BOT 及其衍生运作方式

BOT 各种变形	强调要素	说明
BLT 建设－租赁－移交	社会资本投资建设，通常不参与运营维护	通常建设隐含融资，规划、设计等，依据情况而定
BLMT 建设－租赁－维护－移交	侧重于公益性项目	
BTO 建设－移交－运营	侧重于资产所有权提前移交	
DBFO 设计－建设－融资－运营	强调职能组合，社会资本承担的责任	
DBFOT 设计－建设－融资－运营－移交		

PPP 模式可以在公共产品和服务全生命周期的各个环节实施，可依据社会资本在 PPP 项目中的参与程度、项目资产产权归属、投融资职责分配、商业风险归属（社会资本承担的风险大小）等因素对 PPP 项目进行分类。常见的运作方式的要素见表 3－3：

表 3－3　　　　　　　　常见 PPP 运作方式的关键要素表

运作方式名称	O&M	MC	LOT	TOT	ROT	BOT	BOO
中文名称	委托运营	管理合同	租赁－运营－移交	转让－运营－移交	改建－运营－移交	建设－运营－移交	建设－拥有－运营
规划	政府	政府	政府	政府	政府/社会资本	政府/社会资本	政府/社会资本
设计	政府	政府	政府	政府	政府/社会资本	政府/社会资本	政府/社会资本

续表

运作方式名称	O&M	MC	LOT	TOT	ROT	BOT	BOO
融资	政府	政府	政府	政府	政府/社会资本	社会资本	政府
建设	政府	政府	政府	政府	政府/社会资本	社会资本	政府
运营	社会资本	社会资本	社会资本	社会资本	社会资本	社会资本	社会资本
维护	社会资本	社会资本	社会资本	社会资本	社会资本	社会资本	社会资本
移交	不适用	不适用	无偿移交	主要是无偿移交	主要是无偿移交	主要是无偿移交	不适用
用户服务	政府	社会资本	社会资本	政府/社会资本	政府/社会资本	政府/社会资本	政府/社会资本
资产所有权	政府	政府	政府	政府	政府	政府	社会资本
合作期限（协商约定）	≤8年	≤3年	20～30年	20～30年	20～30年	20～30年	20～30年
回报机制	政府支付委托运营费	政府支付管理费	使用者付费、部分返还政府	政府付费/使用者付费	政府付费/使用者付费	政府付费/使用者付费	政府付费/使用者付费
风险转移程度	非常低	非常低	较低	高	较高	非常高	非常高
适用范围	存量项目	存量项目	存量项目为主	存量项目	存量项目	新建项目	新建项目
性质	管理外包、租赁类合同			投资运营类合同			私有化类合同

在最简单的 PPP 项目中，例如合同管理，公共部门伙伴承担了大部分职能，而私营伙伴只需负责运营和管理。此类项目中风险较少转移给私营伙伴。复杂的 PPP 项目，例如 BOT 和特许经营权类，私营伙伴承担了大部分职能，因此承载的风险也要多一些。当然，私营伙伴不应承担所有风险。每个 PPP 选项中，私营运营商承担着不同级别的责任和风险，项目结构和合同形式也存在差异。

四、PPP 运作方式的实质和核心要素

PPP 运作方式选择的关键是设计、建造、融资和运营、移交等职能的组合及风险的分配，不同级别的责任和风险对应着不同的运作方式。PPP 运作方式的核心是强调将之前由公共部门负责的公共设施的规划、建设、融资、维护及运营

（按照生命周期方式）等服务职能整合起来，在合作限期内部分或全部转移给私营合作伙伴，以此形成不同的运作方式和风险、责任分配。

2014年以来的PPP模式是一次体制机制的升级，更加强调公共服务的提质增效。故此，我国当下PPP的运作方式上，更加强调合作期限适当、双方风险合理分担、社会资本负责运营、政府按绩效付费等要素。具体运作方式的选择主要由收费定价机制、项目投资收益水平、风险分配、融资需求、改扩建需求和期满处置等因素决定。不管采取何种运作方式，核心就是围绕D（设计）、B（建设）、F（融资）、O（运营）、L（租赁）、M（维护）、T（移交）等这几个职能组合展开。

对我国现阶段而言，规范的PPP运作方式应突出强调运营、风险、绩效等因素，其中，O（运营）和M（维护）职能不可或缺，建设、融资等职能并不一定强制要求。所有权、移交等因素通常由当地法律、融资、各方诉求等综合决定，选择性较多。例如，BOT作为新建项目最常见的BOT运作方式，不仅适用于经营性项目，同样适用于公益性项目，核心在于运营职能界定，公益性PPP项目主要强调社会资本负责项目全生命周期的维护维修责任。在目前的运作方式上，主要以表3-3中列出的7种方式为主。此外，目前PPP项目的复合性越来越强，在具体操作中还存在各种项目打包、多种运作方式组合，如BOT+TOT、BOT+O&M等。

第三节　PPP项目交易结构的核心要素

一、回报机制与收益结构

（一）项目的回报机制

1. 付费类型

不管项目模式如何设计，核心之一就是要明确项目回报机制。CDIA（亚洲城市发展中心）出版的《市政项目PPP指南（PPP Guide for Municipalities）》指出，原则上任何能够带来收入的基础设施项目均有潜力实施PPP。多数情况下，仅需计算项目预计收入能否在合理时间框架内与项目成本实现平衡即可做出判断，与此同时，要确保用户愿意为新服务或改进后的服务付费；即便用户不愿意付费也未必表示该项目不适用PPP，但必须为投资者找到其他回报方式，可以考虑通过政府支付的方式回报投资者。

项目回报机制主要是指社会资本取得投资回报的资金来源，包括使用者付费、可行性缺口补助和政府付费等途径，如图3-1所示：

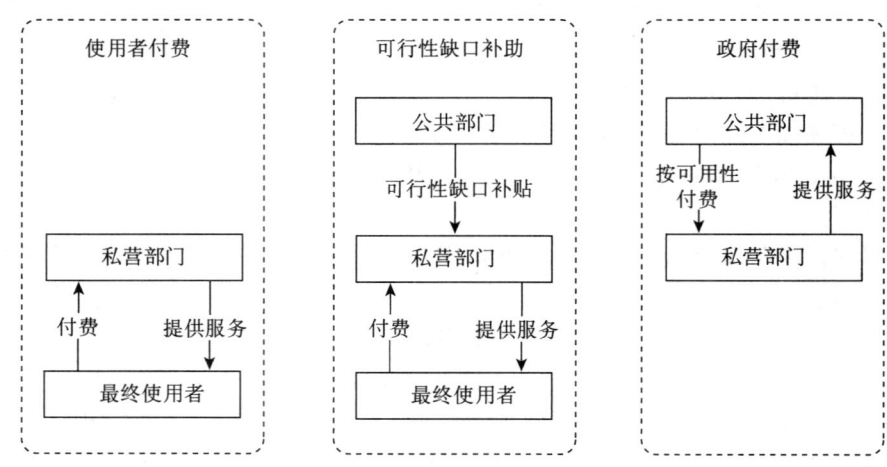

图 3-1　PPP 项目的回报机制

使用者付费（User Charge），是指由最终消费用户直接付费购买公共产品和服务（如供水、燃气项目）。尽管此类项目的运营收入能够覆盖成本，但是由于项目的公益性特征，还需政府规制并参与调价机制。使用者付费模式通常用于可经营性系数较高、财务效益良好、直接向最终用户提供服务的基础设施项目，如市政供水、城市管道燃气、高速公路等。

可行性缺口补助（Viability Gap Funding），是指使用者付费不足以满足社会资本或项目公司成本回收和合理回报，而由政府以财政补贴、股本投入、优惠贷款和其他优惠政策的形式，给予社会资本或项目公司的经济补助。VGF模式通常用于可经营性系数较低、财务效益欠佳、直接向最终用户提供服务但收费无法覆盖投资和运营回报的基础设施项目，如医院、学校、文化及体育场馆、保障房、价格调整滞后的管网类市政公用项目、交通流量不足的高速公路等。

政府付费（Government Payment），是指政府直接付费购买公共产品和服务，主要包括可用性付费（Availability Payment）、使用量付费（Usage Payment）和绩效付费（Performance Payment）。政府付费的依据主要是设施可用性、产品和服务使用量和质量等要素。如市政道路、垃圾焚烧、环境治理项目。政府付费模式通常用于不直接向最终用户提供服务的终端型基础设施项目，如市政污水处理厂、垃圾处理厂、净水厂等，或者不具备收益性的基础设施项目，如市政道路等。

三种回报机制的收入来源、适用类型总体见表3-4：

表 3-4　　　　　　　　　　PPP 项目回报机制

项目	收入来源	收入形式	适用项目类型
使用者付费	消费者	最终由消费者直接付费购买公共产品和服务	经营性项目（燃气、自来水）
可行性缺口补助	消费者和政府	由政府以财政补助、股本投入、优惠贷款和其他优惠政策的形式，给予社会资本或项目公司经济补助	准经营性项目（污水处理、垃圾处理等）
政府付费	政府	政府直接付费购买公共产品和服务，主要包括可用性付费、使用量付费和绩效服务费	非经营性项目（市政道路、环境治理等）

2. 政府付费模式

政府付费模式下，政府通常会依据项目的可用性、使用量和绩效中的一个或多个要素的组合向项目公司付费。

（1）可用性付费（Availability Payment）是指政府依据项目公司所提供的项目设施或服务是否符合合同约定的标准和要求来付费。可用性付费通常与项目的设施容量或服务能力相关，而不考虑项目设施或服务的实际需求，因此项目公司一般不需要承担需求风险，只要所提供设施或服务符合合同约定的性能标准即可获得付费。大部分的社会公共服务类项目（例如学校、医院等）以及部分公用设施和公共交通设施项目可以采用可用性付费。一些项目中也可能会与按绩效付费搭配使用，即如果项目公司提供设施或服务的质量没有达到合同约定的标准，则政府付费将按一定比例进行扣减。

（2）使用量付费（Usage Payment），是指政府主要依据项目公司所提供的项目设施或服务的实际使用量来付费。在按使用量付费的项目中，项目的需求风险通常主要由项目公司承担。因此，在按使用量付费的项目中，项目公司通常需要对项目需求有较为乐观的预期或者有一定影响能力。实践中，污水处理、垃圾处理等部分公用设施项目较多地采用使用量付费。在按使用量付费的 PPP 项目中，双方通常会在项目合同签订前根据项目的性质、预期使用量、项目融资结构及还款计划等设计分层级的使用量付费机制。最低使用量即政府与项目公司约定一个项目的最低使用量，在项目实际使用量低于最低使用量时，不论实际使用量多少，政府均按约定的最低使用量付费。最低使用量的付费安排可以在一定程度上降低项目公司承担实际需求风险的程度，提高项目的可融资性。一些项目中，使用量付费也可能与绩效付费搭配使用，即如果项目公司提供的设施或服务未达到合同约定的绩效标准，政府的付费将进行相应扣减。

（3）绩效付费（Performance Payment）是指政府依据项目公司所提供的公共

产品或服务的质量付费，通常会与可用性付费或者使用量付费搭配使用。在按绩效付费的项目中，政府与项目公司通常会明确约定项目的绩效标准，并将政府付费与项目公司的绩效表现挂钩，如果项目公司未能达到约定的绩效标准，则会扣减相应的付费。

综上，可用性付费（Availability Payment）方式下，项目公司一般不需要承担需求风险，只要所提供设施或服务符合合同约定的性能标准即可获得付费；在使用量付费（Usage Payment）方式下，需要事先明确这类项目产出的数量和质量是否可以计量以及计量的方法和标准，为保障项目可融资性，政府一般提供基本需求量保障（保底需求量）。

政府付费模式下，通常都和绩效挂钩或形成组合方式，可以形成两大类：

（1）可用性付费（Availability Payment）与绩效付费（Performance Payment）挂钩或组合付费，适用于学校、医院等领域；

（2）使用量付费（Usage Payment）与绩效付费（Performance Payment）挂钩或组合付费，适用于污水处理、垃圾处理等领域。

此外，在政府付费模式下，还可以演化出影子收费（Shadow Tolling）方式。影子收费是社会资本来完成公益性、无现金流项目的设计、建设、融资与运营，多采取 DBFO 运作方式（或 BOT 方式）。社会资本不对基础设施的使用者收费，政府根据使用者的多少或其产生社会效益的大小付费。影子收费的特点是由社会资本承担一定需求或流量的风险，但这也并不意味着社会资本承担了所有的流量风险，一般设定一定的流量阈值，在低于这一流量时政府给予补贴，在高于这一流量时政府获得收入的分享。影子收费方式也通常与绩效考核挂钩。

3. 回报机制实现

实践中，需要根据各方的合作预期和承受能力，结合项目所涉及的行业、运作方式等实际情况，因地制宜地设置合理的付费机制。例如，地铁等重大公共建设必然带动土地价值提升，这部分增值并非由土地所有者或使用权者创造，而是由公共投资创造，如何设计合理的溢价回收（value capturing）模式是关键，即将正外部性内部化，来补偿巨大的建设和运营成本。

在我国实践中，可行性缺口补助的形式多种多样，包括土地划拨、投资入股、投资补助、优惠贷款、贷款贴息、放弃分红权、授予项目相关开发收益权等其中的一种或多种。在 PPP 模式设计过程中，政府、使用者付费形成的回报机制需要创新、多元的盈利方式，回报机制实现路径和方式见表 3 - 5：

（二）社会资本的收益结构

目前，大多数 PPP 项目是经营系数较低、盈利能力不强的公共项目，投资规

表 3-5　　　　　　　　　PPP 项目回报机制实现路径和方式

第一次付费方	回报形式	资金回流与实现方式	回报机制类型与收益
政府（资金、资产、资源）	公共服务收费（如污水收费等）	政府付费给项目公司	"政府付费"方式下的财政资金付费
	财政资金补助		"可行性缺口补助"方式下的财政补贴
	国有资产收益	面向市场非特定公众，持有或销售资产获得收入	从政府获得"可行性缺口补助"的资产、资源补偿或对价，通过经营获得收入
	公共资源经营收益		
消费者（基本服务及额外付费）	公共服务收费	面向特定受益群体，提供公共服务的收费	无需财政补贴则为"使用者付费"，否则，则为"可行性缺口补助"
	其他经营性收入（提供额外服务、增值服务）	服务的需求方（包括但不限于特定受益群体）购买付费	鼓励"使用者付费"，创新商业模式，多个利润点

模大、回收期长、风险不确定性大。如何有效调动社会资本参与到 PPP 项目的积极性成为目前难题，项目推进慢、落地难等问题依然存在。公共领域需要加大推进市场化改革力度，但应尽可能不增加使用者、特别是普通居民使用者在基本民生、公共服务等方面的负担，否则，改革就很难向纵深推进。但另一方面，要想使 PPP 模式顺利推进，就必须给社会资本足够的利益回报，这也往往导致很多项目陷入两难境地。

正因为如此，政府需要给予必要的财政补贴或配置资源对价，使那些没有多少盈利空间但必须建设的公共项目，获得相应的合理回报。结合项目的回报机制，社会资本通常在建设期、运营期等各个阶段都存在盈利点，社会资本在各个阶段的主要盈利点见表 3-6。

需要特别指出的是，目前我国社会资本的主体构成为施工企业，多数社会资本非常关注建设期的工程利润。这也导致了投资行为短期化、类 BT 项目泛滥等现象，导致 PPP 的质量不高、运作不规范。

（三）收益结构设计

收益结构设计要素主要包括工程服务类收益（设备利润、施工利润、设计利润等）、投资收益/经营收入、财政补贴或缺口补助等几类。对政府、社会资本而言，需要关注如下收益安排与定价：

表 3-6　　　　　　　　社会资本在各个阶段的主要盈利点

所处阶段	收益形式	实现方式	备注
建设期利润	工程、服务类相关利润（设计利润、咨询服务利润、设备销售利润、施工利润）	社会资本具有设计、服务、施工等资质和能力，以承包商、服务商身份为项目公司提供服务	其中，工程利润为 PPP 项目的重要利润来源，也是目前社会资本非常关注的。PPP 模式下，通常工程造价不下浮或下浮幅度较小，比市场化工程招标的利润大很多。当前 PPP 市场中社会资本主体是建设类企业，很多企业是工程利润为导向
	股东融资/借款资金成本收入（或差额收入）	社会资本作为股东为项目公司提供融资服务	项目公司无法实现项目融资，由股东提供融资服务，资金成本计入投入
运营期利润	外包服务（运营、维护、咨询等）利润	社会资本具有相应资质或能力，提供运营期服务、建设业务从项目公司获得收入	基于社会资本的产业链
	资本重置利润		
	项目公司按股比的利润分红	社会资本作为股东	利润来源于政府付费或使用者付费或两者混合付费
	项目公司按股比外的利润分红	政府放弃分红权	
其他形式利润	股权或资产转让利润	社会资本将项目资产或股权部分或全部转让获得收入	须经政府批准，也是收益间接实现方式
	正常移交的利润	项目公司按约定有偿移交获得收入	通常为无偿移交，但也可约定有偿移交
	终止或退出补偿	政府受让、接管付费	政府主动或被动接收项目
	其他		

1. 工程服务类收益

（1）关注工程概、预算是否下浮，约定工程造价水平。

（2）施工原材料等定价、调价约定，如人工费、机械费、材料费等约定。

（3）征地拆迁费用超支、设计与工程变更等方面约定。

（4）施工现场管理、安全生产、保证工程进度、质量检测等安排。

2. 运营的投资收益/经营收入

（1）社会资本主体提供公共服务而获得的收入范围及计算方法。

（2）社会资本主体在项目运营期间可获得的其他收入。

（3）如涉及政府与社会资本主体收入共享的，应约定分享机制，如分成计算方法、支付方式、税收责任等。

（4）如运营期间的运营收入不足以支付项目公司运营成本和投资合理回报时，政府或者实施机构给予一定的经济补贴。

（5）设定绩效考核、奖励机制等。

3. 财政补贴或缺口补助

对于使用者付费不足以满足项目公司成本回收和合理回报时，由政府给予项目公司一定的经济补助。需要结合项目的类型、特点、期限等方面约定补助的方式和金额。可行性缺口补助的形式多种多样，具体可能包括土地划拨、投资入股、投资补助、优惠贷款、贷款贴息、放弃分红权、授予项目相关开发收益权等其中的一种或多种。

此外，要建立动态补贴机制，政府补贴调整以财政部门对项目运营绩效评价结果为依据。综合考虑产品或服务价格、建造成本、运营成本、融资成本、社会资本合理收益率等因素。政府补贴方式可以是货币补贴，也可以是大楼、土地、广告经营等国有资产、公共资源配置。

4. 调价机制

项目合同应按照收益与风险匹配、社会可承受的原则，合理约定项目服务价格及调整机制：

（1）执行政府定价的价格及调整。

①执行政府批准颁布的项目服务或产品价格。

②遵守政府价格调整相关规定，配合政府价格调整工作，如价格听证等。

（2）项目约定的价格及调整。

①初始定价及价格水平年。

②运营期间的价格调整机制，包括价格调整周期或调价触发机制、调价方法、调价程序及各方权利义务等。

稳步推进价格市场化改革，按照补偿成本、合理收益、节约资源及社会可承受的原则，加强投资成本和服务成本时效性监测，建立定期审价制度，健全公共产品或服务收费的动态调整机制和科学的价格形成机制。

二、股权与投融资结构

（一）股权结构

PPP模式下，政府不一定入股项目公司。项目公司可能是由社会资本与政府合资、独资设立的，也可能是多个社会资本的联合体的组建的合资公司。通过股权结构的合理设置，有利于投资方规避风险、提升效益及改善资产结构等。项目公司股权持有方或股东通常有几类主体：政府部门或融资平台（政府出资人代表）、社会资本，社会资本可能是联合体形式，可能包括施工企业、运营商、财务投资者（金融机构）等组合。

社会资本可根据项目投资规模、拉动主营业务能力以及项目的盈利情况，结合自身的投资定位、利益诉求及投资能力，合理设置股权结构。通常社会资本考虑股权结构设置要充分发挥资金杠杆效益，考虑改善资产结构、防范风险。其中，主要的关注点如下：

（1）股权比例与自身利益诉求的关系。加大债务融资比重，可提高资金的杠杆率、收益率水平。但是，杠杆要适度，尤其要避免由于债务比重过大而给企业带来相应的财务风险，例如，能否按时足额还本付息的风险。

（2）实际出资金额与拉动主业的杠杆效应。财务杠杆效应可以给企业带来额外的收益，以相对较小出资额来实施相对较大规模的投资项目，来获取工程方面的价差收益和施工利润。

（3）改善投资方资产结构。最优资产结构是指能使企业资本成本最低且企业价值最大，并能最大限度地调动各利益相关者积极性的资产结构。

（4）投资方对项目公司的控制能力。股权比例直接影响到投资人对项目公司的控制能力和主体地位，关乎项目整个生命周期内的管控水平以及盈利能力。

（二）融资结构

1. 自有资金或资本金

PPP项目资本金同样需要满足我国对项目投资资本金的要求。作为项目资本金应具备以下三个关键条件：一是非债务性资金；二是项目法人不承担这部分资金的任何利息和债务；三是投资者可按其出资的比例依法享有所有者权益。作为资本金的例外情形：（1）股东从第三方以自己的名义借款后，通过注册资本或资本公积的方式投入到项目公司，该部分资金形成所有者权益，借款本金与利息由股东通过分红后自行偿还，项目公司不承担该部分债务；（2）股东借款进入项目公司后，通过股东协议等方式，将股东借款形成的债权转成股权、转成资本公积等也可作为资本金。股东可根据PPP项目合同约定的退出机制，如通过股权转让、减资或项目公司清算等方式回收资本金。

PPP项目投融资需要遵守固定资产投资项目资本金制度。该制度自1996年建立，即《国务院关于固定资产投资项目试行资本金制度的通知》（国发〔1996〕35号）。固定资产投资项目资本金制度既是宏观调控手段，也是风险约束机制，通常随着宏观经济调控和经济环境变化不断调整。依据《国务院关于调整和完善固定资产投资项目资本金制度的通知》（国发〔2015〕51号）要求，各行业固定资产投资项目的最低资本金比例按以下规定执行：

（1）城市和交通基础设施项目：城市轨道交通项目由25%调整为20%，港口、沿海及内河航运、机场项目由30%调整为25%，铁路、公路项目由25%调整为20%。

（2）房地产开发项目：保障性住房和普通商品住房项目维持20%不变，其他项目由30%调整为25%。

（3）产能过剩行业项目：钢铁、电解铝项目维持40%不变，水泥项目维持35%不变，煤炭、电石、铁合金、烧碱、焦炭、黄磷、多晶硅项目维持30%不变。

（4）其他工业项目：玉米深加工项目由30%调整为20%，化肥（钾肥除外）项目维持25%不变。

（5）电力等其他项目维持20%不变。

（6）城市地下综合管廊、城市停车场项目，以及经国务院批准的核电站等重大建设项目，可以在规定最低资本金比例基础上适当降低。

需要说明的是，通常PPP领域不适用于房地产等商业化领域，也不适用于产能过剩行业。对于基础设施领域的PPP项目而言，一般资本金最低比例要求为投资额的20%~25%，通常不超过30%。剩余的70%~80%的资金通常以债务融资形式实现。但是，金融机构可能出于增信、控制风险角度要求提高资本金比例。其中，项目公司应由社会资本控股，即政府出资比例应低于50%。

PPP项目资本金计算的基数是项目投资额，是指投资项目可行性研究报告的投资估算，或以经批准的概算为依据。资本金通常是按照工程进度分期分批到位，贷款人应当确认与拟发放贷款同比例的项目资本金足额到位，并与贷款配套使用。

2. 杠杆效应与资本结构

企业既要尽力加大债务比重，以充分享受财务杠杆利益，又要避免由于债务所占比重过大而给企业带来相应的财务风险。在进行融资决策与资本结构决策时，一般要遵循的原则是：只有当预期利润增加的幅度将超过财务风险增加的幅度时，借债才是有利的，绝非杠杆越大越好。负债比例与财务风险分析如下：

设：K—全部投资，　　　K_0—资本金，　　　K_L—借款，
R—项目投资利润率，R_0—资本金利润率，R_L—借款利率

则：$R_0 = \dfrac{K \cdot R - K_L \cdot R_L}{K_0} = \dfrac{(K_0 + K_L) \cdot R - K_L \cdot R_L}{K_0} = R + \dfrac{K_L}{K_0}(R - R_L)$

式中 K_L/K_0 为负债比例。当 $R > R_L$ 时，$R_0 > R$；反之，$R_0 < R$。

从筹资环节看，如果资本结构安排合理，可以直接提高筹资效益。最优资本结构是指能使企业资本成本最低且企业价值最大，并能最大限度地调动各利益相关者积极性的资本结构，企业价值最大化要求降低资本成本。

3. 融资方式与结构

通常PPP项目的融资方式与结构设计考虑如下因素：

（1）资金来源。一是股权资金：引入财务投资者（银行、基金、信托等）入股、引入产业链合作方入股（施工企业、运营商等）等。二是债权资金：包括商业银行贷款、政策性贷款、发行债券、资产证券化等。此外，PPP项目在满足国家对资本金比例的最低要求基础上，社会资本倾向于通过较大比例的融资来撬动项目。随着金融工具创新，社会资本往往会借助金融工具的结构化、杠杆化效应，形成"明股实债"、"夹层融资"等动态化、可转换方式，突破一般性"股+债"的结构。资金的来源渠道不同，融资成本不同，PPP资金来源最好是一些长周期、低成本的资金。随着资本工具的增多，社会资本资本金部分（投资额的20%~30%）也可以设计合理的交易结构，利用各种金融工具获得资金。

（2）融资方案。融资方案及结构相对较复杂，需要确定融资渠道、成本、期限、增信、还本付息方式等。项目公司可以为融资之目的，质押式抵押其在PPP项目合同项下的各项权益（如政府购买服务的预期收益权、保险受益权等）及资产（包括动产、不动产和无形资产）。项目公司设置该担保权益不应损害政府的权利或利益；若未来项目公司不能顺利完成项目融资的，社会资本应采取股东贷款、补充提供担保等方式以确保项目公司的融资足额到位。最终的融资结构由政府、社会资本、金融机构等主体结合项目特性、风险、收益等综合权衡、确定。同时，SPV项目公司在长达10~30年运营期内，出于资产负债率、现金流、利润等角度考虑，还可以不断进行资本运作，进行再融资、资产证券化等。

（3）金融创新。PPP模式在某种意义上倡导狭义的项目融资模式创新。PPP项目要通过与金融结合，放大资金的杠杆效应，提高资产的流动性，完善社会资本的融资、退出渠道。项目公司未来收益权、现金流是金融创新的基础，比如引入债权投资计划、股权投资计划、资产支持计划等，以及发行项目收益债、开展资产证券化等。金融创新的核心理念是借助外部资金放大自有资金的杠杆效应，创造最大化价值。同时，根据社会资本诉求，可以将PPP项目阶段性或一次性实现"财务出表"，实现表外融资与运作。

目前，我国融资还是偏重于间接融资，PPP项目的融资渠道还是主要依赖于银行贷款，PPP的二级市场、资本市场融资、金融市场创新需要深化。当前，应逐步构建PPP项目的多层次的资金供给市场，吸引各类长期、低成本资金，如养老金、保险资金、主权财富基金等机构投资者，畅通PPP项目退出机制与渠道，优化资源配置方式、缓释风险。

三、风险分配结构

按风险分配优化、风险收益对等和风险可控等原则，综合考虑政府风险管理能力、项目回报机制和市场风险管理能力等要素，在政府和社会资本间合理分配项目风险。原则上，项目设计、建造、财务和运营维护等商业风险由社会资本承担，法律、政策和最低需求等风险由政府承担，不可抗力等风险由政府和社会资本合理共担。但是，这些风险往往是动态的、关联的，风险分配需要结合项目特点、社会资本的能力等统筹分担。

总体看，社会资本最大的后顾之忧是政府信用风险和项目市场收益风险，对此要高度重视，积极防范，设立重新谈判触发机制和谈判原则，或建立动态调节机制。通常，最优需求风险分配合约需同时具备最低收入保证和收入上限的特点，财政补贴要以项目运营绩效评价结果为依据合理确定。在实际运作过程中，可以根据情景进行风险分担或再次分配，比如PPP项目实施过程中的设计与工程变更责任等。PPP项目在实施过程中要不断加强风险的识别、防范、应对，以实现项目参与各方长期的动态公平与利益均衡。

四、政府配套责任

相关配套安排主要说明由项目以外相关机构提供的土地、水、电、气和道路等配套设施和项目所需的上下游服务。一些PPP项目的实施可能无法由项目公司一家独自完成，还需要政府给予一定的配套支持，包括建设部分项目配套设施，完成项目与现有相关基础设施和公用事业的对接等。

五、项目公司治理结构

在治理结构上，董事会具有承上启下的作用，上对股东会负责，为股东会审议事项制定方案；下对高级管理层行使人事控制权、决策权。根据《公司法》规定，董事会决议采用人数决原则，也即"一人一票"，这是因为董事一般依据其个人所具有的职业操守、专业知识、和行业经验从事管理，其本身并不当然持有公司股权/股份。

在PPP项目实践中，为了更直接地了解项目的运作以及收益情况，政府主体也有可能通过直接参股项目公司的方式成为项目公司股东、董事，以便更好地实现知情权。在这种情形下，原则上政府与其他股东相同，享有作为股东的基本权益，同时也需履行股东的相关义务，并承担项目风险，但是经股东协商一致，政府主体可以选择放弃部分权益或者可能被免除部分义务。通常PPP项目融资责任由项目公司或社会资本方承担，当地政府及其相关部门不应为项目公司或社会资本的融资提供担保。项目公司或社会资本方未按照PPP项目合同约定完成融资的，政府方可依法提出履约要求，必要时可提出终止PPP项目合同。此外，在涉及重大公共利益时，政府方具有一票否决权，在某些特殊情形下，有介入项目或接管项目的权利（可能涉及赔偿）。

很多社会资本既是投资人或股东又是施工方。通常，社会资本需要设立项目公司，同时在本地设立工程项目部开展工程建设。项目公司负责项目全生命周期的投资运营，同时作为工程的业主单位。社会资本虽然是股东，但负责工程建设，与一般性的工程承包方无差异。两者定位不同，管理机制不同。

六、监管结构

政府具有双重身份，即作为公共事务的管理者，公共产品或服务的参与者、购买者。政府承担PPP项目的规划、采购、管理、监督等行政管理职能，同时，要基于PPP项目合同形成平等民事合作关系，按照合同约定行使权力、履行义务。PPP项目监管应覆盖项目全生命周期的各个环节，其过程大致可分为事前准入监管、事中执行监管和事后审核监管。PPP项目监管的目的在于解决市场失灵、普遍服务和绩效不符要求等重要问题，以保护公众利益。

应建立行业规范和项目绩效体系，构建多层次监督管理体系。行业主管部门应制定不同领域的行业技术标准、公共产品或服务技术规范，加强对公共服务质量和价格的监管。健全"事前设定绩效目标、事中进行绩效跟踪、事后进行绩效评价"的全生命周期绩效管理机制，确保实现公共利益最大化。

厘清政府部门的监管边界，明确监管范围，建立高效的PPP项目监管体系。各部门应基PPP项目合同、项目产出说明及绩效评价体系主动、审慎投入监管。

形成建立政府、公众共同参与的综合性评价体系，积极发挥独立第三方咨询机构（包括会计师事务所、律师事务所、银行等）的作用，完善政府的决策机制，保障社会公众的利益。

建立项目信息发布机制，以及公众参与决策和监督机制。促进公众作为项目利益相关者参与项目力度，建立PPP项目公众参与决策、投诉及建议的平台和渠道。依法充分披露项目实施相关信息，切实保障公众知情权，接受社会监督。

七、小结

广义讲，运作方式实际是交易结构的一部分。交易结构的核心是利益相关者的责权利安排，主要包括项目投融资结构、回报机制、相关配套安排等多个方面。PPP 项目交易结构的核心要素是回报机制、社会资本的盈利方式。PPP 项目必须基于平等合作的理念，按照权责对等原则合理分配项目风险，按照激励相容原则科学设计运作模式与合同条款，明确项目的产出说明和绩效要求、收益回报机制、退出安排、应急和临时接管预案等关键环节。

PPP 项目运作方式和交易结构的设计不可割裂开来，应充分考虑项目特性、所处环境、竞争程度、实施能力等多个方面，必须因地制宜、规范创新地设计合理的交易结构和运作方式，让各方更关注运营绩效，给社会资本长期、合理、可预期的回报。

第四章

PPP 项目的财务建模与财务评价的应用

财务模型的应用贯穿于 PPP 项目全生命周期，是项目各个阶段决策与风险应对的重要定量分析工具和依据。本章主要阐述了 PPP 项目财务模型的基本概念、指标体系以及搭建与测算过程，同时，分析了其在定价、评估等实践中的应用。

第一节 项目财务测算的基本概念、指标体系和模型搭建

一、基本概念、指标体系与判别准则

（一）有关的基本财务概念与原则

多数新建 PPP 项目都涉及固定资产或资本性投资，其投资属于生产性投资。目前，通用的评估方法是贴现现金流量法（Discounted Cash Flow），即 DCF 法。与之相关的基本概念如下：

（1）资金的时间价值：把货币作为社会生产资金（或资本）投入到生产或流通领域，就会得到资金的增值，资金的增值现象就叫作时间价值。如某人年初存入银行 100 元，若年利率为 10%，年末可从银行取出本息 110 元，出现了 10 元的增值。从投资者角度看，这部分价值是资金在生产与交换活动中给投资者带来的利润。从消费者角度看，是消费者放弃即期消费所获得的利息。

（2）现金流量：指一项特定的经济系统在一定时期内（年、半年、季等）现金流入或现金流出，或流入与流出数量的代数和。流入系统的称现金流入

（CI）；流出系统的称现金流出（CO）。

（3）净现金流量（NCF）：一定时期的现金流入量减去现金流出量的差额。

（4）"折现"或"贴现"：把将来某时点发生的资金金额折算成现在时点上的等值金额。

（5）等值：指在考虑时间因素的情况下，不同时点的绝对值不等的资金可能具有相等的价值。利用等值的概念，可把一个时点的资金额换算成另一时点的等值金额。

（6）折现率：是投资者、决策者对项目资金时间价值的估值，它取决于资金来源的构成、未来的投资机会、风险大小、通胀率等，即资本成本。资本成本是指项目借贷资金的利息和项目自有资金的最低期望盈利的总和。通常折现率参照长期银行基准贷款利率上浮，一般按8%左右设定。

（7）现值：将来时点上发生的资金折现后的资金金额。

（8）将来值：以项目计算期末为基准，把不同时间发生的净现金流量按一定的折现率计算到项目计算期末的值的代数和。

PPP项目投资在测算和评估时与会计紧密相关，但又有其差别，财务测算的基本原则如下：

（1）资金的时间价值：今天的1元钱比明天的1元钱更值钱；

（2）现金流量：投资收益不是会计账面数字，而是当期实际发生的现金流；

（3）增量分析：从增量角度进行经济分析；

（4）机会成本：排除沉没成本，计入机会成本；

（5）沉没成本：决策前已支出的费用或已承诺将来必须支付的费用，这些成本不因决策而变化，与决策无关的成本；

（6）风险收益的权衡：必须考虑方案的风险和不确定性。

（二）项目投资的主要财务指标及判断标准

按是否考虑时间因素可将项目投资的财务评价指标分为两大类：静态评价指标（不考虑时间因素）和动态评价指标（考虑时间因素）。静态评价指标的最大特点是计算简便，对方案进行粗略评价。动态评价指标强调利用复利方法计算资金时间价值，它将不同时间内资金的流入和流出，换算成同一时点的价值，从而为不同方案的经济比较提供了可比基础，并能反映方案在未来时期的发展变化情况。

常见的投资决策的关键财务指标体系见图4-1，其中，最重要的财务指标是内部收益率（IRR）、净现值（NPV）、投资回收期等核心指标。

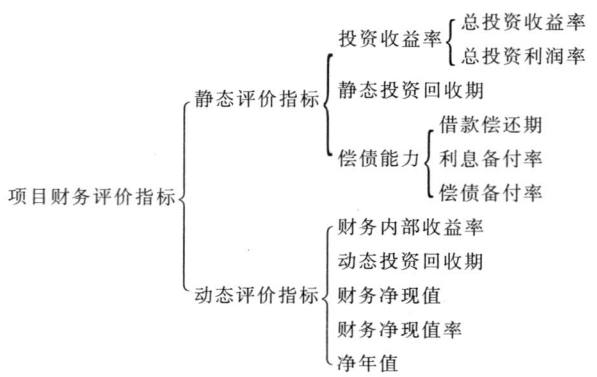

图4-1　财务评价指标体系

相关主要财务指标的概念、计算与判别准则如下：

1. 投资收益率（静态）：概念、计算与判别准则

投资收益率是衡量投资方案获利水平的评价指标，它是投资方案达到设计生产能力后一个正常生产年份的年净收益总额与方案投资总额的比率。它表明投资方案在正常生产年份中，单位投资每年所创造的年净收益额。对生产期内各年的净收益额变化幅度较大的方案，可计算生产期年平均净收益额与投资总额的比率。投资收益率的计算公式为：

$$R = \frac{A}{I} \times 100\%$$

R——投资收益率；

A——年净收益额或年平均净收益额；

I——总投资（包括建设投资、建设期贷款利息和流动资金）。

将计算出的投资收益率（R）与所确定的基准投资收益率（Rc）进行比较。若 R≥Rc，则方案可以考虑接受；若 R＜Rc，则方案是不可行的。

根据分析目的的不同，投资收益率又具体分为：

（1）总投资收益率（ROI）。

ROI 是指总投资的盈利水平，系指项目达到设计能力后正常年份的年息前税前利润或运营期内年平均息税前利润（EBIT）与项目总投资（TI）的比率，总投资收益率应按下式计算：

$$ROI = \frac{EBIT}{TI} \times 100\%$$

EBIT：息税前利润 = 销售收入 − 经营成本 − 折旧费和摊销费 − 与销售相关的税金 = 净利润/（1 − 所得税税率）+ 利息费用 = 净利润 + 所得税费用 + 利息费用 = 利润总额 + 利息费用

总投资收益率高于同行业的收益率参考值，则表明用总投资收益率表示的盈利能力满足要求。

（2）项目资本金净利润率（ROE）。

资本金净利润率 ROE 是指项目资本金的盈利水平。

资本金净利润率＝项目达产年税后净利润或年税后平均利润/资本金×100%

资本金利润率高于同行业的利润率参考值，表明项目盈利能力满足要求。

投资收益率（R）指标经济意义明确、直观，计算简便，在一定程度上反映了投资效果的优劣，可适用于各种投资规模。但是，不足的是没有考虑投资收益的时间因素，忽视了资金具有时间价值的重要性。

2. 投资回收期（静态、动态）：概念、计算与判别准则

投资回收期也称返本期，是反映投资回收能力的重要指标，分为静态投资回收期和动态投资回收期。

（1）静态投资回收期 P_t。

静态投资回收期是在不考虑资金时间价值的条件下，以方案的净收益回收其总投资（包括建设投资和流动资金）所需要的时间。投资回收期可自项目建设开始年算起，也可以自项目投产年开始算起，但应予注明。自建设开始年算起，投资回收期 P_t（以年表示）的计算公式如下：

$$\sum_{t=0}^{P_t} (CI - CO)_t = 0$$

式中：

P_t——静态投资回收期；

$(CI - CO)_t$——第 t 年净现金流量。

在实际应用中根据项目的现金流量表，用下列近似公式计算：

P_t＝（累计净现金流量开始出现正值的年份数 －1）＋ $\dfrac{上一年累计净现金流量的绝对值}{出现正值年份的净现金流量}$

其中：累计净现金流计算不考虑折现，为各期净现金流静态值合计。

将计算出的静态投资回收期 P_t 与所确定的基准投资回收期 P_c 进行比较。若 $P_t \leqslant P_c$，表明项目投资能在规定的时间内收回，则方案可以考虑接受；若 $P_t > P_c$，则方案是不可行的。

（2）动态投资回收期 P_t'。

动态投资回收期是把投资项目各年的净现金流量按基准收益率折成现值之后，再来推算投资回收期，这是它与静态投资回收期的根本区别。动态投资回收期就是累计现值等于零时的年份。其计算表达式为：

$$\sum_{t=0}^{P_t'} (CI - CO)_t (1 + i_c)^{-t} = 0$$

式中：
P_t'——动态投资回收期；
i_c——基准收益率。
在实际应用中根据项目的现金流量表，用下列近似公式计算：
P_t' =（累计净现金流量开始出现正值的年份数 - 1）+

$$\frac{上一年累计净现金流量的绝对值}{出现正值年份的净现金流量}$$

其中：累计净现金流计算时要把各期现金流折成现值后合计。

若 P_t' < P_c（基准投资回收期）时，说明项目或方案能在要求的时间内收回投资，是可行的；若 P_t' > P_c 时，则项目或方案不可行，应予拒绝。

按静态分析计算的投资回收期较短，决策者可能认为经济效果尚可以接受。但若考虑时间因素，用折现法计算出的动态投资回收期，要比用传统方法计算出的静态投资回收期长些，该方案未必能被接受。

在实际应用中，动态回收期由于与其他动态盈利性指标相近，若给出的利率 i_c 恰好等于财务内部收益率 IRR 时，此时的动态投资回收期就等于项目（或方案）寿命周期，即 P_t' = n。一般情况下，P_t' < n，则必有 i_c < IRR。故动态投资回收期法与 IRR 法在方案评价方面是等价的。

项目投资回收期在一定程度上显示了资本的周转速度。显然，资本周转速度愈快，回收期愈短，风险愈小，盈利愈多。对于那些技术上更新迅速的项目，或资金相当短缺的项目，或未来的情况很难预测而投资者又特别关心资金补偿的项目，采用投资回收期评价特别有实用意义。但不足的是，投资回收期没有全面地考虑投资方案整个计算期内现金流量，即只考虑回收之前的效果，不能反映投资回收之后的情况，故无法准确衡量方案在整个计算期内的经济效果。所以，投资回收期作为方案选择和项目排队的评价准则时也有其缺陷，只能作为辅助评价指标，或与其他评价指标结合应用。

3. 偿债能力指标：概念、计算与判别准则

偿债能力指标主要有：借款偿还期、利息备付率、偿债备付率等。

（1）借款偿还期 I_d。

借款偿还期是指可作为偿还贷款的项目收益（利润、折旧、摊销费及其他收益）来偿还项目投资借款本金和利息所需要的时间。它是反映项目借款偿债能力的重要指标。

在实际工作中，借款偿还期可通过借款还本付息计算表推算，以年表示。其具体推算公式如下：

I_d =（借款偿还开始出现盈余的年份数 - 1）+ $\dfrac{盈余当年应偿还借款额}{盈余当年可用于还款的余额}$

借款偿还期指标适用于那些不预先给定借款偿还期限，且按最大偿还能力计算还本付息的项目；它不适用于那些预先给定借款偿还期的项目。对于预先给定借款偿还期的项目，应采用利息备付率和偿债备付率指标分析项目的偿债能力。

（2）利息备付率（ICR）。

利息备付率也称已获利息倍数，是指项目在借款偿还期内各年可用于支付利息的税息前利润与当期应付利息费用的比值。其表达式为：

$$利息备付率 = \frac{税息前利润}{当期应付利息费用}$$

息税前利润（EBIT）= 利润总额 + 计入总成本费用的利息费用；

利息备付率可以分年计算，也可以按整个借款期计算，但分年的利息备付率更能反映偿债能力。

利息备付率从付息资金来源的充裕性角度反映项目偿付债务利息的能力，它表示使用项目税息前利润偿付利息的保证倍率。对于正常经营的项目，利息备付率应当大于2。否则，表示项目的付息能力保障程度不足。尤其是当利息备付率低于1时，表示项目没有足够资金支付利息，偿债风险很大。

（3）偿债备付率（DSCR）。

偿债备付率是指项目在借款偿还期内，各年可用于还本付息的资金与当期应还本付息金额的比值。其表达式为：

$$偿债备付率 = \frac{可用于还本付息的资金}{当期应还本付息的金额}$$

税息折旧及摊销前利润（EBITDA）= 息税前利润（EBIT）+ 折旧和摊销；

息税前利润（EBIT）= 利润总额 + 利息费用

T——企业所得税；

可用于还本付息的资金 = EBITDA − T = 净利润 + 折旧和摊销 + 利息费用；

当期应还本付息的金额 = 当期偿还贷款的本金 + 当期利益

故而，可用于还本付息的资金包括可用于还款的折旧和摊销、成本中列支的利息费用、可用于还款的利润等；当期应还本付息的金额包括当期应还贷款本金额及计入成本费用的利息。

偿债备付率可以分年计算，也可以按项目的整个借款期计算。同样，分年计算的偿债备付率更能反映偿债能力。

偿债备付率表示可用于还本付息的资金偿还借款本息的保证倍率。正常情况应当大于1，且越高越好。当指标小于1时，表示当年资金来源不足以偿付当期债务，需要通过短期借款偿付已到期债务。

4. 财务净现值（NPV）：概念、计算与判别准则

财务净现值（Net Present Value）是反映投资方案在计算期内获利能力的动态评价指标。投资方案的财务净现值是指用一个预定的基准收益率（或设定的折现率）i_c，分别把整个计算期间内各年所发生的净现金流量都折现到投资方案开始实施时的现值之和。财务净现值 NPV 计算公式为：

$$NPV = \sum_{t=0}^{n}(CI-CO)_t(1+i_c)^{-t}$$

式中：

NPV——财务净现值；

$(CI-CO)_t$——第 t 年的净现金流量（应注意"+"、"-"号）；

i_c——基准收益率，如 8%；

n——方案计算期。

其中，基准收益率 i_c 是投资者对资金时间价值的最低期望值，其计算方法如下：

r_1——资金成本或机会成本；

r_2——风险贴补率（风险报酬率）；

r_3——通货膨胀率

a. 当按时价计算项目收支时，$i_c = (1+r_1)(1+r_2)(1+r_3) - 1 \approx r_1 + r_2 + r_3$

b. 当按不变价格计算项目收支时，$i_c = (1+r_1)(1+r_2) - 1 \approx r_1 + r_2$

基准收益率确定的基础是资金成本、机会成本，而投资风险、通货膨胀和资金限制也是必须考虑的影响因素。最常见基准收益率采用 8%，随着金融市场融资成本、竞争环境等发生变化。

财务净现值（NPV）是评价项目盈利能力的绝对指标。当 NPV≥0 时，说明该方案在经济上可行；当 NPV<0 时，说明该方案不可行。

财务净现值（NPV）指标考虑了资金的时间价值，并全面考虑了项目在整个计算期内的经济状况；经济意义明确直观，能够直接以货币额表示项目的盈利水平；判断直观。但不足之处是必须首先确定一个符合经济现实的基准收益率，而基准收益率的确定往往是比较困难的；而且在互斥方案评价时，财务净现值必须慎重考虑互斥方案的寿命，如果互斥方案寿命不等，必须构造一个相同的分析期限，才能进行各个方案之间的比选；同样，财务净现值也不能真正反映项目投资中单位投资的使用效率。可以直接应用于寿命期相等的互斥方案的比较。

5. 财务内部收益率（IRR）：概念、计算与判别准则

对具有常规现金流量的投资方案，其财务净现值的大小与折现率的高低有直接的关系，即财务净现值是折现率的函数。按照财务净现值的评价准则，只要 NPV(i)≥0，方案或项目就可接受，但由于 NPV(i) 是 i 的递减函数，故折现率 i 定得越高，方案被接受的可能越小。很明显，i 可以大到使 NPV(i) = 0，这时 NPV(i) 曲线与横轴相交，i 达到了其临界值 i^*，可以说 i^* 是财务净现值评价准则的一个分水岭，将 i^* 称为财务内部收益率（IRR——Internal Rate of Return）。其实质就是使投资方案在计算期内各年净现金流量的现值累计等于零时的折现率。其数学表达式为：

$$NPV(IRR) = \sum_{t=0}^{n} (CI - CO)_t (1 + IRR)^{-t} = 0$$

式中：IRR——财务内部收益率。

财务内部收益率是一个未知的折现率，求方程式中的折现率需解高次方程，不易求解。在实际工作中，一般通过计算机计算，手算时可采用试算法确定财务内部收益率 IRR。内部收益率方程是一个一元 n 次方程，有 n 个复数根（包括重根），故其正数根的个数可能不止一个。根据笛卡尔的符号规则，IRR 的正实数根的个数不会超过净现金流量序列正负号变化的次数。

按分析范围和对象不同，财务内部收益率分为项目财务内部收益率、资本金财务内部收益率和投资各方财务内部收益率（因入股、分红由差别，需另外计算）。

（1）项目财务内部收益率，是考察项目在融资方案确定前（未计算借款利息）且在所得税前整个项目的盈利能力，供决策者进行项目方案比选和银行金融机构进行信贷决策时参考。由于项目各融资方案的利率不尽相同，所得税税率与享受的优惠政策也可能不同，在计算项目财务内部收益率时，不考虑利息支出和所得税，是为了保持项目方案的可比性。

（2）资本金财务内部收益率，是以项目资本金为计算基础，考察所得税税后资本金可能获得的收益水平。

（3）投资各方财务内部收益率，是以投资各方出资额为计算基础，考察投资各方可能获得的收益水平。

财务内部收益率计算出来后，与基准收益率进行比较。若 $IRR \geq i_c$，则方案在经济上可以接受；若 $IRR < i_c$，则方案在经济上应予拒绝。

财务内部收益率（IRR）指标考虑了资金的时间价值以及项目在整个计算期内的经济状况，而且避免了像财务净现值（NPV）之类的指标那样须事先确定基准收益率这个难题，而只需要知道基准收益率的大致范围即可。但不足的是财务内部收益率计算比较麻烦；对于具有非常规现金流量的项目来讲，其财务内部收益率在某些情况下不存在或存在多个内部收益率。

对独立方案的评价，应用 IRR 评价与应用 NPV 评价的结论是一致的。当 $IRR > i_1$ 时，根据 IRR 评价的判断准则，方案可以接受；而 i_1 对应的 $NPV_1 > 0$，根据 NPV 评价的判断准则，方案也是可接受。当 $IRR < i_2$ 时，根据 IRR 评价的判断准则，方案不能接受；i_2 对应的 $NPV_2 < 0$，根据 NPV 评价的判断准则，方案也不能接受。

若项目相互独立，NPV、IRR 可做出完全一致的接受或舍弃的决策。但是，IRR 标准不需事先确定资本成本，使实务操作较为容易，IRR 是一个相对数，进行不同投资规模的比较和评价更为直观。

二、财务测算的基本报表

（一）常见的会计报表

会计报表可以定期总括地反映企业财务状况、经营成果和现金流量情况，包括资产负债表、利润表、现金流量表及相关附表。这些报表也是项目投资搭建财务模型的组成部分。

1. 资产负债表

资产负债表是反映企业在某一特定日期财务状况的报表。资产负债表按月报送，一般反映的是企业月末、季末、半年末、年末的财务状况，它属于静态会计报表。资产负债表以"资产＝负债＋所有者权益"这一会计等式为依据，按照一定的分类标准和一定的次序，把企业在一定日期的资产、负债和所有者权益项目予以适当排列编制而成。

2. 利润表

利润表是反映企业在一定会计期间的经营成果的会计报表。利润表是以"利润＝收入－费用"这一会计等式为依据，按照一定的步骤计算出构成利润（或亏损）总额的各项要素编制而成的，它属于动态报表。

3. 现金流量表

现金流量表是反映企业一定会计期间现金和现金等价物流入和流出的会计报表，它属于动态的会计报表。企业编制现金流量表是为会计报表使用者提供企业一定会计期间内现金和现金等价物流入和流出的信息，反映企业经营活动、投资活动和筹资活动的动态情况，以便于报表使用者了解和评价企业获取现金和现金等价物的能力，并据以预测企业未来的现金流量。

（二）项目现金流量结构与测算

在财务测算过程中，通常采取实际现金流量原则。计量投资项目的成本和收益时，是用现金流量而不是会计收益。会计收益是按权责发生制核算的，不仅包括付现项目，还包括应计项目和非付现项目。

一般的公司净现金流量的结构如表 4-1 所示：

表 4-1　　　　　　　　　　公司自由现金流（FCFF）

税后收入（净利润）	
＋折旧	＝经营活动现金流
	＋营运资本增量（Working Capital Investment）
	＋资本投资与清理（含残值 Salvage Value）
	＝净现金流量

现金流量是按收付实现制核算的，即：现金净流量＝当期实际收入现金量－当期实际支出现金量。项目未来的现金流量必须用预计未来的价格和成本来计算，而不是用现在的价格和成本计算。

股权资本自由现金流（FCFE）＝税前利润×（1－所得税率）＋折旧－资本支出－非现金性流动资本变化＋新增债务－债务偿还

资本支出＝长期资产总值增加－无息长期负债增加＝长期资产净值增加＋折旧与摊销－无息长期负债增加

现金净流量＝销售收入－经营付现成本－所得税－营运资本追加支出－资本支出

经营现金流量＝收现销售收入－经营付现成本－所得税＝（收现销售收入－经营付现成本）×（1－所得税税率）＋折旧×所得税税率＝税后收益＋折旧

终结现金流量＝经营现金流量＋固定资产的残值变价收入（含税赋损益）＋收回垫支的营运资本

其中，经营成本通常是付现成本，即从总成本中扣除折旧费、维简费、摊销费和利息支出以后的成本。

（三）财务模型的报表与财务指标对应关系

财务模型搭建与测算的核心报表是现金流量表，分为三类：

（1）项目投资现金流量表：以项目为一独立系统，从融资前的角度出发，将项目建设所需的总投资作为计算基础，反映项目在整个计算期（包括建设期和生产经营期）内现金的流入和流出。通过项目财务现金流量表可计算项目财务内部收益率、财务净现值和投资回收期等评价指标，并可考察项目的盈利能力，为各个方案进行比较建立共同的基础。

（2）项目资本金现金流量表：从项目法人（或投资者整体）的角度出发，以项目资本金作为计算的基础，把借款本金偿还和利息支付作为现金流出，用以计算资本金内部收益率，反映投资者权益投资的获利能力。

（3）投资各方现金流量表：分别从各个投资者的角度出发，以投资者的出资额作为计算的基础，用以计算投资各方收益率。

建立财务模型的核心报表是现金流量表，主要数据来源与损益表、还款计划表等紧密相关。财务评价指标与基本报表的对应关系见表4-2：

表4-2　　　　　　　　基本财务报表与评价指标的对应关系

评价内容	基本报表	评价指标	
		静态指标	动态指标
盈利能力分析	融资前分析 项目投资现金流量表	项目投资回收期	项目投资财务内部收益率（IRR） 项目投资财务净现值（NPV） 动态投资回收期
	融资后分析 项目资本金现金流量表		项目资本金财务内部收益率 动态投资回收期
	投资各方现金流量表		投资各方财务内部收益率 动态投资回收期
	利润与利润分配表	总投资收益率 项目资本金净利润率	
偿债能力分析	资金来源与运用表 借款还本付息计划表	借款偿还期 偿债备付率 利息备付率	
	资产负债表	资产负债率 流动比率 速动比率	

三、确定边界条件与搭建财务模型

（一）建立财务模型主要步骤

财务模型搭建的主要步骤如下：

1. 收集、选取财务评价的基础数据与参数，编制辅助报表

收集项目相关的基本数据和参数。通常包括投资额、投入品和产品财务价格、税率、利率、汇率、计算期、固定资产折旧率、无形资产和递延资产摊销年限、生产负荷及基准收益率等基础数据等。

明确基本财务体系及报表，建立辅助报表。相关的主要辅助报表包括建设投资估算表、流动资金估算表、建设进度计划表、固定资产折旧费估算表、无形资产及递延资产摊销费估算表、资金使用计划与资金筹措表、销售收入、销售税金及附加和增值税估算表、总成本费用估算表等。

2. 编制基本财务报表

（1）损益和利润分配表：反映项目计算期内各年的利润总额、所得税及税后利润的分配情况。

（2）资金来源与运用表：反映项目计算期内各年的资金盈余短缺情况。

（3）借款偿还计划表：反映项目计算期内各年借款的使用、还本付息，以及偿债资金来源，计算借款偿还期或者偿债备付率、利息备付率等指标。

（4）财务现金流量表：反映项目计算期内各年的现金收支，用以计算各项动态和静态评价指标，进行项目财务盈利能力分析。如上小节所述，新设法人项目财务现金流量表分为：①项目投资现金流量表，②项目资本金现金流量表，③投资各方现金流量表。

3. 计算财务评价指标

基于以上报表进行盈利能力分析和偿还能力分析，开展不确定性分析，包括敏感性分析和盈亏平衡分析。

（二）边界条件与模型搭建

1. 确立财务评价基础数据与参数

财务评价的基础数据与参数选取是否合理，直接影响财务评价的结论，在进行财务分析计算之前，应做好这项基础工作。通常包括：投资额、成本费用、财务价格、税费、利率、汇率、计算期、生产负荷、财务基准收益率等。主要基础数据或参数阐述如下：

（1）投资额。建设项目总投资是建设投资和流动资金之和。以可研的工程估算为例，建设工程项目投资构成如图4-2所示。通常，项目可研报告的投资额是估算，随着前期工作和设计工作深入，后续要编制初步设计（概算）、施工图（预算），则投资进一步精确化。

（2）建设投资。建设投资指项目按拟定建设规模（分期建设项目为分期建设规模）、产品方案、建设内容进行建设所需的费用，它包括建筑工程费用、设备购置费、安装工程费、建设期借款利息、工程建设其他费用和预备费用。

（3）流动资金。流动资金是指为维持生产所占用的全部周转资金，它是流动资产与流动负债的差额。在项目寿命期结束时，应予以回收。

（4）折旧。折旧指在资产使用寿命内，按照确定的方法对应计折旧额进行系统分摊。应计折旧额是指应计提折旧的固定资产的原价扣除其预计净残值后的

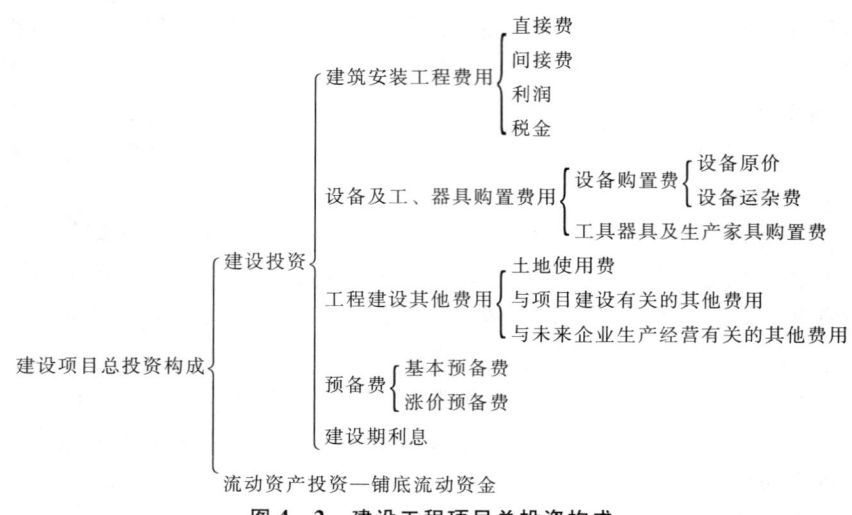

图 4-2 建设工程项目总投资构成

金额。企业计提固定资产折旧的方法有多种，基本上可以分为两类，即直线法（包括年限平均法和工作量法）和加速折旧法（包括年数总和法和双倍余额递减法），企业应当根据固定资产所含经济利益预期实现方式选择不同的方法，企业折旧方法不同，计提折旧额相差很大。

其中，使用较多的方法为年限平均法，年限平均法是指将固定资产的应计折旧额均衡地分摊到固定资产预定使用寿命内的一种方法。采用这种方法计算的每期折旧额相等。计算公式如下：

年折旧率 = (1 - 预计净残值率) ÷ 预计使用寿命(年) × 100%

其中，固定资产的预计净残值率常见为 3% ~ 5%，可根据具体情况调整。

除国务院财政、税务主管部门另有规定外，各类固定资产计算折旧的最低年限如下：房屋、建筑物，为 20 年；飞机、火车、轮船、机器、机械和其他生产设备，为 10 年；与生产经营活动有关的器具、工具、家具等，为 5 年；飞机、火车、轮船以外的运输工具，为 4 年；电子设备，为 3 年。

如果是 BOO 模式（不移交、私人永久拥有），则可以参照上述提取折旧。如果 BOT 模式下经营期非常长，如 20 年或以上，也可参照执行。但是，对于期限相对较短的 PPP 项目，折旧计算不太一样。通常折旧年限取值为运营期，考虑到项目到期无偿移交，故残值率通常可以设置为 0。即在项目运营维护期内，将资产均等摊销，不计残值。

(5) 经营成本。经营成本工程经济分析中经济评价的专用术语，用于项目财务评价的现金流量分析，主要是指付现成本。

因为一般产品销售成本中包含有固定资产折旧费用、维简费（采掘、采伐项目计算此项费用，以维持简单的再生产）、无形资产及递延资产摊销费和利息支出等费用。在工程经济分析中，建设投资是计入现金流出的，而折旧费用是建设投资所形成的固定资产的补偿价值，如将折旧费用随成本计入现金流出，会造成现金流出的重复计算；同样，由于维简费、无形资产及其他资产摊销费也是建设投资所形成的，只是项目内部的现金转移，而非现金支出，故为避免重复计算也不予考虑；贷款利息是使用借贷资金所要付出的代价，对于项目来说是实际的现金流出，但在评价项目总投资的经济效果时，并不考虑资金来源问题，故在这种情况下也不考虑贷款利息的支出；在资本金财务现金流量表中由于已将利息支出单列，因此，经营成本中也不包括利息支出。

由此可见，经营成本是从投资方案本身考察的，在一定期间（通常为一年）内由于生产和销售产品及提供劳务而实际发生的现金支出。按下式计算：

经营成本 = 总成本费用 − 折旧费 − 维简费 − 摊销费 − 利息支出

总成本费用 = 生产成本 + 销售费用 + 管理费用 + 财务费用

或者：

总成本费用 = 外购原材料、燃料及动力费 + 工资及福利费 + 修理费 + 折旧费 + 维简费 + 摊销费 + 利息支出 + 其他费用

经营成本 = 外购原材料、燃料及动力费 + 工资及福利费 + 修理费 + 其他费用

（6）产品销售（营业）收入。指项目建成投产后各年销售产品（或提供劳务）取得的收入。即：产品销售（营业）收入 = 产品销售量（或劳务量）× 产品单价（或劳务单价）

对生产多种产品和提供多项服务的，应分别计算各种产品及服务的销售（营业）收入。对不便按详细的品种分类计算销售收入的，可采取折算为标准产品的方法计算销售收入。

（7）税金。在财务评价中涉及的税费主要有：从销售收入中扣除的增值税、消费税、城市维护建设税及教育费附加、资源税等；计入总成本费用的房产税、土地使用税、车船使用税和印花税等；以及从利润中扣除的所得税等。税金一般属于财务现金流出。

进行评价时应说明税种、税基、税率、计税额等。如：①增值税，财务评价的销售收入和成本估算均含增值税。②消费税是针对特定消费品征收的税金，在财务评价中，一般按特定消费品的销售额乘以消费税税率计算。③城市维护建设税和教育费附加，以增值税或消费税为税基乘以相应的税率计算。④资源税是对开采自然资源的纳税人征税的税种，通常按应课税矿产的产量乘以单位税额计算。⑤所得税，按应税所得额乘以所得税税率计算（通常为25%）。

如有减免税费优惠，应说明政策依据以及减免方式和减免金额。

2. 生产成本费用估算

总成本费用系指在运营期内为生产产品提供服务所发生的全部费用，等于经

营成本与折旧费、摊销费和财务费用之和。总成本费用可按下列方法估算：

（1）生产成本加期间费用估算法。

总成本费用 = 生产成本 + 期间费用

生产成本 = 直接材料费 + 直接燃料和动力费 + 直接工资 + 其他直接支出 + 制造费用

期间费用 = 管理费用 + 营业费用 + 财务费用

生产成本加期间费用估算法见表 4 – 3：

表 4 – 3　　　　成本费用估算表（生产成本加期间费用法）

序号	项目	合计	计算期					
			1	2	3	4	…	n
1	生产成本							
1.1	直接材料费							
1.2	直接燃料及动力费							
1.3	直接工资及福利费							
1.4	制造费用							
1.4.1	折旧费							
1.4.2	修理费							
1.4.3	其他制造费							
2	管理费用							
2.1	无形资产摊销							
2.2	其他资产摊销							
2.3	其他管理费用							
3	财务费用							
3.1	利息支出							
3.1.1	长期借款利息							
3.1.2	流动资金借款利息							
3.1.3	短期借款利息							
4	营业费用							
5	总成本费用合计 (1+2+3+4)							
5.1	其中：可变成本							
5.2	固定成本							
6	经营成本 (5 – 1.4.1 – 2.1 – 2.2 – 3.1)							

(2) 生产要素估算法。

总成本费用 = 外购原材料、燃料和动力费 + 工资及福利费 + 折旧费 + 摊销费 + 修理费 + 财务费用（利息支出）+ 其他费用

其中，其他费用包括其他制造费用、其他管理费用和其他营业费用这三项费用。其他管理费用是指由管理费用中扣除工资及福利费、折旧费、摊销费、修理费后的其余部分。其他营业费用是指由营业费用中扣除工资及福利费、折旧费、修理费后的其余部分。

按照生产要素法估算的总成本费用，编制见表4-4：

表4-4　　　　　　　　总成本费用估算表（生产要素法）

序号	项　目	合计	计算期					
			1	2	3	4	…	n
1	外购原材料费							
2	外购燃料及动力费							
3	工资及福利费							
4	修理费							
5	其他费用							
6	经营成本（1+2+3+4+5）							
7	折旧费							
8	摊销费							
9	利息支出							
10	总成本费用合计（6+7+8+9）							
	其中：可变成本							
	固定成本							

3. 编制核心财务评价报表

财务评价报表主要有财务现金流量表、损益表、资金来源与运用表、借款偿还计划表等。

（1）损益表。损益栏目反映项目计算期内各年的销售收入、总成本费用支出、利润总额情况；利润分配栏目反映所得税税后利润以及利润分配情况，见表4-5。

（2）资金来源与运用表。用于反映项目计算期各年的投资、融资及生产经营活动的资金流入、流出情况，考察资金平衡和余缺情况，见表4-6。

表 4-5　　　　　　　　　　　　　　　损益表

序号	项　目	合计	计算期				
			1	2	3	4	…	n
1	销售（营业）收入							
2	销售税金及附加							
3	增值税							
4	总成本费用							
5	利润总额（1-2-3-4）							
6	弥补以前年度亏损							
7	应纳税所得额（5-6）							
8	所得税							
9	税后利润（5-8）							
10	提取法定盈余公积金							
11	提取公益金							
12	提取任意盈余公积金							
13	可供分配利润（9-10-11-12）							
14	应付利润（股利分配）							
15	未分配利润（13-14）							
16	累计未分配利润							

表 4-6　　　　　　　　　　　　　　资金来源与运用表

序号	项　目	合计	计算期				
			1	2	3	4	…	n
1	资金流入							
1.1	销售（营业）收入							
1.2	长期借款							
1.3	短期借款							
1.4	发行债券							
1.5	项目资本金							
1.6	其他							
2	资金流出							
2.1	经营成本							
2.2	销售税金及附加							
2.3	增值税							
2.4	所得税							
2.5	建设投资（不含建设期利息）							

续表

序号	项　目	合计	计　算　期					
			1	2	3	4	…	n
2.6	流动资金							
2.7	各种利息支出							
2.8	偿还债务本金							
2.9	分配股利或利润							
2.10	其他							
3	资金盈余							
4	累计资金盈余							

（3）借款偿还计划表。用于反映项目计算期内各年借款的使用、还本付息，以及偿还资金来源，计算借款偿还期或者偿还债备付率、利息备付率等指标，见表4-7：

表4-7　　　　　　　　借款偿还计划表

序号	项　目	合计	计　算　期					
			1	2	3	4	…	n
1	借款							
1.1	年初本息余额							
1.2	本年借款							
1.3	本年应计利息							
1.4	本年还本利息							
	其中：还本							
	付息							
1.5	年末本息余额							
2	债券							
2.1	年初本息余额							
2.2	债券							
2.3	本年应付							
2.4	本年还本利息							
	其中：还本							
	付息							
2.5	年末本息余额							
3	借款和债券合计							
3.1	年初本息余额							
3.2	本年借款							
3.3	本年应计利息							

续表

序号	项目	合计	计算期					
			1	2	3	4	…	n
3.4	本年还本利息							
	其中：还本							
	付息							
3.5	年末本息余额							
4	还本资金来源							
4.1	当年可用于还本的未分配利润							
4.2	当年可用于还本的折旧和摊销							
4.3	以前年度结余可用于还本资金							
4.4	用于还本的短期借款							
4.5	可用于还款的其他资金							

（4）核心——现金流量表（3种内部收益率IRR）。财务现金流量表按其评价的角度不同分为项目现金流量表、资本金现金流量表、投资各方现金流量表。其中，财务测算最核心的指标就是项目内部收益率（Project IRR）和资本金/自有资金内部收益率（Equity IRR）。

项目IRR是基于融资前分析，排除了融资方案变化的影响，从项目投资总获利能力的角度，考察项目方案设计的合理性。项目投资或全部投资现金流量表见表4-8：

表4-8　　　　　　　　项目投资现金流量表

序号	项目	合计	计算期					
			1	2	3	4	…	n
1	现金流入							
1.1	营业收入							
1.2	补贴收入							
1.3	回收固定资产余值							
1.4	回收流动资金							
2	现金流出							
2.1	建设投资							
2.2	流动资金							
2.3	经营成本							

续表

序号	项目	合计	计算期					
			1	2	3	4	…	n
2.4	增值税及附加							
2.5	维持运营投资							
3	所得税前净现金流量（1-2）							
4	累计所得税前净现金流量							
5	调整所得税							
6	所得税后净现金流量（3-5）							
7	累计所得税后净现金流量							

计算指标：
项目投资财务内部收益率（%）（所得税前）
项目投资财务内部收益率（%）（所得税后）
项目投资财务净现值（所得税前）（i_c = %）
项目投资财务净现值（所得税后）（i_c = %）
项目投资回收期（年）（所得税前）
项目投资回收期（年）（所得税后）

表4-8中的"调整所得税"=息税前利润×企业所得税税率=（利润总额+利息支出）×企业所得税税率。"经营成本"为付现成本，不包括折旧、摊销、利息等。"维持运营投资"指技改、更新投资费用。

资本金IRR是基于融资后分析，应以融资前分析和初步的融资方案为基础，考察项目在拟定融资条件下的盈利能力、偿债能力和财务生存能力，判断项目方案在融资条件下的可行性。项目资本金流量表见表4-9：

表4-9　　　　　　　　项目资本金现金流量表

序号	项目	合计	计算期					
			1	2	3	4	…	n
1	现金流入							
1.1	营业收入							
1.2	补贴收入							
1.3	回收固定资产余值							
1.4	回收流动资金							
2	现金流出							
2.1	项目资本金							
2.2	借款本金偿还							
2.3	借款利息支付							
2.4	经营成本							

续表

序号	项目	合计	计算期					
			1	2	3	4	…	n
2.5	增值税及附加							
2.6	所得税							
2.7	维持运营投资							
3	净现金流量（1-2）							

计算指标：

资本金财务内部收益率（%）

资本金投资财务内部收益率（%）（所得税后）

项目投资财务净现值（所得税后）（$i_c=$ %）

项目投资回收期（年）（所得税后）

需要指出的是，表4-9中的"所得税"比表4-8中小，这是因为举债利息产生税盾效应。"借款利息支付"要差异化考虑建设期利息的处理方式，如从动态投资角度测算资本金及本金比例，则表中"借款利息支付"仅指运营期利息支出（费用化）。否则，如考虑静态投资测算时，则还应计入建设期利息，也即利息资本化部分。

投资各方资本金IRR是基于投资各方现金流量分析。从投资各方实际收入和支出的角度，确定其现金流入和现金流出，分别编制投资各方现金流量表，计算投资各方的财务内部收益率指标，考察投资各方可能获得的收益水平。投资各方现金流量表见表4-10：

表4-10　　　　　　　　投资各方现金流量表

序号	项目	合计	计算期					
			1	2	3	4	…	n
1	现金流入							
1.1	实分利润							
1.2	资产处置收益分配							
1.3	租赁费收入							
1.4	技术转让或适用收入							
1.5	其他现金流入							
2	现金流出							
2.1	实缴资本							
2.2	租赁资产支出							
2.3	其他现金流出							
3	净现金流量（1-2）							

计算指标：

投资各方财务内部收益率（%）

第二节　财务模型的主要应用：定价、风险评估与决策管理

一、不确定性分析与风险评估

（一）不确定性是所有项目固有的内在特性

1. 不确定性产生的原因

财务模型使用的数据大都是预测或估计值，这些数据具有许多不确定性因素，不确定性是所有项目固有的内在特性。PPP项目运行过程中产生不确定性因素的原因很多，主要包括：所依据的基本数据的不足或者统计偏差；预测方法的局限，预测的假设不准确；未来经济形势的变化，如通货膨胀、市场供求结构的变化；技术进步，如生产工艺或技术的发展和变化；无法以定量来表示的定性因素的影响；其他外部影响因素，如政府政策的变化，新的法律、法规的颁布等，均会对项目的经济效果产生一定的甚至是难以预料的影响。

此外，还有其他一些影响因素。在项目经济评价中，如果想全面分析这些因素的变化对项目经济效果的影响是很困难的。因此，在实际工作中，往往要着重分析和把握那些对项目影响大的关键因素，以期取得较好的效果。

2. 不确定性分析

由于上述种种原因，财务测算和评价所使用的参数，诸如投资、产量、价格、成本、利率、汇率、期限等，总是带有一定程度的不确定性。不确定性的直接后果是使方案经济效果的实际值与评价值相偏离，如不对此进行分析，仅凭一些基础数据所做的确定性分析为依据来取舍项目，就可能会导致投资决策的失误。故此，需要分析各种外部条件发生变化或者测算数据误差对方案经济效果的影响程度，以估计项目可能承担不确定性的风险及其承受能力，确定项目在经济上的可靠性，并采取相应的对策力争把风险减低到最小限度。

（二）不确定性分析的方法及应用

常用的不确定分析方法有盈亏平衡分析、敏感性分析、概率分析。一般来讲，盈亏平衡分析只适用于项目的财务评价，而敏感性分析、概率分析则可同时用于财务评价和国民经济评价。

1. 盈亏平衡分析

盈亏平衡分析是在一定市场、生产能力及经营管理条件下（即：假设在此条件下生产量等于销售量），通过对产品产量、成本、利润相互关系的分析，判断企业对市场需求变化适应能力的一种不确定性分析方法，故亦称量本利分析。

根据成本总额对产量的依存关系，全部成本可以分成固定成本和变动成本两部分。固定成本是不受产品产量及销售量影响的成本，即不随产品产量及销售量的增减发生变化的各项成本费用，如非生产人员工资、折旧费、无形资产及其他资产摊销费、办公费、管理费等。

变动成本是随产品产量及销售量的增减而成正比例变化的各项成本，如原材料、燃料、动力消耗、包装费和生产人员工资等。长期借款利息应视为固定成本，短期利息如果用于购置流动资产，可能部分与产品产量、销售量相关，其利息可视为半可变半固定成本，为简化计算，也可视为固定成本。

在一定期间把成本分解成固定成本和变动成本两部分后，再同时考虑收入和利润，使成本、产销量和利润的关系统一于一个数学模型。这个数学模型的表达形式为：

$$B = PQ - C_vQ - C_f - T \times Q$$

式中：

B——表示利润；

P——表示单位产品售价；

Q——表示产销量；

T——表示单位产品销售税金及附加（当投入产出都按不含税价格时，T 不包括增值税）；

C_v——表示单位产品变动成本；

C_f——表示固定总成本。

将式的关系反映在直角坐标系中，即成为基本的量本利图，如图 4-3 所示：

图中的横坐标为产销量，在这里假定产出量等于销售量。纵坐标为金额（总成本和销售收入）。假定在一定时期内，产品价格不变时，销售收入 S 随产销数量的增加而增加，呈线性函数关系，在图形上就是以零为起点的斜线。产品总成本 C 是固定总成本和变动总成本之和，当单位产品的变动成本和销售税金不变时，总成本也呈线性变化。

从图 4-3 可知，销售收入线与总成本线的交点是盈亏平衡点（Break - even Point，简称 BEP），也叫保本点。表明企业在此产销量下总收入与总成本相等，既没有利润，也不发生亏损。在此基础上，增加产销量，销售收入超过总成本，收入线与成本线之间的距离为利润值，形成盈利区；反之，形成亏损区。

所谓盈亏平衡分析，就是将项目投产后的产销量作为不确定因素，通过计算

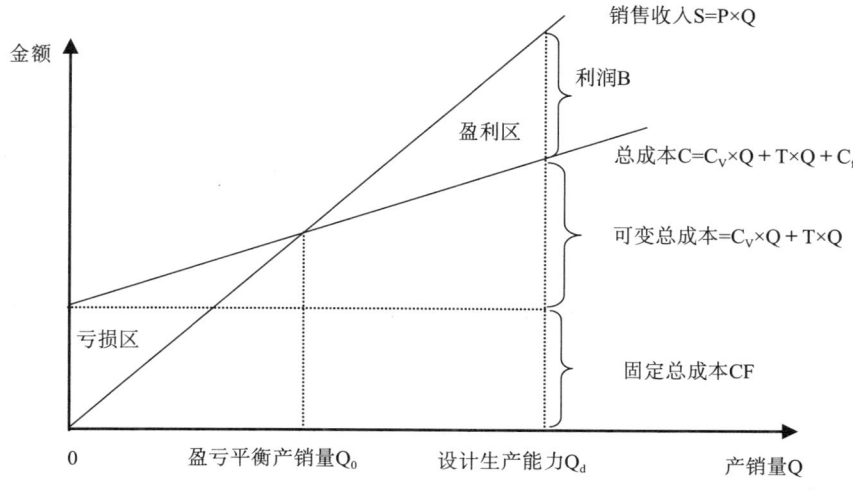

图 4-3 基本的量本利

企业或项目的盈亏平衡点的产销量,据此分析判断不确定性因素对方案经济效果的影响程度,说明方案实施的风险大小及投资项目承担风险的能力,为投资决策提供科学依据。根据生产成本及销售收入与产销量之间是否呈线性关系,盈亏平衡分析又可进一步分为线性盈亏平衡分析和非线性盈亏平衡分析。

表示项目盈亏平衡点(BEP)的表达形式有多种。可以用绝对值表示,如以实物产销量、单位产品售价、单位产品的可变成本、年固定总成本以及年销售收入等表示的盈亏平衡点;也可以用相对值表示,如以生产能力利用率表示的盈亏平衡点。其中,以产销量表示的盈亏平衡点应用最为广泛。

2. 敏感性分析的概念及其分析步骤

敏感性指方案影响因素发生改变时对原方案的经济效果的影响和变化的程度。如果引起的变化幅度很大,就说明这个变动的因素对方案经济效果的影响是敏感的;如果引起变动的幅度很小,就说明它是不敏感的。

敏感性分析分为单因素敏感性分析和多因素敏感性分析两种。单因素敏感性分析是对单一不确定因素变化的影响进行分析,即假设各个不确定性因素之间相互独立,每次只考察一个因素,其他因素保持不变,以分析这个可变因素对经济评价指标的影响程度和敏感程度。

投资项目评价中的敏感性分析,就是在确定性分析的基础上,通过进一步分析、预测项目主要不确定因素的变化对项目评价指标(如财务内部收益率、财务净现值等)的影响,从中找出敏感因素,确定评价指标对该因素的敏感程度和项目对其变化的承受能力。

(1) 确定分析指标。一个项目在其建设与生产经营的过程中,由于项目内部、外部环境的变化,许多因素都会发生变化。一般将产品价格、产品成本、产品产量(生产负荷)、主要原材料价格、建设投资、工期、汇率等作为考察的不确定因素,根据项目的特点、不同的研究阶段、实际需求情况和指标的重要程度来选择指标。选择需要分析的不确定性因素时主要考虑以下两条原则:

第一,预计这些因素在其可能变动的范围内对经济评价指标的影响较大;

第二,对在确定性经济分析中采用该因素的数据的准确性把握不大。

由于敏感性分析是在确定性经济分析的基础上进行的,一般而言,敏感性分析的指标应与确定性经济评价指标一致、不应超出确定性经济评价指标范围而另立新的分析指标。多因素敏感性分析是假设两个或两个以上互相独立的不确定因素同时变化时,分析这些变化的因素对经济评价指标的影响程度和敏感程度。

(2)分析每个不确定性因素的波动程度。对所选定的不确定性因素,应根据实际情况设定这些因素的变动幅度,其他因素固定不变。因素的变化可以按照一定的变化幅度(如 ±5%、±10%、±20% 等)改变它的数值。据此,计算不确定性因素每次变动对经济评价指标 IRR 的影响。对每一因素的每一变动,均重复以上计算,然后,把因素变动及相应指标变动结果用表,以便于测定敏感因素。单因素敏感性分析是敏感性分析的基本方法,见表 4-11、图 4-4 所示:

表 4-11　　　　　　因素变化对内部收益率的影响

内部收益率%＼变化率＼不确定因素	-10%	-5%	基本方案	+5%	+10%
销售收入					
经营成本					
建设投资					

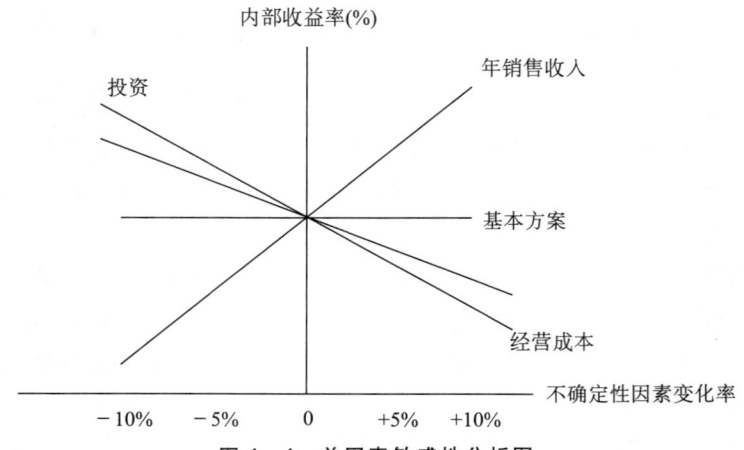

图 4-4　单因素敏感性分析图

敏感性分析就是要找出项目的敏感因素，并确定其敏感程度，以预测项目承担的风险。

（3）确定敏感性因素。通过分析、预测项目主要不确定因素的变化对项目评价指标的影响，找出敏感因素，分析评价指标对该因素的敏感程度，并分析该因素达到临界值时项目的承受能力。一般将产品价格、产品质量（生产负荷）、主要原材料价格、建设投资等作为考察的不确定因素。

不确定因素是可能对评价指标产生影响的因素，分析时可选用一个或多个因素，见表4-12：

表4-12　　　　　　　　　　敏感性分析表

序号	不确定性因素	变化率（%）	内部收益率	敏感系数	临界点（%）	临界值
	基本方案					
1	产品质量（生产负荷）					
2	产品价格					
3	主要原材料价格					
4	建设投资					

敏感系数。单因素敏感性分析可用敏感系数表示项目评价指标对不确定因素的敏感程度。计算公式为：

$$E = \Delta A / \Delta F$$

式中：

ΔF—不确定因素 F 的变化率；

ΔA—不确定因素 F 发生 ΔF 变化率时，评价指标 A 的相应变化率；

E—评价指标 A 对于不确定因素 F 的敏感度系数。

临界点是指项目允许不确定因素向不利方向变化的极限值。超过极限，项目的效益指标将不可行。例如当产品价格下降到某值时，财务内部收益率将刚好等于基准收益率，此点称为产品价格下降的临界点。临界点可用临界点百分比或者临界值分别表示某一变量的变化达到一定的百分比或者一定数值时，项目的效益指标将从可行转变为不可行。临界点可用专用软件的财务函数计算，也可用敏感性分析图直接求得近似值。

综上所述，敏感性分析是项目经济评价时经常用到的一种方法，它在一定程度上对不确定因素的变动对项目投资效果的影响作了定量的描述，有助于搞清项目对不确定因素的不利变动所能容许的风险程度，有助于风险防范、提供决策支持。但敏感性分析也有其局限性，它不能说明不确定因素发生变动的可能性是大还是小，也就是没有考虑不确定因素在未来发生变动的概率，而这种概率是与项目的风险大小密切相关的。

3. 概率树分析

概率树分析的一般步骤是：

（1）列出要考虑的各种风险因素，如投资、经营成本、销售价格等；

（2）设想各种风险因素可能发生的状态，即确定其数值发生变化个数；

（3）分别确定各种状态可能出现的概率，并使可能发生状态概率之和等于1；

（4）分别求出各种风险因素发生变化时，方案净现金流量各状态发生的概率和相应状态下的净现值 NPV（j）；

（5）求方案净现值的期望值（均值）E（NPV）[①]；

（6）求出方案净现值非负的累计概率；

（7）对概率分析结果作说明。

如该项目净现值的期望值大于零，是可行的。但净现值大于零的概率不够大，说明项目存在一定的风险。

此外，蒙特卡罗（模拟）法（Monte Carlo）也是常用的方法，操作步骤如下：

（1）通过敏感性分析，确定风险随机变量；

（2）确定风险随机变量的概率分布；

（3）通过随机数表或计算机求出随机数，根据风险随机变量的概率分布模拟输入变量；

（4）选取经济评价指标，如净现值、内部收益率等。

（5）根据基础数据计算评价指标值；

（6）整理模拟结果所得评价指标的期望值、方差、标准差和它的概率分布及累积概率，绘制累计概率图，计算项目可行或不可行的概率。

二、PPP 项目定价的参照指标及基准收益率

（一）PPP 项目定价的参照指标选择

对于基础设施类项目而言，项目投资决策的财务指标参照如下：

（1）内部收益率 IRR：IRR 值越高，表明项目越有利；项目 IRR 应高于融资成本/贷款利率、达到行业平均收益水平。

（2）投资回收期 $\leqslant 2N/3$（N 为合作期）。

（3）净现值 NPV：净现值大于 0，表明项目可行；净现值越大，项目的盈利

[①] $E(NPV) = \sum_{j=1}^{k} NPV^{(j)} \times P_j$，式中 P_j 为第 j 种状态出现的概率，k 为可能出现的状态数。

能力越强，资产价值越大。

（4）债务覆盖率：1.5～2.0。

（5）债务承受比率：1.3～1.5。

在实践项目投资过程中，对于多数社会资本而言，最关注的是内部收益率 IRR、投资回收期等指标，其中，最关键的财务指标是内部收益率 IRR。如收益率高于同期银行贷款利息或其他融资成本，社会资本通常会通过融资、适度举债是有利加大杠杆，以提高自有资金（资本金）的内部收益率 IRR。

在内部收益率 IRR 指标体系中，项目全部投资内部收益率 IRR 或社会资本方全部投资内部收益率 IRR 是最核心的指标，其次是资本金内部收益率 IRR。全部投资内部收益率 IRR 暂不考虑融资，直接将现金流入与投入成本进行直接配比计算，较为精准核算投入和产出比。与之对应的，资本金内部收益率 IRR 具有杠杆作用，但不同社会资本、金融机构给出的融资方案不一样，融资的可变性会导致资本金内部收益率会出现多种测算结果。尤其是，融资额比例、成本、借款期限及还款方式（如最大还款能力法、等额本金、等额本息等）不同，资本金内部收益率也不同。此外，如以资本金内部收益率作为判别的唯一指标，则不利于社会资本方降低融资成本、优化财务方案，造成反向激励。值得注意的是，在实际执行过程中，项目投资额、融资方案等会都会与当初方案或计划发生较大变化，而使得资本金内部收益率可变性较大，从而导致项目缺乏合理的判断标准。故此，项目全部投资内部收益率 IRR 是最核心的指标，资本金内部收益率 IRR 也其考量的重要决策指标。

（二）PPP 项目基准收益率

目前，很多基础设施领域的社会资本均具有相应工程资质，非常看重工程利润。很多社会资本投资 PPP 项目的收益分为工程利润和投资收益两大部分，其中工程利润是暗含在工程承包之中，投资收益是采购的中标价，也是显性的收益水平。社会资本在内部决策过程中，通常会将其两部分合并起来进行测算以评估其相对真实的预期收益率。

在方案设计、洽商过程中，应坚持"盈利不暴利"原则设定收益率，并且应经过测算、论证后统筹考虑基准收益率水平。社会资本投资 PPP 项目的收益大多分为工程利润和投资收益两大部分，指标设定的过程或逻辑如下：

（1）工程利润（静态）通常暗含在社会资本工程承包的收益之中。工程利润约建筑安装费的 5%～15%（可能更高或更低），工程利润率与所处行业、区域、造价标准、建安费占比、下浮率等相关。通常，社会资本采取"PPP + EPC 或工程总包"模式开展项目的投资、建设工作，PPP 模式下的工程总包利润水平远高于一般市场化竞标工程利润。有些 PPP 项目的工程造价不下浮，或者造价下浮较小，社会资本通过 PPP 模式承接工程项目，发挥产业链中的工程建设优势，可以获得较高工程利润。

（2）初步设定的投资收益率 IRR（显性投资收益）直接或间接反映在价格、财政补贴等方案或采购文件标的上。从目前整体情况看，项目全部投资内部收益率 IRR 或社会资本全部投资内部收益率 IRR 约 5%～7%，原则上应高于中长期银行贷款利率（4.9%）1～2 个百分点，资本金内部收益率 IRR 通常为融资加杠杆后，可达到 7%～12%。但在前述工程利润较高、政府入股不分红等情况下，则应大幅降低显现收益率。最终收益率设定应结合工程利润、风险、市场响应等多方面调整。

（3）考虑工程利润后，修正、平衡显性投资收益率，以确保整体项目收益率水平处于相对合理区间。考虑工程利润水平、方案设定的显性投资收益两部分后，相对合理的项目整体预期收益率区间如下：项目或社会资本全部投资内部收益率 IRR 在 6%～8%，社会资本资本金内部收益率 IRR 在 8%～12%（考虑工程利润后）。在此基础上，如超出此区间可以反过来调整第二部分方案设定的收益率水平（可能低于 4%）。项目投资风险越大、周期越长，收益率应越高，反之，则应越低。公益性项目无经营风险、工程利润水平较高，故应将收益率适当降低，经营性项目侧重于运营，风险相对较高，投资收益率可以适当高一点。

社会资本对 PPP 项目的收益指标要求，在不同时期随着央行中长期贷款基准利率、行业平均利润水平、竞争环境等变化。同时，要关注政府入股比例与分红安排、政府付费的方式（期限、比例等）、风险分配、财政支出责任，不易设定过低的收益率水平。但是，有些社会资本出于战略目的"圈占市场"，可能进行价格战，这种情况下，要注意风险分配的合理性、科学性。通常情况下，PPP 项目的收益率一般应高于实际贷款利率、接近或达到行业平均收益水平。

此外，对于委托运营类等社会资本不存在资本性投资的项目，其回报率设定基本是按照成本加成定价的方式，如额定或计划成本之上，加上一定的利润率（如 6%～8%，具体利润率与行业有关）进行定价。当然，对于投资项目也可以基于会计利润角度定价，但应结合合作期限、风险承担等因素统筹设定。这种方法简便，但存在较多缺陷，应用不多，不再赘述。

三、PPP 项目定价与收益测算

（一）PPP 项目定价的目标与结构

PPP 项目定价需要平衡一些目标：①规定的服务标准及相关成本；②客户的

支付意愿及能力；③成本回收；④私人经营者的经济要求（投资利润率）；⑤补贴需求/可得性。各因素的正确组合必须通过项目模型的重复优化，来确定资费设计。

PPP 项目定价往往采用逆推法或假定法进行测算。先设定内部收益率 IRR（如 6%），根据项目不同的竞价标的，可测算公共产品的单价（或影子价格），也可测算产品使用量或其他指标，也可测算财政补贴额，等等。如果公共服务单价相对固定（由政府定价或指导定价），一般需要测算政府补贴（可行性缺口补助）。这种情况下，可以假定本项目收益率 IRR 为行业、本地平均水平（如 7%），推导出 PPP 项目的核心竞价标的——财政补贴额或最低需求量（政府承诺保底量）等。对于市场化定价的公共服务，需要考虑多个因素，如收费价格上涨到一定程度后，可能会导致使用量的下降，这就是需求的价格弹性所致。

PPP 项目的价格设计包括价格高低的确定、价格结构的选择和调价机制的设计。价格高低的确定是指所确定的项目产品或服务价格应能保证项目公司在经营期内收回在生产产品或提供服务时发生的费用并获得合理的回报；同时，还要考虑消费者的承受能力，维护消费者的利益。如果一个项目有不同种类的消费者，对不同的消费者还可确定不同的价格，例如，对价格敏感性较低的消费者收取较高价，或者对低于一定量的消费制定一个价格，再对高于该量的消费制定另一个价格。

此外，对于超额利润限制也可通过财务模型模拟测算。在一些情形下，使用者需求激增或收费价格上涨，将可能导致项目公司因此获得超额利润。针对这种情形，政府在设计付费机制时可以考虑设定一些超额利润的限制机制，包括约定回报上限，超出上限的部分归政府所有，或者就超额利润部分与项目公司进行分成等。但无论如何限制，付费机制必须能保证项目公司获得合理的收益，并且能够鼓励其提高整个项目的效率，形成激励相容的定价体系。

（二）PPP 项目的收益结构与测算

一般而言，项目利润率难以合理反映项目全生命周期真实的回报，定价或收益测度主要采取内部收益率（如项目全部投资 IRR、资本金 IRR、社会资本 IRR 等）指标作为核心指标进行测算，具体定价可以反映在付费额或补贴额，也可以反映在具体收益或利润指标等。常见的收益结构、财务测算方式如下：

1. 公益性项目："可用性服务费 + 运营维护服务费"的政府付费方式

（1）可用性服务费的测算与支付方式。

①基于收益率的可用性服务费的测算。

可用性服务费即 Availability payment，回报测算基数为建设期投资。在测算过程中，多数以项目全部投资 IRR 为基准（如 6%）或者资本金 IRR（如 8%）为基准计算每年政府付费。其中，对于融资成本的风险，可以根据项目特性、谈判约定，由项目公司或社会资本全部负责融资责任，并承担融资成本变动风险，或在一定范围内承担风险（共担）。

项目全部投资 IRR 与资本金 IRR 是分别考虑融资前、融资后的收益率。一般而言，如果全部投资 IRR 大于融资成本，则资本金 IRR 在杠杆作用下高于全部投资 IRR，反之，则资本金 IRR 低于全部投资 IRR。内部收益率高于融资成本的部分，将全部增加社会资本方的收益，反之，则降低了社会资本方收益。但是，资本金 IRR 计算结果的稳定性较差。由于融资比例、成本以及还本付息等方式不同，导致同一项目资本金收益率会出现几种结果，进而导致实施方案核算与实际出现较大偏差，缺乏合理的判断标准。此外，以资本金内部收益率作为判断指标，不利于社会资本方降低融资成本，容易造成反向激励。相比较而言，若从全部投资 IRR（税前）作为基准核算可用性服务费或其他类型补助时，不需考虑融资条件的变化，只核算综合回报，其计算结果可比性、稳定性更强。故而，将全部投资 IRR 作为基准测算可用性付费更适宜，如融资条件相对固化，以资本金 IRR 为基准测算亦是相通的。

如果一个投资项目建设期超过几年，则应充分考虑建设期各年建设投资的时间价值，采取下述财务模型测算年可用性服务费（CIt）：

$$NPV(IRR) = \sum_{t=0}^{n}(CI_t - CO_t)(1 + IRR)^{-t} = 0$$

式中：IRR——内部收益率；

n——合作期（建设期 + 运营期）；

CI_t——第 t 年的现金流入量（年可用性服务费），即项目公司获得的经营收入或政府付费；

CO_t——第 t 年的现金流出量，即：建设期第 t 年投资（社会资本的资本性投入，项目最终投资额以政府审计为准）。

② 几类简化的可用性服务费计算与支付方式。

通常，在政府付费的支付方式上，以等额本息为主、等额本金方式为辅。对于一些投资期短的项目，可以简单用如下公式测算等额支付年度可用性服务费：

方式一：类似等额本息的均等付费模式

等额分付资本回收公式：$A = P \cdot \left[\dfrac{i(1+i)^n}{(1+i)^n - 1}\right] = P(A/P, i, n)$

其中：

A：年可用性付费（每年等额）；

P：现值或投资额，通常为经政府审计认定的社会资本方总投资；

n：运营期（合作期 - 建设期）；

i：回报率。

或者利用 PMT 函数，年可用性付费 = - PMT（rate，nper，pv）。

其中：

rate：回报率；

nper：运营期；

pv：现值或投资额，通常为经政府审计认定的社会资本方总投资。

方式二：类似等额本金的逐年降低的付费模式

对于一些投资期短的项目，也可采取"等额本金 + 当年收益"支付方式，政府付费逐年降低，可以简单用如下公式测算：

第 n 年可用性服务费 = P/N + [P - (n - 1) × P/N] × i

i 为项目合同中约定的项目年投资回报率；

P 为经政府审计决算后的社会资本方总投资；

N 为运营年限。

需要特别说明的是，方式一和方式二中的 i 均为综合回报率。在计算定价过程中，可以明确约定综合回报率已考虑项目全生命周期成本、收益、税费等，由社会资本自行考虑投标报价风险、自己筹划税收、考虑其真实的回报率。故而，此处 i 与内部收益率 IRR 类似，但计算方式不同、结果可能不同，但可以互相换算对比分析。

③按财金〔2015〕21 号文公式计算可用性服务费。

根据《政府和社会资本合作项目财政承受能力论证指引》（财金〔2015〕21 号）第十六条的规定，政府可用性付费公式如下：

第 n 年运营补贴支出数额 = 项目全部建设成本 × (1 + 合理利润率) × (1 + 年度折现率)^n/财政运营补贴周期(年)

n 代表折现年数，财政提供运营补贴的年数；

年度折现率：应考虑财政补贴支出发生年份，并参照同期地方政府债券收益率合理确定。

该公式只是提供一种补贴计算方法而已，无法准确揭示项目真实收益、利润情况，最终还是应回归到内部收益率 IRR 指标上衡量。该公式涉及合理利润率、折现率等参数，存在模糊、冲突等问题。特别是在建设周期长情况下，建设成本的时间价值、利息等存在较大差异。此外，由于折旧、利息、税收等因素，公式里假设的合理利润率与项目公司真实利润率很难一致。

在这种付费方式下，当期静态利润与动态参数结合，政府付费逐步增加，符合财政增长一般趋势。但是，与内部收益率指标相比，这种付费方式较为僵化，同时缺乏衡量标准一致性、准确性。因此，公式适用性一般，实际运用过程中可以灵活选择。

（2）运维服务费计算和支付方式。

运维服务费的测算基数为运维期养护支出（付现成本，不含建设成本折旧或摊销，也不含银行利息或融资成本等），其测算方式如下：

①变动成本加成法（利润率法）。

年度运维服务费＝第 n 年基准运营维护成本支出 ×（1＋利润率），如可将利润率设定为 6%～8%，作为竞价标的之一。

②综合报价法（包干制或投标总包价）。

由社会资本或项目公司按行业养护成本标准自行报价，社会资本综合考虑成本、风险、收益等因素后综合报价，不再额外计算回报。

③据实支付法（按规范、标准审计确认）。

项目公司根据实际情况，将运维方案报政府审核后实施，以政府审计的费用为准，据实支付，不计运维期回报。

2. 公益性项目：单一"可用性服务费"的政府付费方式

（1）基准收益率付费方式。

可用性服务费测算基数为不同时期的建设期投资及运维成本。在全部投资 IRR 为基准（如6%）或者资本金 IRR（如8%）为基准情况下，测算年可用性付费（CI_t）：

$$NPV(IRR) = \sum_{t=0}^{n}(CI_t - CO_t)(1 + IRR)^{-t} = 0$$

IRR——内部收益率；

n——合作期（建设期＋运营期）；

CI_t——第 t 年的现金流入量（年付费额），即项目公司获得的经营收入或政府付费；

CO_t——第 t 年的现金流出量，即：建设期第 t 年投资（社会资本的资本性投入，项目最终投资额以政府审计为准）或运营期第 t 年运维成本（付现成本）。

（2）按财金〔2015〕21号文公式计算可用性服务费。

当年运营补贴支出数额＝项目全部建设成本 ×（1＋合理利润率）×（1＋年度折现率）^{n}／财政运营补贴周期（年）＋年度运营成本 ×（1＋合理利润率）

其中，运营成本不包括建设成本折旧或摊销，也不含银行利息或融资成本；公式中的折现率、利润率取值分别参照所在区域地方债发行利率、项目所处行业平均利润水平进行调整后确定（目前市场情形下，通常会适当上浮）。

这种测算方式相对简便，但由于项目现金流结构存在较大差异，各参数取值无法直接揭示项目真实的收益水平。最终还是要对标同类项目或参照内部收益率（IRR）作为控制性指标来衡量回报高低，进而调整相应参数取值或付费金额/补贴金额。

3. （准）经营性项目收益结构与测算

（准）经营性项目市场不确定性较大，经营收入预测较难。PPP 项目应依据"盈利不暴利"的原则进行定价，定价方式往往呈现结构化，主要测算方式如下：

（1）"预期保底收入 + 成本补偿"的结构化定价。

"预期保底收入 + 成本补偿"的定价逻辑是，政府承担基本需求风险以保障项目的可融资性，但只补偿保底收入以上的基本运营成本（主要是管理费、维修费等，不含折旧、摊销、利息等）。这种定价并不意味着是固定回报，而只是预期的保底收入，并且还存在经营成本、业绩、绩效付费等风险因素。

当实际需求量 < 基本需求量时，政府按基本需求量结算，即：项目公司收入 = 基本需求量（或保底量）× 单价，其中：需求量差额部分收入来自于财政补贴，是项目的潜在支出责任。

在实际需求量 > 基本需求量时，有以下几类常见的成本补偿方式：

方式一：项目公司收入 = 基本需求量（或保底量）× 单价 +（真实需求量 − 基本需求量）× 变动成本（或基本运营成本）；

方式二：项目公司收入 = 基本需求量（或保底量）× 单价 +（真实需求量 − 基本需求量）× 变动成本 ×（1 + 利润率）。

譬如，污水处理厂可以在设定基准收益率或内部收益率为 5.5% 的时候，测算出基本水量（保底水量），确保项目的可融资性以及对社会资本的吸引力；同时，在保底基础上，给予变动成本的收益补偿，而不是给予资本性投入回报，从而适当降低政府财政负担。

（2）"收益共享"的结构化定价。

在基本收益率保底基础上，找出项目收益中的敏感性因素，以这些敏感性因素为参数进行分段式、组合式收益安排。需要说明的是，不能拿内部收益率 IRR 自身来量化过程中的收益安排。通常，结构化收益安排要体现"托底限高"思维、实现激励相容。预期项目收益率较低时，项目公司分享全部或大部分收益，但预期收益率较高（如 12%）时，政府分享大部分收益或获得全部超额收益。

方式一：最常见的就是以市场需求量等敏感性因素为参数进行收益结构安排。结合市场需求，在不同市场需求区间范围内，项目公司或政府进行收益分成。一般情况下，需求量低时，收益全部或大部分归项目公司；在需求量达到乐观水平、收益率达到行业平均水平（如 8%），政府开始分享或较多分享额外收益；在需求量超过一定区间，超额收益归政府大部分或全部拥有。

方式二：以当年利润指标为基准，如总投资利润率 ROI（息税前利润/总投资）、资本金利润率 ROE（税后利润/资本金）。如当年资本金利润率 ROE 低于 8% 时，社会资本或项目公司独享收益，在 8%～12% 之间的利润部分，由政府与社会资本按5:5分享，12%以上的利润部分全部由政府分享。

　　方式三：在以可用性回报率为基准保底基础上，对不确定性收入进行分成。项目市场不确定性较大，或经营收入偏低，可以假定为公益性项目进行基本收益保障，在此基础上对经营收益进行分成安排。如项目公司与政府按2:8分享，政府方获得收益冲抵政府付费。

　　方式四：在政府不承诺最低需求或不保底基础上，政府只分享超额收益（以利润率、需求量等为基准核算），或给予一定年限额度补贴、不参与分红等。

　　（3）基准利润率控制的弹性定价。

　　采取"基准利润率"作为控制性指标来约定财政补贴额，并不意味着补贴固定。随着需求的不确定性，每年的补贴额也随着变化，收益率水平可能相对稳定或者不稳定。其中主要包括两类控制指标。

　　①资本金利润率：资本金×利润率（如10%）。

　　如经营亏损，财政补贴＝资本金×利润率（如10%）＋经营亏损额。

　　如经营盈利，且资本金×利润率＞经营盈利额，则财政补贴＝资本金×利润率（如10%）－经营盈利额。

　　如经营盈利，但资本金×利润率＜经营盈利额，则财政补贴＝资本金×利润率（如10%）－经营盈利额＜0，即超额利润政府独享，或分享。

　　②总投资利润率：投资额×利润率（如6%），测算方式如上。

　　按照基准利润率来进行补贴，则需要对成本进行审计，对项目公司经营业绩进行考核，避免"旱涝保收"、固定回报，缺乏激励机制。

　　（4）按财金〔2015〕21号文公式计算补贴。

　　当年运营补贴支出数额＝项目全部建设成本×(1＋合理利润率)×(1＋年度折现率)^n/财政运营补贴周期（年）＋年度运营成本×(1＋合理利润率)－当年使用者付费数额

　　市场不确定性大，会导致财政补贴测算非常困难，该公式可有效规避这一难题，相对快捷、简便地借助已有可研等数据计算补贴金额。但是，如果僵化套用公式计算，存在很多弊端：

　　①当期静态利润与动态参数结合，利润率取值与最终的项目公司利润率可能不一致，项目回报难以反映，还是需要测算内部收益率（IRR）来确定折现率、利润率等参数是否取值恰当；

　　②容易形成项目的固定回报，造成反向激励，缺乏经营风险分担与激励机制；

　　③财政承受能力测算可能不准确，无法预测财政潜在支付责任、有效控制财政支出风险；

　　④计算方式看似灵活、实则僵化，可能对市场波动性幅度大、现金流极不规

则的项目不适用，如亏损与盈利波动性大、出现交叉情形等，可能造成过度财政补贴，或无法分享超额收益等。

综上，政府、社会资本可以结合地方财力、项目需求风险等，协商采用多种方式来确定补贴。同样的内部收益率 IRR，也可以采用多种付费方式，比如等额本息方式、只补前几年运营期、前少后多补贴方式等，也可以结合利润率、需求量等敏感性因素等进行结构化定价。总体看，PPP 项目定价应充分体现风险共担、激励相容机制，设定相对公平、合理的收益结构及支付方式，保障社会资本获得合理回报。

4. PPP 项目收益结构与定价方式小结

PPP 项目核心是高效率提供公共产品，不能搞固定回报、政府也不能无限兜底，要注重构建"风险共担、利益共享、激励相容"机制，其中收益结构安排与定价机制至关重要。科学的定价机制有助于"收益-风险"均衡与有效安排，真正实现"盈利不暴利"、提质增效，并让社会资本方获得合理回报。

但是，定价在具体实践过程中，存在一些混淆和难点。一方面涉及诸多核心价格标的问题，如回报率、利润率、折现率、收益率等各种比率，以及可用性服务费、运维绩效服务费、政府付费、可行性缺口补助等绝对补贴额等。另外一方面，市场需求难以预测、不确定性大，导致定价的准确性、合理性存疑。

由于 PPP 项目所在区域发展与项目特性的差异、财务假定的复杂性，相互之间往往缺乏参照性、可比性，故宜将内部收益率（IRR）作为核心的财务指标进行统一度量、权衡，但应避免将内部收益率（IRR）作为一个过程变量进行调整。可将各类比率参数（回报率、利润率、折现率等）、补贴额等作为回报的竞争标的，同时将内部收益率（IRR）作为核心的控制性指标，并且必须建立起联动调整机制、有效的风险分担机制。对公益性项目，则要注重运营维护安排，可用性服务费要与整体产出绩效的挂钩性，避免出现类固定回报。此外，在深入研究（准）经营性项目的市场需求、成本、价格等因素后，从成本或收益等角度进行结构化、激励性定价，可将内部收益率（IRR）与需求量、ROE（资本金利润率）等综合搭配使用，避免出现旱涝保收、反向激励、超额收益等问题。

（三）PPP 项目的调价机制

政府应根据不同的制度环境、风险和监管目标，采取不同的定价方式，同时，还要设立动态调节、调价机制。对于经营性项目或准经营性项目而言，长达十几甚至几十年，要求任何一方准确预测和独立承担合作期内所有的风险都是不现实、也是不公平的，任何一方也没有完全控制风险的能力。由于基础设施项目的投资额大、运营周期长，项目成本和收益在这一过程中受到许多风险因素（如通货膨胀、汇率、市场需求、原材料/燃料价格变化等）的影响甚至重大影响。因此，除了应关注起始收费高低，还应设计动态调节/调价机制（区别对待固定成本和变动成本）以降低风险，甚至设立重新谈判触发机制。调价机制一般按照预先约定的不同时间间隔或一定触发条件下实施，不同的价格组成成分还可以采用不同的调价规则，例如，汇率变化调整机制对应于价格中与汇率相关的部分，原材料/燃料成本变动调整机制对应于价格中与原材料/燃料相关部分。

一般而言，希望一种资费或资费结构在整个 PPP 项目周期内一成不变是不现实的。因此，有必要确定资费调整的可行规则，为此需要考虑以下方面因素：

（1）引发或推动价格调整的因素，如原材料价格变化、通货膨胀以及汇率波动。

（2）调整机制，包括成本加成和价格上限管制。

（3）调整频率，包括成本转嫁、资费指数化、资费重置以及特别资费调整。

政府可在采购文件中明确调价机制安排，对项目公司提出的调价要求进行财务测算与价格评估。在合同中建立合理有效的调节/调价机制，以保证政府和企业之间的长期动态公平。

需求不确定情形下，定价往往是复合型、结构化定价，方能确保 PPP 项目能较好地实现盈利不暴利。通常定价是量、价结合，进行综合性、结构化定价，根据项目特性有时需要结合需求建立分段的利益共享或超额收益封顶限制机制。

（四）PPP 项目的风险与决策管理

1. 财务建模宜和交易结构设计、风险分配、合同约定结合

财务建模应结合交易结构设计、风险分配、合同约定等合理确定边界条件，反过来，不断优化风险分配、合同约定。例如，在测算过程中综合考虑项目全生命周期内的成本核算范围和成本变动因素，设定合理的项目基准成本，项目收入基准以外的运营风险由项目公司承担。再如，对于一些市场不确定大的因素，则需要采取合理的结构化定价、合理分担机制，以确保项目可融资性、财务测算的合理性，一方面参照现有的预测量设定最低需求或超额收益分成等财务建模的初步假设条件，另外一方面需要结合财务模型设定的基准收益率进行逆推确定的合理比例或分界点，以保障其利益、激发其提高效率的动力。此外，对于财务建模无法反映或量度的风险或无法预测的敏感性因素，应在合同中设定相应的基本原则、触发机制和再谈判机制。

财务模型通过模拟项目在不同情形下的预期财务状况，反映了风险的不同假设，为决策者提供项目结构和运营环境，包括不同费率（价格）、补贴水平或不同覆盖目标等方面的信息。事实上，项目在决策过程中，会面临众多因素同时产生作用和影响的情况。情景分析是对不同情况下投资项目的效益状况的分析。一

般来说情景分析至少要分析三种情况：基本情况（正常情形）、最佳状况（乐观情形）和最差状况（悲观情形）。通过预测各种情景的多种因素叠加后，考察项目收益率 IRR 变化，可以得出项目抗风险能力，一个多因素分析的案例见表 4-13。该例子表明，即使在悲观情境下（多个因素发生不利影响），内部收益率 IRR 为 5%，仍高于银行中长期贷款利率 4.9%，说明该项目抗风险能力非常强，投资经济性强、可行性高。

表 4-13　　　　项目在不同情景下的收益率（一个例子）

变量	悲观 IRR = 5%	正常 IRR = 9%	乐观 IRR = 13%
市场需求变化	-10%	0	+10%
售价变化	-5%	0	+5%
经营成本变化	+5%	0	-5%
投资变化	+5%	0	-5%

2. 财务测算应贯穿在项目全生命周期的风险管控和决策中

通过财务模型做各种不确定性的量化分析，有助于识别、防范、应对主要风险，并为决策提供有力的支撑。PPP 项目运作周期长，不确定性因素较多，必须抓住主要的风险进行管控，并在此基础上做出决策和积极的应对行为。尤其是要针对敏感因素、关键风险因子等制定出管理和应变对策，可尽量降低风险、增加决策可靠性及科学性。

对待评估风险变量进行敏感性分析，输入该风险变量所有可能的取值，计算相应的财务评价指标值；或者对不同风险进行组合，进行情景分析，计算在不同情景下的财务评价指标值；结合模拟计算出的财务评价指标和敏感性分析/情景分析结果，就可得出该风险对项目影响的量化结果。财务模型可以模拟施工成本超支、经营成本变动、预期需求变化、通货膨胀和利率变化情况，进而找出敏感性因素、风险控制点。例如，采购时项目的投资额与后期投资通常会发生变化，这就需要结合项目基准成本和财务内部收益率，参照工程竣工决算合理调整项目的补贴或收费基准。此外，对于发生纠纷或争议时，也可根据财务模型，对重大变更的边界条件进行调整测算，以此确定调价或补偿额，双方进行协商、谈判。

通过财务模型有助于社会资本持续优化经营、开展持续金融业务。企业结合自身战略，出于提高流动性、降低风险、提高利润率等目的，可以结合项目现金流、利润情况进行再融资、资本运作或资产证券化。财务模型应贯穿于 PPP 全过程，不断评估不同情景下的各个要素影响，并更新或矫正关于项目的决策。

第五章

PPP 项目的采购

PPP 是基础设施、公共服务领域引入社会资本提供公共服务的新方式，PPP 项目的采购行为具有一定的特殊性，与以往的实体工程或外包服务采购存在较大区别。目前，很大一部分社会资本本身又是施工方，同时，可能形成较复杂的联合体形式，导致 PPP 采购相对比较复杂。一般而言，PPP 项目的绩效很大程度上取决于社会资本的运营能力、市场竞争，竞争越激烈、信息越充分，提高效率的努力程度就越高。PPP 项目采购既要让社会资本公平、公正参与，又要让政府合法合规选择适宜的合作者。本章主要就采购中的一些难点问题、流程以及采购评分体系作分析与介绍。

第一节 PPP 项目采购面临的部分难点

一、PPP 采购适用法律与采购方式

（一）PPP 采购适用的法律

目前，采购相关的法规包括《中华人民共和国政府采购法》、《中华人民共和国招标投标法》、《政府和社会资本合作项目政府采购管理办法》、《政府采购竞争性磋商采购方式管理暂行办法》、《中华人民共和国招标投标法实施条例》等。

实际上，PPP 项目采购与以往传统采购的货物、工程、服务有较大差别，PPP 是一种综合性、特殊性采购。PPP 强调的是项目全生命周期管理，通常，PPP 包括投融资、建设、运营、维护等，其实质是社会资本参与公共服务的供

给,而不仅仅是提供资产本身。PPP 是政府从公共服务的"生产者"转为"提供者"而进行的特殊采购活动。PPP 项目在实施过程中,尽管也可能涉及工程,但最终仍以产出及绩效考核为付费标准,核心是公共服务的供给质量和效率。

故此,PPP 属于服务类政府采购范畴,应将 PPP 项目选择合作者的过程纳入政府采购管理,依照《中华人民共和国政府采购法》等有关法律规定选择社会资本合作方。将 PPP 纳入政府采购管理,将更加有利于 PPP 项目发挥公共性作用以及财政绩效监管。但与此相关的工程采购行为,可作为政府采购的一部分,合并在政府采购过程中。

(二)PPP 项目的采购方式

PPP 项目的采购方式包括公开招标、邀请招标、竞争性谈判、竞争性磋商和单一来源采购等几种方式。政府或其项目实施机构应当根据 PPP 项目的采购需求特点,选择适当的采购方式,相关适用条件见表 5-1:

表 5-1　　　　　　　　PPP 项目采购方式及适用条件

采购方式	适用条件
公开招标	公开招标主要适用于核心边界条件和技术经济参数明确、完整、符合国家法律法规和政府采购政策,且采购中不作更改的项目
邀请招标	(1) 具有特殊性,只能从优先范围的供应商处采购的
	(2) 采用公开招标方式的费用占政府采购项目总价值的比例过大的
竞争性谈判	(1) 招标后没有供应商投标或者没有合格标的或者重新招标未能成立的
	(2) 技术复杂或者性质特殊,不能确定详细规格或者具体要求的
	(3) 采用招标所需时间不能满足用户紧急需要的
	(4) 不能事先计算出价格总额的
竞争性磋商	(1) 政府购买服务项目
	(2) 技术复杂或者性质特殊,不能确定详细规格或者具体要求的
	(3) 因艺术品采购、专利、专有技术或者服务的时间、数量事先不能确定等原因不能事先计算出价格总额的
	(4) 市场竞争不充分的科研项目,以及需要扶持的科技成果转化项目
	(5) 按照招标投标法及其实施条例必须进行招标的工程建设项目以外的工程建设项目

续表

采购方式	适用条件
单一来源采购	（1）只能从唯一供应商处采购的
	（2）发生了不可预见的紧急情况不能从其他供应商处采购的
	（3）必须保证原有采购项目一致性或者服务配套的要求，需要继续从原供应商处添购，且添购资金总额不超过原合同采购金额10%的

PPP项目一般都会超过公开招标的限额标准，如因情况特殊需采取公开招标以外的非招标方式，应当在采购开始前报相关部门审批；如需采取单一来源方式，在审批前要组织专家进行单一来源论证，并进行公示。

一般来说，PPP项目方案在完成识别、准备工作后，就已经拟定了采购方式，可按照实施方案中批准的方式组织采购。在PPP推进过程中，采用最多的采购方式是公开招标、竞争性磋商两种，两者各有利弊。

对公开招标而言，开标后，招标人无权对采购文件进行修改，且确定中标人后，双方不得就合同的主要内容、实质性条款再进行协商谈判，还需按规定的内容签署相关协议书，整个招标过程过于刻板、严格。但是，对于实施时间长达几十年的PPP项目而言，如果没有给双方足够的协商空间、充分沟通和磋商是很难达成共识的，或者当事人的意思表示真实未知，中标的社会资本作为合作伙伴提供公共服务未必是最适合的。显然，公开招标方式更适合工程采购这一类传统模式。

竞争性磋商采购方式是财政部首次依法创新的采购方式，核心内容是"先明确采购需求、后竞争报价"的两阶段采购模式，倡导"物有所值"的价值目标。竞争性磋商和竞争性谈判两种采购方式在流程设计和规则上既有联系又有区别：在"明确采购需求"阶段，两者关于采购程序、供应商来源方式、磋商或谈判公告要求、响应文件要求、磋商或谈判小组组成等方面的要求基本一致；在"竞争报价"阶段，竞争性磋商采用了类似公开招标的"综合评分法"，区别于竞争性谈判的"最低价成交"。

在PPP推进过程中，很多地方对于竞争性磋商方式要么滥用，要么不敢采用。竞争性磋商的适用条件的确存在一定限制，很多地方担心这种方式可能还需要工程二次招标，或担心外界质疑采购不公平等问题，不敢采取竞争性磋商方式。相反，有一些地方则滥用，将竞争性磋商方式视同走过场，具有明显的排他性。故此，这就需要在法律法规、政策上进一步解决这些问题，在PPP模式中倡导合理的采取竞争性磋商方式，但应注重公开、公正、公平的开展。

（三）工程二次招标（两标合一标）

目前，很多PPP项目的投资人均具有施工资质，大都希望采取"PPP+

EPC"方式，即将采购社会资本和采购工程总包放在一起（"两标合一标"），在投资的同时，获得工程业务、赚取工程利润。但由于采购方式的差异、联合体等因素，往往会产生工程要不要等项目公司设立后再次招标（即二次招标）等问题。

1. 竞争性采购方式与二次招标

如果PPP项目的社会资本是通过公开采购方式选择确定的，但社会资本不具备相应施工资质条件和要求，不能够自行建设、生产和提供的，这样的工程建设项目应通过再次公开采购方式确定项目施工单位。但是，如果社会资本具有相应的施工资质，是否可以一次性将投资人、工程总包合并采购呢？政府采购法对工程招标问题规定不明确，如果PPP采购同样适用招投标法，招投标法明确规定公开招标方式不用二次招标。根据《招标投标法实施条例》第九条规定，如果已通过招标方式选定的特许经营项目投资人依法能够自行建设、生产或提供的，可以不进行招标。即投资人是通过招标方式选定的，且其具备相应的施工资质，可以不进行招标，而直接由项目公司和社会资本（施工方、股东）直接签署工程建设合同、设备采购合同等。

但是，非公开招标方式（如竞争性谈判、竞争性磋商等）采购社会资本，工程是不是要二次招标呢？非招标采购方式，是指竞争性谈判、单一来源采购、询价采购、竞争性磋商等方式。实际上，非招标方式与招标方式都是竞争性采购方式，允许公开招标方式合并采购，则非招标方式合并采购理论上也是可行的。从资质准入审查的角度讲，政府在通过竞争性方式采购PPP社会资本的过程中，通过社会资本的资质等文件审查已达到了监管目的。只要在公开采购（含非招标采购方式）在公平、公正的环境下开展，只要考察了相关资质，并设定了相应的评价标准，有资质的投资人自行完成施工并未违背立法本意。

故而，只要是采取竞争性采购方式，依法选择社会资本合作方时已根据合作项目需求设置相关条件，对社会资本合作方自行建设、生产和运营合作项目的能力和资质予以全面考察的，已约定工程造价、投资额认定标准，选定社会资本合作方后，可不再进行政府采购和招标。

2. 联合体成员的施工方

目前，联合体已成为PPP市场上的一个趋势，即财务投资者、运营商、大型建筑施工企业等组成联合体作为合作伙伴，各方签订联合体协议，共同参与PPP项目。能否允许承包商与其他社会投资人组成联合体参与PPP项目时，将工程一并加以采购呢？

从PPP推进的发展趋势看，联合体方式恰恰弥补了单一投资人能力方面的短板，联合体可以有效整合资源、发挥协同效应，是值得鼓励的社会资本形式。联合体形式，与身兼投资、施工的单一社会资本相比，并无本质性差别，可能还具有一定的比较优势。只要采购文件允许联合体的方式作为社会资本，即可视为联合体成员如具备法定施工资质条件和要求的，可不将工程再次招标，联合体中的施工企业可直接与项目公司签订工程施工合同。

综上，不论是单一社会资本还是联合体方式参与PPP，只要通过公开方式选定社会资本合作方的，且只要社会资本方有相应资质、依法能够自行建设、生产或者提供服务的，均可以不再进行工程招标。

二、与采购相关的一些问题

（一）概算或预算下浮率及实际投资额认定

按传统基本建设程序，项目的竣工结算都通过政府审计确定。对于PPP项目而言，审计的依据是采购过程中社会资本相应的工程报价（下浮率，如有）以及工程设计等造价文件。由于部分PPP项目前期工作不充分、不深入，普遍存在可行性研究报告只注重可批性、走程序，存在较多错漏等问题，其估算并不准确。项目在采购时，可能还没有进入初步设计（概算）、施工图（预算）阶段，导致最终项目设计可能发生变更、投资规模也会发生变化。

对于涉及政府付费、财政补贴的项目，且与投资额紧密相关的项目，应严格控制投资成本。但由于前期工作深度不够，工程不确定性较大，需要合理确定工程造价下浮、实际投资额认定规则。通常，涉及工程总包时，以概算或预算价为基准报下浮率，有些PPP项目工程造价不下浮或下浮较少。最终工程结算值以当时的合同约定为依据，以财政投资评审或审计部门审计认定的结果为准。如社会资本方对审计结论有异议，可以委托有资质的中介机构进行核对，其委托费用由社会资本方承担。

如以施工图预算为基准报价，实际投资额认定的约定如下（具体项目可灵活参照）：

第一，未招标且由社会资本方实施的工程的第一部分建筑安装工程费乘以（1-社会资本在投标文件中填报的下浮系数）为基准作为建安费的包干费用。

第二，未招标且由社会资本方实施的工程的第二部分设备及工具、器具购置费乘以（1-社会资本在投标文件中填报的下浮系数）为基准作为第二部分费用的包干费用。

第三，第三部分工程建设其他费用（含征地拆迁等）以实际发生计算。

第四，已招标的施工工程，按工程结算的实际价格进入建设成本。

第五，工程变更导致成本变化，按如下执行：

（1）设计变更管理。在交工日前的任何时候，政府有权对已经批准的设计方案进行适当的修改，项目公司必须执行；在建设过程中若发生任何设计变更，均应报政府审批。由变更引起的费用变化按下述原则执行：

①重大设计变更及较大设计变更引起的费用增加，由政府按照批复的施工图预算单项费用及社会资本填报的下浮比例进行核算，计入项目成本，由政府承担相关费用；重大设计变更及较大设计变更引起的费用降低，由政府按照批复的施工图预算单项费用及社会资本填报的下浮比例进行核算，在实际成本认定时扣减相关费用。

②一般设计变更引起的费用增减均由社会资本方承担，实际成本认定时不予考虑。

（2）主要材料价格调整。施工图设计以内的主要材料价格在建设期间由当地工程造价管理站公布的信息为准。其中：

①主材价格相对于材料基期价格涨跌幅度在 10% 及以内时，由社会资本自行承担；

②主材价格相对于材料基期价格涨幅超过 10%（不含 10%）时，超出部分计入项目成本，由政府承担相关费用。

③主材价格相对于材料基期价格跌幅超过 10%（不含 10%）时，超出部分从项目成本中扣减。

价格调整以工程造价管理站发布的材料信息价的年度平均值为准，按社会资本当年实际完成工程对应施工图设计中工程量为依据，每年调整一次，过期不予受理。社会资本承担施工部分的价格调整材料按施工图设计的总量进行包干。材料基期价格以项目施工图预算批复的材料价格为准。

以上造价和投资额认定的约定是基于非固定总价合同角度，在实施过程中，双方可以根据项目特点、风险分担规则，灵活约定具体的认定规则。PPP 项目需要在合同中约定项目实际投资的认定方法，以及项目投资发生节约或出现超支时的处理方法，并视需要设定相应的激励机制。

（二）政府付费调整

PPP 项目不仅强调的是造价控制问题，更注重的是产出和绩效。故此，工程承包具体工程下浮率根据行业工程利润、项目特点确定，可以下浮、也可以不下浮。如果不下浮，则需统筹考虑项目特性或总体收益率水平。对于政府付费、补贴类的项目而言，工程费用的下浮率通常为 3%~10%（不同区域、项目有差别），一般比传统的工程招标下浮要少。当工程竣工结算且经审计认定后，则需要重新调整采购时约定的财政补贴或政府付费。

以公益性项目为例，计算可用性服务费调整的一般规则如下：可用性服务费总额＝可用性服务费额（采购中标价）×（经审计认定后的项目全部建设成本÷响应文件中的项目全部建设成本）。

如采取其他竞价的标的，如收益率等指标，则应根据财务模型做相应的政府付费或补贴的调整。

总体上而言，很多PPP项目前期工作不深入，投资额通常会发生较大变化，这就需要结合项目特点，在合同中明确约定，通过政府审计确定最终投资额，并按约定调整政府付费或补贴方式，以应对实施过程中的变化，保障各方权益。

（三）土地获取

1. 关于PPP用地的方式

（1）划拨。根据《城市房地产管理法》对划拨的定义，土地使用权划拨包括土地使用者缴纳补偿、安置等费用后取得划拨土地使用权（相对无偿）以及无偿取得土地使用权两种情形，相关规定如下：

《土地管理法》第五十四条："下列建设用地，经县级以上人民政府批准，可以以划拨方式取得：城市基础设施用地和公益事业用地；国家重点扶持的能源、交通、水利等基础设施用地"。《划拨用地目录》第二条："符合本目录的建设用地项目，由建设单位提出申请，经有批准权的人民政府批准，方可以划拨方式提供土地使用权：城市基础设施用地，非营利性邮政设施用地，非营利性教育设施用地，公益性科研机构用地，非营利性体育设施用地，非营利性公共文化设施用地，非营利性医疗卫生设施用地，非营利性社会福利设施用地……"

目前，总体趋势是国家扩大国有土地有偿使用范围，减少非公益性用地划拨。除军事、保障性住房和涉及国家安全和公共秩序的特殊用地可以以划拨方式供应外，国家机关办公和交通、能源、水利等基础设施（产业）、城市基础设施以及各类社会事业用地中的经营性用地，实行有偿使用。基础设施和公益事业建设项目通过划拨形式取得的土地使用权难度也在逐步加大。

（2）出让。土地使用权出让的方式有招标、拍卖、挂牌和协议出让四种。目前经营性用地以"招拍挂"出让为主，协议出让为辅。以"招拍挂"方式出让土地使用权的主要操作依据有《招标拍卖挂牌出让国有建设用地使用权规定》（国土资源部令第39号）《招标拍卖挂牌出让国有土地使用权规范（试行）》《关于落实工业用地招标拍卖挂牌出让制度有关问题的通知》（国土资发〔2007〕78号）和《国土资源部监察部关于进一步落实工业用地出让制度的通知》（国土资发〔2009〕101号）等。根据上述规定，应当采用"招拍挂"出让的土地类型包括工业（包括仓储用地，但不包括采矿用地）、商业、旅游、娱乐和商品住宅等经营性用地以及同一宗地有两个以上意向用地者的情况。

除根据相关规定应当采用"招拍挂"外的土地出让，方可采取协议方式。目前规范协议出让的主要规定有《协议出让国有土地使用权规定》（国土资源部令第21号）和《协议出让国有土地使用权规范（试行）》（国土资发〔2006〕第114号）（以下简称"114号规范"）。可采取协议方式的情形主要包括：①供应商业、旅游、娱乐和商品住宅等各类经营性用地以外用途的土地，其供地计划公布后同一宗地只有一个意向用地者的；②原划拨、承租土地使用权人申请办理协议出让，经依法批准的，但《国有土地划拨决定书》、《国有土地租赁合同》、法律、法规、行政规定等明确应当收回土地使用权重新公开出让的除外；③划拨土地使用权转让申请办理协议出让，经依法批准的，但《国有土地划拨决定书》、法律、法规、行政规定等明确应当收回土地使用权重新公开出让的除外；④出让土地使用权人申请续期，经审查准予续期的。

即使是协议方式出让土地，如果产生两个或两个以上意向用地者的，则根据《协议出让国有土地使用权规定》，依然需要采取"招拍挂"的方式进行出让。

（3）国有土地租赁。国有土地租赁是指国家将国有土地出租给使用者使用，双方签订土地租赁合同，并由承租人支付租金并取得承租土地使用权。现行规定对租赁的范围进行了严格限制，将租赁定位为出让的补充，国有土地租赁可采用"招拍挂"或协议方式进行。相关规定如下：

《国土资源部关于印发〈规范国有土地租赁若干意见〉的通知》（国土资发〔1992〕222号）第一条："对因发生土地转让、场地出租、企业改制和改变土地用途后依法应当有偿使用的，可以实行租赁。对于新增建设用地，重点仍应是推行和完善国有土地出让，租赁只作为出让的补充。对于经营性房地产开发用地，无论是利用原有建设用地，还是利用新增建设用地，都必须实行出让，不实行租赁"；第六条："承租人在按规定支付土地租金并完成开发建设后，经土地行政主管部门同意或根据租赁合同约定，可将承租土地使用权转租、转让或抵押"、"在使用年限内，承租人有优先受让权，租赁土地在办理出让手续后，终止租赁关系"。

（4）作价出资或入股。根据现有法律法规，将国有土地使用权直接作价出资入股。《国有企业改革中划拨土地使用权管理暂行规定》："本规定所称国家以土地使用权作价出资（入股），是指国家以一定年期的国有土地使用权作价，作为出资投入改组后的新设企业，该土地使用权由新设企业持有，可以依照土地管理法律、法规关于出让土地使用权的规定转让、出租、抵押。土地使用权作价出资（入股）形成的国家股股权，按照国有资产投资主体由有批准权的人民政府土地管理部门委托有资格的国有股持股单位统一持有"。

《关于改革土地估价结果确认和土地资产处置审批办法的通知》（国土资发

〔2001〕44号）："对于省级以上人民政府批准实行授权经营或国家控股公司试点的企业，方可采用授权经营或国家作价出资（入股）方式配置土地"。

2. 存在的问题

由于PPP项目除了划拨用地相对容易处理外，土地资源的对价补偿或经营性用地开发等行为将造成项目的程序、实体的合法合规性等问题。经营性土地使用权必须通过招标、拍卖、挂牌等方式获取，同时，协议出让有明确的程序性规定，协议出让方式控制较严格。

以上经营性用地获取程序与PPP项目采购程序、实际运作存在错位，导致难以有效衔接。PPP项目先通过公开竞争的方式完成投资人的遴选程序，然后由社会资本或其项目公司通过公开竞价方式获得土地使用权进行开发，但是，土地的价格、可获得性均具有较大不确定性。如果两者分离，则难以实现PPP的目的；如果强行授予，又存在法律瑕疵。

3. 建议

PPP项目用地应当符合土地利用总体规划和年度计划，依法办理建设用地审批手续。相关保障和建议如下：

（1）合理安排PPP项目建设用地指标。在符合当地土地利用总体规划前提下，把各类PPP项目用地纳入土地利用年度计划和年度建设用地供应计划，并落实到具体地块，经本级政府批准后公布实施，确保PPP项目所需建设用地。政府做好PPP项目用地的储备，可安排一定数量的储备土地用于PPP项目建设。

（2）切实保障PPP项目建设用地。采取有效措施，多渠道保障PPP项目用地。一是积极挖掘用地潜力，将批而未用土地和闲置土地优先安排用于PPP项目建设，对使用存量建设用地的PPP项目，优先予以办理供地手续。二是科学安排新增用地，统筹解决PPP项目建设用地，允许在办理农转用和土地征收手续时单独组卷报批。三是对已经供应的建设用地，经有权机关审批，允许改变用途用于PPP项目建设，以增加PPP项目用地的供应。四是乡（镇）村兴办的公益性PPP项目，经依法批准可以使用集体所有的土地；涉及使用农用地，允许办理只转不征的农用地转用审批手续。

（3）采取灵活、多种方式供应PPP项目建设用地。各地可采取划拨、出让、作价入股等多种方式供应土地，保障项目建设用地。对符合《划拨用地目录》的项目，可按划拨方式供地。建成的项目经依法批准可以抵押，土地使用权性质不变，待合同经营期满后，连同公共设施一并移交政府；实现抵押权后改变用地性质应该以有偿方式取得土地使用权的，应依法办理土地有偿使用手续。

不符合《划拨用地目录》的项目，可以采取出让或租赁方式供地；不符合《划拨用地目录》的，除公共租赁住房和政府投资建设不以营利为目的、具有公益性质的农产品批发市场用地可以作价出资方式供应外，其余土地均应以出让或租赁方式供应，及时足额收取土地有偿使用收入。同一宗 PPP 项目用地有两个或两个以上意向用地者的，采取招标、拍卖方式进行出让或租赁供地。以租赁方式取得土地使用权的，租金收入参照土地出让收入纳入政府性基金预算管理。以作价出资或者入股方式取得土地使用权的，政府作为出资人，制定作价出资或者入股方案，经政府批准后实施。对采取招标、拍卖或挂牌方式出让 PPP 项目建设用地的，可通过双向竞价、带宗地规划方案、综合评标等多种方式出让建设用地使用权，以合理控制地价水平。在程序上，可将土地使用权的"招拍挂"出让或租赁工作，与 PPP 项目的社会资本采购同步进行。

此外，也可以采取由政府方出资代表（通常为地方融资平台公司）以划拨方式取得国有土地使用权，待项目公司设立时，由政府方出资代表通过无偿使用（非划拨）或无偿租赁等形式将土地使用权提供给社会资本（项目公司）使用；或政府方出资代表以其所拥有的国有土地使用权作价出资入股，实现项目公司取得该国有土地使用权的目的，规避"招拍挂"程序的不确定性。但是，原则上应将经营性土地进行评估或对 PPP 项目方案进行整体论证，且尽可能通过竞争性招标或采购方式，将 PPP 项目的社会资本方和土地出让工作同步进行。

总体上看，需要以招标拍卖挂牌方式供应土地使用权的宗地或地块，在国土资源主管部门编制供地方案、签订宗地出让（出租）合同、开展用地供后监管的前提下，可将项目投资方和用地者的环节合并实施。在实施建设用地供应时，不得直接以 PPP 项目为单位打包或成片供应土地，应当依据区域控制性详细规划确定的各宗地范围、用途和规划建设条件，分别确定各宗地的供应方式。此外，PPP 项目不得借未供应的土地进行融资；PPP 项目的资金来源与未来收益及清偿责任，不得与土地出让收入挂钩。

（四）社会资本联合体

从当前 PPP 的发展来看，投融资实力、运营能力是制约 PPP 落地及健康持续发展的短板，故应结合具体行业特性，适当鼓励社会资本以联合体方式参与 PPP 项目。

一般情况下，投资人联合体不是法人组织，亦非合伙企业，不需要到工商部门登记，是一种以联合体协议为基础的合作关系。各成员对外承担连带责任，对内则按照联合体协议约定承担责任。《招标投标法》规定："两个以上法人或者其他组织可以组成一个联合体，以一个投标人的身份共同投标"；《政府采购法》规定："两个以上的自然人、法人或者其他组织可以组成一个联合体，以一个供应商的身份共同参加政府采购"。投资人联合体本身仅是一种合同关系，不是一种法定的商事组织，投资人联合体本身不具有签订合同的法律资格，需共同与招标人签署协议。

参加联合体的供应商应当向采购人提交联合体协议，载明联合体各方承担的工作和义务。联合体各方应当共同与采购人签订采购合同，就采购合同约定的事项对采购人承担连带责任。

关于联合体参与 PPP 项目的常见问题如下：

1. 联合体成员是否入股项目公司

若联合体中标后成立项目公司，项目公司可否由联合体牵头方独资成立，其他成员不参股项目公司？从目前的法律法规及政策看，没有针对此问题的直接规定。如果招标人没有明确要求投资人联合体成员必须对项目公司出资，各成员可以仅按照联合体协议分工的约定承担相应工作即可，而不必一定要对项目公司进行出资。故此，联合体成员是否必须都参股项目公司应属于各方可以自由约定的内容。

但是，从 PPP 项目实践和各地要求看，PPP 项目一般都会要求联合体每个成员都要参股项目，而不仅仅是牵头人。尤其是涉及联合体成员中存在施工企业，拟通过 PPP 直接获得施工总包（不再二次招标）的情形，则从谨慎性原则推定，联合体成员中的施工企业应入股项目公司、承担相应责任，具体入股比例在联合体内自行确定。如联合体中的施工方不参股项目公司，联合体成员挂了名也并无实际意义，与其视同"项目投资人"实质性要件有缺失，也容易导致 PPP 项目工程承包市场的混乱。

故此，除非招标文件或采购文件有明确要求，联合体各成员原则上可自由约定，但存在特定诉求的联合体成员则建议入股项目公司。目前，多数项目采购文件会明确要求明晰联合体各方的出资比例、相互关系、拟承担的工作和责任。

2. 联合体牵头方是否控股与如何进行利益分配

目前 PPP 项目中"运营商＋金融机构"这一类联合体应该是值得鼓励的，运营商在 PPP 中的作用至关重要，但运营商不一定具有资金优势。理论上讲，联合体的牵头方不一定是出资最多的那一方或控股方，运营商可以控股，也可以参股。但是，对于目前很多项目采取"施工方＋基金"等高杠杆运作的联合体时，应注意施工方作为社会资本可能利用工程利润回流方式，实现少出资、甚至不出资时，相应的风险分配、运营绩效、付费条件是否具有约束力，能否实现预期产出目标。

此外，在利益分配上，牵头方负责协调统筹，通常希望额外分得一部分利益，这些内容属于联合体内部事务，需要牵头方与各成员自行协商约定。成员之间可以另行签署服务或管理协议之类，约定其内部利益分配或责任划分。

在实践过程中，政府通常基于项目实施及风险控制角度，出台一些限制性规定，有时会要求联合体的牵头方是控股方，也是可行的，具体情况以采购文件为准。

3. 联合体资质

为防止仅具有较低资质的联合体成员"搭车"高资质联合体成员承接业务的现象，在采购过程中，联合体中具有同类资质的供应商、按照联合体分工承担相同工作的，应当按照资质等级较低的供应商确定资质等级。在采购评审时，由行业里相似专业单位组成的联合体，按照资质等级较低的单位确定资质等级。

4. 联合体数量与稳定性

投资人联合体的数量在两个以上，但没有上限要求，一般要求不超过三个。具体联合体数量由招标人根据项目需要确定，在采购文件中予以明确。

由于联合体自身仅为合同关系，而非法定商事组织，联合体成员如何保持稳定就成为一个特殊的问题。自递交资格预审文件开始，一直到 PPP 项目合同签订，如果有投资人联合体成员因故退出，将会造成投标无效。如有联合体成员在签订项目协议后发生变化，法律没有明确规定的，需要区别对待。对于政府方而言，可以认定 PPP 项目合同仍然有效，追究投资人联合体成员违约连带责任，也可认定联合体根本违约等；对于投资人联合体成员之间，有成员违约退出，均需要按照投资人联合体协议承担违约退出给其他守约成员造成的损失。

（五）国有资产与公共资源

PPP 项目中涉及特许经营权授予或转让的，应由项目实施机构根据特许经营权未来带来的收入状况，参照市场同类标准，通过竞争性程序确定特许经营权的价值，以合理价值折价入股、授予或转让。政府以存量国有资产作为 PPP 项目配套投入，以及对存量资产、股权进行转让时，应遵循公开、公平、公正的原则依法进行资产评估，并作为国有资产在政府综合财务报告中进行反映和管理。

涉及国有资产、公共资源的受让、补偿等，要依法定程序评估价值，合理折价入股或授予转让，切实防止国有资产流失。评估方案随同 PPP 项目实施方案经财政、行业主管部门、国有资产部门等联合评审，报请本级人民政府核准。依据 PPP 项目合同进行的股权回购、国有资产转让、项目公司移交股权或者项目设施等安排，应被视为符合国有资产管理的系列要求。

（六）未中选社会资本的成本

原则上未中选的社会资本的投标成本自行承担。但是，参加采购评审的社会资本所提出的技术方案内容最终被全部或部分采纳，但经采购未中选的，财政部门应会同行业主管部门对其前期投入成本予以合理补偿。

第二节 PPP 项目采购主要流程

PPP 项目采购创新性的设置了强制资格预审，现场考察和答疑，采购结果确认谈判等环节，以保证 PPP 项目采购的成功率以及项目采购的质量和效果。PPP 项目采购流程主要包括 15 个步骤：

1. 开展资格预审

PPP 项目采购应当实行资格预审。项目实施机构应当根据项目需要准备资格预审文件，发布资格预审公告，邀请社会资本和与其合作的金融机构参与资格预审，验证项目能否获得社会资本响应和实现充分竞争。PPP 项目采购不管采取何种方式进行采购，都必须实施资格预审。在一般的政府采购项目中，资格预审并非强制性的前置程序。PPP 的本质是政府购买服务，在 PPP 项目中，政府需要与企业建立长期的合作关系，因而希望通过前置的资格预审程序，由项目实施机构对参与投标的社会资本进行更为严格的筛选和把控，保障后期项目安全运行。在 PPP 项目采购中，通过发布资格预审公告，能够邀请更多的社会资本参与采购，实现充分竞争。PPP 项目采购资格预审包括准备资格预审文件、发布资格预审公告、邀请社会资本参与、进行资格预审、提交资格预审结果报告等环节。

（1）编制资格预审文件。资格预审文件需明确 PPP 项目名称、内容、需求、采购方案以及对社会资本的资格要求、社会资本申请资格预审须知、是否允许联合体参与采购活动、资格预审申请响应文件的格式和编制、提交要求和资格预审程序、办法以及拟确定参与竞争的合格社会资本的办法、标准等。资格预审文件编制完成后，须经项目实施机构审核同意。

（2）发布资格预审公告。资格预审文件经项目实施机构审核同意后，应编写并发布资格预审公告。资格预审公告包括项目授权主体、项目实施机构和项目名称、采购需求、对社会资本资格的要求、社会资本提交资格预审申请文件的地点和截止时间。资格预审公告应在省级及以上财政部门指定的政府采购信息公告媒体上发布。提交资格预审申请文件的时间自公告发布之日起不得少于 15 个工作日。

（3）成立资格预审评审小组。资格预审评审小组负责 PPP 项目采购的资格预审评审工作。资格预审评审小组由项目实施机构代表和评审专家共 5 人以上的单数组成，其中评审专家人数不得少于评审小组成员总数的 2/3。评审专家可在政府采购评审专家库中随机抽取，如专家库专家不足，可由项目实施机构推荐选定，但评审专家中至少应当包含 1 名财务专家和 1 名法律专家。项目实施机构代表不得以评审专家身份参加资格预审的评审。

（4）提交资格预审申请文件。社会资本应当按照资格预审文件的要求，编制资格预审申请文件，并在提交资格预审申请文件截止时间之前，提交书面资格预审申请文件以及能证明其资格、资质的文件资料。提交资格预审申请文件的时间自公告发布之日起不得少于5个工作日。

（5）进行资格预审。资格预审评审小组按照资格预审文件规定的评审办法，对社会资本提交的资格申请文件及证明文件进行审查，判定其是否具备资格。资格预审分为基本资格审查和专业资格审查。其中，基本资格审查主要审查社会资本成立及开展经营活动所具备的资格条件是否合法有效，如法人营业执照等证照是否合法有效；专业资格审查主要审查社会资本是否具有完成项目建设、运营所要求的专业资质条件，以及是否具有完成项目建设、运营所需的能力和业绩等。经过评审，有3家以上社会资本通过资格预审的，可继续开展采购活动。通过资格预审的社会资本不足3家的，应在调整资格预审文件、公告内容后重新组织资格预审。经重新进行资格预审后合格的社会资本仍不够3家的，可以依法变更采购方式。经批准采用竞争性磋商方式的，通过资格预审的社会资本只有两家的，可继续开展采购；只有1家的，则采购应予以终止。经批准采用单一来源方式的，参与竞争的社会资本可以是一家。

（6）编写资格预审结果报告。资格预审结束后，资格预审评审小组应汇总资格预审评审情况，编写资格预审结果报告。资格预审结果报告应说明资格预审的程序、方法，参与申请的社会资本数量、通过资格预审合格的社会资本名单、不合格的社会资本名单及不合格的原因等。评审小组成员应在资格预审结果报告上签字，对预审结果有异议的应在报告上注明；既不签字又不注明的，视为同意资格预审结果。资格预审结果应告知所有参与资格预审的社会资本，并将资格预审的评审报告提交财政部门备案。

2. 编制项目采购文件

资格预审结束后，若通过资格预审的社会资本数量符合规定，则需编制项目采购文件。按照所选择的采购方式，PPP项目采购文件可分为招标文件、竞争性谈判文件、竞争性磋商文件、单一来源采购文件。无论是何种采购文件，其内容一般都应包括采购邀请，项目内容和要求，合同主要条款，竞争者须知，竞争者的资格、资质要求以及应提交的资格、资质、资信及业绩证明文件，竞争者须提交响应文件的格式、内容和编制要求，对采购程序的规定和相关政策依据说明，提交响应文件截止时间、开启时间及地点、保证金交纳的数额和方式及不予退还的情形，项目评审方法、评审标准、确定中标或成交的原则以及具体程序，对签订项目合同的程序和要求等内容。

其中，竞争性磋商的综合评分法中的价格分统一采用低价优先法计算，即满足磋商文件要求且最后报价最低的供应商的价格为磋商基准价，其价格分为满分。其他供应商的价格分统一按照下列公式计算：磋商报价得分 =（磋商基准价/最后磋商报价）×价格权值×100，项目评审过程中，不得去掉最后报价中的最高报价和最低报价。

3. 发布采购公告

采购文件编制完成并经项目实施机构审核、确认同意后，应发布采购公告。与采购方式相对应，PPP项目采购公告也分为招标公告、竞争性谈判公告、竞争性磋商公告、单一来源采购公告等几种形式。PPP项目采购公告与一般项目采购公告的内容大体相同，包括项目基本情况、对竞争者的资格要求和提交响应文件的地点、截止时间以及保证金交纳的方式和账户、联系人和联系方式等。PPP项目采购公告应在省级及以上财政部门指定的政府采购信息发布媒体公开发布。

4. 发售采购文件

对通过资格预审的社会资本，应向其发售或提供采购文件。与采购方式相对应，发售的采购文件可分为招标文件、竞争性谈判文件、竞争性磋商文件、单一来源采购文件等。一般来说，采购文件、采购公告对采购文件的发售时间、地点和售价都有具体规定，相关法律法规以及规范性文件对采购文件的发售也有规定。采购文件提供期限自文件开始发出之日起不得少于5个工作日。

5. 组织现场考察或召开采购答疑会

社会资本在获取采购文件后，可能会就采购文件中的项目方案、采购程序等进行询问，这就要采购代理机构作出解释和澄清。

为了让社会资本充分了解项目方案的内容及要求，采购代理机构应与项目实施机构共同组织社会资本进行现场考察或者召开采购前答疑会，凡是获取了采购文件的社会资本均可受邀参加。在此过程中，采购代理机构或项目实施机构不得单独或者分别组织只有一家社会资本参加的现场考察或答疑会。现场考察或答疑会结束后，应根据现场考察及答疑情况，对项目方案和内容作出调整。若调整的内容涉及项目核心内容，影响社会资本编制响应文件的，则需向社会资本发出对采购文件的书面澄清说明或变更通知。书面澄清说明或变更通知是采购文件的有效组成部分。若书面澄清说明或变更通知发出后距提交响应文件截止时间不足于法定时间的，则应顺延提交响应文件截止时间。

竞争性磋商的澄清或者修改的内容可能影响响应文件编制的，采购人、采购代理机构应当在提交首次响应文件截止时间至少5日前，以书面形式通知所有获取磋商文件的供应商；不足5日的，采购人、采购代理机构应当顺延提交首次响应文件截止时间。其他方式采购应当在投标截止时间至少15日前，以书面形式通知所有获取采购文件的潜在投标人；不足15日的，采购人或者采购代理机构应当顺延提交采购响应文件的截止时间。

6. 成立评审小组

在PPP项目采购阶段应成立评审小组，由评审小组对社会资本提交的响应文件进行评审。与招标、谈判、磋商、单一来源采购方式相对应，评审小组可分为评标委员会、谈判小组、磋商小组、采购小组。评审小组一般应由项目实施机构的代表和评审专家共5人以上的单数组成，其中评审专家不得少于评审小组成员总数的2/3。评审专家一般应在政府采购评审专家库中随机抽取，如专家库中的专家不能满足评审需要时，采购代理机构可会同项目实施机构自行选定，但其中应包括1名法律专家和1名财务专家。项目实施机构代表不得以评审专家的身份出现在评审小组中，采购代理机构工作人员也不得参与项目评审。资格预审阶段的评审小组成员，可作为评审小组成员，参加评审。

7. 接收社会资本提交的响应文件

项目实施机构应当在采购文件中要求社会资本交纳参加采购活动的保证金和履约保证金。社会资本应当以支票、汇票、本票或者金融机构、担保机构出具的保函等非现金形式交纳保证金。参加采购活动的保证金数额不得超过项目预算金额的2%。履约保证金的数额不得超过PPP项目初始投资总额或者资产评估值的10%，无固定资产投资或者投资额不大的服务型PPP项目，履约保证金的数额不得超过平均6个月服务收入额。

社会资本参加PPP项目采购，须按照采购文件规定的格式和要求编制响应文件。根据采购方式的不同，社会资本需对应编制投标文件、谈判响应文件、磋商响应文件、单一来源采购响应文件，并在提交响应文件截止时间前向提交。

从磋商文件发出之日起至供应商提交首次响应文件截止之日止不得少于10日。货物和服务项目实行招标方式采购的，自招标文件开始发出之日起至投标人提交投标文件截止之日止，不得少于20日。

采购代理机构应在采购公告、采购文件规定的时间和地点，安排专人负责接收社会资本递交的响应文件。社会资本提交响应文件时，须提交资格证明文件及要求提交的其他相关文件；凡未与响应文件一并提交的文件资料，在采购评审时不得作为评审依据。

8. 举行开标仪式或召开采购会

应在采购公告、采购文件规定的时间和地点举行开标仪式。如采取谈判、磋商等方式的，则应举行谈判、磋商采购会。开标仪式或谈判、磋商采购会由采购代理机构主持，项目实施机构应派代表出席并在开标会上介绍项目情况；提交了响应文件的社会资本也应派代表参加开标。采购代理机构还应邀请纪检、监察等有关部门派代表进行现场监督。PPP项目开标仪式、谈判及磋商采购会与一般政府采购项目的开标仪式程序相同，除了公开查验响应文件的密封情况、宣布查验结果外，还应公开宣读社会资本的投标报价（参加谈判、磋商时的第一次报价）、报价声明以及应当宣读的其他内容。开标时未公开宣读的报价内容，在项目评审时不得作为评审依据。

9. 进行评审

在评审环节，采购代理机构的职责主要是召集、组织评审小组按照采购文件的规定进行评审，采购代理机构工作人员应协助评审小组的工作，承担评审过程中的组织、协调和后勤服务工作，但不得参与项目评审，不得影响和干扰评审小组成员独立开展评审工作。项目评审可按以下程序进行：

（1）召开评审预备会议。在项目评审开始前，采购代理机构应召集评审小组成员，召开评审预备会议，介绍项目基本情况，宣布评审工作纪律，安排评审工作。在预备会上，评审小组成员应认真阅读并确认采购文件，签订评审承诺书，推选评审小组负责人。评审小组负责人要对成员进行分工，并对评审程序、步骤和办法作出安排。评审预备会议结束后，评审小组应独立进行项目评审。评审小组发现采购文件内容违反国家有关强制性规定的，应停止评审，并向采购代理机构说明情况。

（2）进行符合性审查。符合性审查主要是对社会资本的资格、资质以及提交的响应文件进行审查，以判定其是否符合要求。前期已进行资格预审的，在采购评审阶段可不再对社会资本进行资格审查。前期未进行资格预审，允许进行资格后审的，或者前期已经进行过资格预审，但采购文件规定在采购评审阶段还要再进行资格预审的，在评审时，评审小组均应对社会资本进行资格审查。符合性审查的第二项内容，是审查社会资本提交的响应文件是否完整、格式是否符合要求、是否有重大缺漏项、是否含有项目实施机构不能接受的条件等。响应文件的符合性审查也包括两个方面，一是审查响应文件是否完整、是否符合采购文件的要求；二是审查响应方案是否符合采购文件要求，技术响应方案、商务响应方案是否对项目方案作出实质性响应。最终通过审查的社会资本数量不足法定数量的，评审应予终止；经批准转为其他方式的，评审可按相应规定继续进行。

（3）进行询问和澄清。在评审过程中，评审小组对响应文件的内容及技术、商务方案对采购文件的响应情况可向社会资本进行询问，要求社会资本就询问的事项作出解释和澄清说明。社会资本应就询问的事项进行澄清并作出说明，重要的澄清及说明必须以书面形式作出，并由其法人代表或被授权人签字确认。

（4）进行综合评审。在符合性审查、询问、澄清之后，进入综合评审阶段。综合评审仅针对通过符合性审查的社会资本进行。综合评审时，如项目采取招标方式，则由评标委员会根据采购文件规定的评标办法、评标标准对社会资本进行评分，并根据评分情况对各社会资本作出综合评审结论。

如采取竞争性谈判方式，则在符合性审查之后，由谈判小组与参与谈判的各社会资本分别进行一对一谈判；经谈判后，谈判小组应对社会资本的谈判方案作出综合评审结论，并对项目采购方案作出调整和完善；社会资本就完善后的采购方案重新提交响应文件，作出最终承诺报价；谈判小组对各社会资本提交的响应文件及最终承诺报价作出综合评审结论。

如采取竞争性磋商方式，则在符合性审查之后，磋商小组与参与磋商的社会资本分别进行一对一磋商；磋商结束后，磋商小组可以根据磋商文件和磋商情况，调整采购方案，就采购需求中的技术、服务要求以及合同草案条款作出实质性变动；各社会资本应针对调整和变动后的采购方案重新提交响应方案，提交最后报价；磋商小组根据磋商文件规定的评审办法、评审标准，对各社会资本的响应文件和最后报价进行综合评分，根据综合评分情况，对社会资本作出综合评审结论。

（5）编写评审结果报告。综合评审结束后，评审小组应根据综合评审情况，编写评审结果报告。评审结果报告中应推荐1至3名中标、成交候选人。采用招标、竞争性磋商方式的，候选人的顺序按照综合评分得分从高到低依次排列；采用竞争性谈判方式的，按照符合最低要求的社会资本的最终承诺报价，从低到高依次排列。允许进行资格后审的，评审结果报告还应包含资格评审结果。评审小组成员应在评审结果报告上签字，对自己的评审意见承担法律责任。评审小组成员对评审结果报告有异议的，应在报告上签署不同意见并说明理由，否则视为同意评审结果报告。

10. 采购结果确认谈判

在采购评审结束后，进行采购结果确认谈判，经谈判后确定中标、成交的候选社会资本，是PPP项目采购有别于一般政府采购项目的不同之处。采购结果确认谈判的程序是：

（1）成立采购结果确认谈判工作组。在项目采购评审结束后，采购代理机构应成立采购结果确认谈判工作组，组织采购结果确认前的谈判和采购结果的确认工作。采购结果确认谈判工作组成员及数量由采购代理机构确定，其成员应包括财政预算管理部门、行业主管部门代表，以及财务、法律等方面的专家。涉及价格管理、环境保护的PPP项目，谈判工作组还应当包括价格管理、环境保护行政执法机关代表。评审小组成员可以作为采购结果确认谈判工作组成员参与采购结果确认谈判。

（2）进行采购结果确认谈判。采购结果确认谈判工作组按照评审结果报告推荐的候选社会资本排名，依次与候选社会资本就项目方案以及项目合同中可变的细节问题进行项目合同签署前的确认谈判，率先达成一致的候选社会资本即为预中标、成交社会资本。在确认谈判过程中，不得涉及项目合同中不可谈判的核心条款，也不得与排序在前但已终止谈判的社会资本进行重复谈判。

（3）编写谈判结果报告。采购结果确认谈判结束后，谈判工作组应根据谈判情况以及与中标、成交社会资本达成一致的事项，编写谈判结果报告，确定最先达成一致的候选社会资本为预中标、成交社会资本。谈判工作组成员应当在谈判结果报告上签字确认，对谈判结果有异议的应当在报告上签字并注明；既不注明也不签字确认的,视为同意谈判结果。

11. 签署确认谈判备忘录

预中标、成交的社会资本确定后,采购代理机构应组织项目实施机构与预中标、成交的社会资本签署采购结果确认谈判备忘录。采购结果确认谈判结果备忘录应当在预中标、成交社会资本确定后 10 个工作日内签署。

12. 采购结果及拟定项目合同文本公示

采购结果确认谈判备忘录签署后,应将谈判确认结果即预中标、成交结果进行公示,公示期不得少于 5 个工作日。预中标、成交结果公示应在省级及以上财政部门指定的政府采购信息公告媒体上进行,并与项目采购公告原发布媒体保持一致。在公示时,需要对预中标、成交结果和根据采购文件、响应文件及有关补遗文件和确认谈判备忘录拟定的项目合同文本同时公示。项目合同文本应当将预中标、成交社会资本响应文件中的重要承诺和技术文件等作为附件。项目合同文本涉及国家秘密、商业秘密的内容可以不公示。

13. 采购结果公告和通知

在公示期满 2 个工作日后,如公示期间有关方面未提出异议,即可确定中标、成交社会资本。中标、成交确定后,应将中标、成交结果在省级及以上财政部门指定的政府采购信息发布媒体上进行公告,同时向中标、成交的社会资本发出中标、成交通知书,并将中标、成交结果告知参加采购活动的其他社会资本。

中标、成交结果公告的内容:项目实施机构和采购代理机构的名称、地址和联系方式;项目名称和项目编号;中标或者成交社会资本的名称、地址、法人代表;中标或者成交标的名称、主要中标或者成交条件(包括但不限于合作期限、服务要求、项目概算、回报机制)等;评审小组和采购结果确认谈判工作组成员名单等。

14. 签署项目合同

PPP 项目合同由项目实施机构与中标、成交的社会资本签订。PPP 项目合同须在中标、成交通知书发出后 30 日内签订,具体程序是:

(1)组织项目实施机构与中标、成交社会资本协商、洽谈项目合同条款,协商一致后,签订项目合同草案,并报本级人民政府审核、批准。

(2)经本级人民政府审核、批准后,项目实施机构与中标、成交社会资本正式签订项目合同。

(3)PPP 项目设立专门项目公司的,待项目公司成立后,由项目公司与项目实施机构重新签署 PPP 项目合同,或者签署关于继承 PPP 项目合同的补充合同。

(4)项目合同公告。项目实施机构应当在 PPP 项目合同签订之日起 2 个工作日内,将 PPP 项目合同在省级及以上财政部门指定的政府采购信息发布媒体上公告，但 PPP 项目合同中涉及国家秘密、商业秘密的内容除外。

（5）项目合同备案。项目合同正式签订后，项目实施机构应当将项目合同向同级财政部门备案。

15. 退付采购保证金

应当在采购文件中要求参加采购活动的社会资本交纳采购保证金和履约保证金，并就交纳时间和交纳数额、方式及不予退还的情形作出明确规定。

在项目采购活动结束后，应当按照采购文件规定向社会资本退付采购保证金。其中，未中标、成交社会资本的采购保证金，应当在中标、成交结果通知书发出后五个工作日内退付；中标、成交社会资本的采购保证金，应当在项目合同签署后五个工作日内退付。当发生了采购保证金不予退还的情形时，应按照采购文件规定及时办理有关财务手续。履约保证金的退付，应当在采购文件中明确，项目实施机构应当按照采购文件的规定及时与社会资本办理履约保证金的退付、结算手续。

第三节　采购的资格条件、响应文件与评分标准

PPP 项目采购应综合考虑社会资本的专业资质、技术能力、管理经验和财务实力等因素，合理设置社会资本的资格条件，保证国有企业、民营企业、外资企业平等参与。通常，项目完成立项、实施方案批复手续后，就可以进入正式的采购程序。在采购过程中，应当综合考虑社会资本竞争者的技术方案、商务报价、融资能力等因素，合理设置采购评审标准，确保项目的长期稳定运营和质量效益提升。

1. 一般资格条件

投标人的资格条件主要是对社会资本的入围条件进行规定。投标人通常具有但不限于以下基本条件：

（1）信誉良好，资金充足，具有较强的财务与融资能力；

（2）具备相应的工程资质（不必须），专业的技术、管理和运营团队；

（3）具有投资、运营维护同类 PPP 项目的业绩；

（4）拥有专业的设备及完成服务所必须的其他重要要素资源；

（5）近三年内没有发生过重大生产安全和质量事故，主动防范的意识强、措施得力，合规性较好，具有独立法人资格等。

具体资格条件主要依据项目的投资规模（融资需求）、运营能力确定，如采取 PPP + EPC 或工程总包模式的，通常应对相应业务资质有相应要求。

2. 响应文件与评分

响应文件需要客观体现社会资本的实力和信誉状况、报价竞争力及对采购文

件响应程度。一般情况下，商务部分主要包括：投标函、法人代表委托书、法人代表及代理人身份证明、报价表、商务偏离表、社会资本简介及资质、采购文件响应书、服务承诺书、质量承诺书、社会资本业绩等。施工部分通常需要包括：公司人员岗位设置及职责、公司人员职称及岗位、具体工程人员责任及岗位、人员资质、公司施工的资质等、施工方案、施工人员进场计划、施工组织实施方案等。运营部分主要包括：具体产出说明、服务方案、培训方案等。

PPP采用综合评分办法，按照采购文件规定的评分标准和要求，对各响应文件进行综合评审，按综合评审得分高低顺序推荐成交候选人。项目采用百分制，评审保留至小数点后两位。通常，评分体系根据技术、商务及价格的综合评分及其权重分配，代入公式计算各供应商的总得分。进入详细评审的各供应商的综合得分，按得分从高到低排名（得分相同时，最终报价低者优先）。

通常，报价分数设置不低于30分，在PPP报价体系中大致分为两部分：

（1）最核心报价——收益水平：通常报价方式是公共服务单价，或政府付费额、财政补贴额，或相应收益率水平（及相应参数）。对使用者付费等经营性PPP项目，涉及的公共产品或服务的单价是竞价的核心要素，但公共产品价格报价也可以结合数量、质量等指标间接竞争报价；对公益性项目或准经营性项目，涉及政府付费或补贴，竞价的标的可以是政府付费或财政补贴额这一类的总量型指标，也可以通过设置利润率、折现率、收益率等这一类单价或数量型指标来反算收益率水平。总体看，竞价标的可以价格型（单价、利润率、收益率、折现率、分成比例等），也可以是总量型（年度补贴额、总补贴额等），各个标的间可以互相转换使用。

（2）辅助报价——工程造价下浮率等：这部分报价可以不出现在报价中，统一体现在第一部分的核心报价中，也可以独立开来作为辅助性报价。尤其是投资额与政府付费、财政补贴等紧密相关的项目，工程费用的概、预算下浮率是一个比较重要因素。但是，对于一些运营能力要求较高的项目或有较强技术及商业创新的项目，工程造价不一定是政府或社会资本特别关注的。尤其是一些使用者付费项目而言，应让社会资本充分发挥其策划、经营等方面的优势和专业能力，在满足公共服务要求的基础上不对工程、造价等做过多限定。

以某一个PPP项目为例，常见的PPP项目采购评分体系与标准见表5-2，细则见表5-3。在PPP项目具体的采购实施过程中，可以结合项目特点、资格预审情况等灵活、综合设定响应的评分体系和标准，同时，要重点关注PPP的项目合同的科学性、合理性。

表 5-2　　　　　　　　　PPP 项目采购评审指标与标准体系

	评分构成	评分因素	评分标准
1	报价 （≥30分）	公共服务的价格（核心报价）：公共服务单价、收益水平，或财政补贴额（及相应参数）	竞价标的可以是价格型（单价、利润率、收益率、折现率、分成比例等），也可以是总量型（年度补贴额、总补贴额等） 报价得分 =（基准价/最后报价） $S_n = (C_{min}/C_n) \times$ 该项满分 S_n：第 n 个投标人的价格得分 C_{min}：技术和商务初审符合的所有投标人的最低报价 C_n：第 n 个技术和商务初审符合的投标人的投标报价
		工程概算/预算的工程建安费下浮率或其他（辅助报价体系，不一定设置）	最高下浮率为基准价，得满分 下浮率得分 =（报价下浮率/下浮率基准价）× 满分 （可考虑此指标，也可以不单独考虑而放在核心报价中体现总体收益水平）
2	企业实力	企业净资产	结合项目要求的投资、建设、运营能力综合设定
		资信证明或融资能力	
		资质（建设或运营）	
		相关业绩	
3	实施方案	项目公司组建方案	从股东构成、投资比例、公司治理结构、公司管理体制、管理制度等方面分析。项目公司架构明晰，责任清楚，拟派往本项目的人员类似项目经验丰富，项目工程管理、技术、经济、运营人员配备整齐，满足项目要求
		工程建设管理方案	工程建设管理方案（包括但不限于前期准备、工期安排、质量保障、造价成本控制、安全生产、环境保护、发包和合同管理等）的完整性、合理性
		运营与维护方案	就项目运营、维护制定具体实施步骤，制定详细的岗位职责、运营成本控制措施、设施设备检修及维护管理措施及各项管理制度体系，包括但不限于运营管理机构配置、运营方案、保障方案、日常考核体系、应急预案等
		项目设施移交方案	项目设施移交方案（包括但不限于恢复性大修方案、移交资产范围和移交验收程序）的完整性、合理性
4	财务方案	报价测算分析	财务方案（包括但不限于投资估算、融资方案、运营成本分析、财务分析等）的完整性、合理性
5	法律方案	对《PPP项目合同》、《合资协议》条款的修改意见	修改意见对项目协议的核心边界条件有实质性修改，则响应文件将被否决
			社会资本方接受项目协议全部条款，或有负偏离的；提出有利于采购人的合理修改建议

表 5-3 财务方案评分细则

序号	评审因素	评分标准说明
1	投资估算	
1.1	投资费用构成	投资费用构成完整
1.2	投资估算指标、标准和深度	估算指标合理、其他费用标准符合规定、深度能满足控制设计概算
1.3	估算工程量	工程量估算合理、数值准确
2	融资方案	
2.1	项目资本金承诺及来源	项目资本金的资金来源落实、可靠
2.2	融资方案	项目资本金占比较高,且项目资本金之外的贷款资金有融资机构的明确承诺、融资贷款有显著保证、融资方案可操作性强、融资成本较低
2.3	资金使用计划	资金使用计划合理、满足建设进度要求,有利于项目实施
3	财务分析与评价	
3.1	收入测算	收入测算数量和价格
3.2	成本费用测算	成本费用构成和测算数据的合理性
3.3	相关收益指标	结合采购文件计算项目现金流、利润及相关收益

第六章

PPP 项目的融资

融资难是 PPP 实施过程中的一个现实难题,影响了各类社会资本(含金融机构)参与 PPP 的积极性,产生了资源的错配。本章主要就融资结构、融资难点进行分析,并就政府、社会资本参与 PPP 融资的相关案例进行了解析。

第一节 PPP 项目的融资结构、工具、责任与难点

一、项目的投融资结构与工具

(一)一般投融资结构

PPP 项目主要是基础设施、公共服务资产的供给等,涉及我国对项目投资资本金的要求。PPP 项目投融资需要遵守固定资产投资项目资本金制度。根据近年来《国务院关于调整和完善固定资产投资项目资本金制度的通知》(国发〔2015〕51号)要求,各行业固定资产投资项目的最低资本金比例按规定执行。

对于基础设施领域的多数 PPP 项目而言,一般资本金最低比例要求为投资额的 20%~30%。资本金由社会资本(或政府参股)认缴的非债务性资金。PPP 项目资本金计算的基数是项目投资额,是指投资项目可行性研究报告的估算,或核定时以经批准的概算为依据。投资项目资本金可以用货币出资,也可以用实物、工业产权、非专利技术、土地使用权作价出资。对作为资本金的实物、工业产权、非专利技术、土地使用权,必须经过有资格的资产评估机构依照法律、法规评估作价,不得高估或低估。资本金通常是按照工程进度分期分批到位,贷款

人应当确认与拟发放贷款同比例的项目资本金足额到位,并与贷款配套使用。

需要说明的是,注册资本与资本金或项目自有资金不同。注册资本属于根据《公司法》所设立的公司在其工商局等登记机关登记的认缴股本,新修订的《公司法》已经将注册资本实缴登记制变更为认缴登记制,并取消了注册资本最低限额等。故此,注册资本金的比例可小于或等于资本金的金额,差额部分则通常是以资本公积等所有者权益科目形式注入。

投资额的70%~80%的资金通常以债务融资形式实现,由项目公司或社会资本负责筹措。对于资本金部分,但金融机构可能出于增信、控制风险角度要求提高资本金比例,反过来,社会资本为了加杠杆、提升收益率水平,通过金融工具和交易结构设计更少的使用自有资金。对于债务融资部分,也突破了传统的银行贷款模式。

(二) 融资工具的多样化

PPP项目融资涵盖股权、债权融资,除了传统的银行贷款之外,金融工具有以下几类:

(1) 各类产业投资基金(含私募股权投资基金)。如中央层面的中国政企合作投资基金(中国PPP基金)、各地PPP基金、交通产业基金、城市发展产业基金等。这些基金一般以股权、债权结合方式投入,但相当一部分PPP基金是偏固定收益,或明股实债型,多采取结构化设计,如投资优先级、中间级、劣后级等。其中,多数资金最终来自银行(含理财资金)、保险公司,这些资本多作为优先级,融资成本通常比银行贷款利率高。

(2) 各类债券。一类是社会资本(含政府平台)发行的企业债、公司债,另一类是对PPP项目发行的项目收益债、各类专项债。如战略新兴产业、停车场、地下综合管廊、养老产业等专项债,部分公用事业领域的项目收益债、"绿色债券"等。部分债券以项目预期现金流为支撑、不占用社会资本信用,融资成本相对较低,受到市场青睐。但债券发行对资产规模受到一定限制,且对项目现金流、发行主体信用的要求高,公开发行债券的主体一般要求评级在AA或以上。

(3) 各类资管计划。包括券商资管、基金资管、保险资管、信托计划等,多为银行、保险资金参与PPP的一种"通道"。通常与基金、资产证券化等也紧密相关,通常成本高于银行贷款利率。

(4) 其他融资工具。包括资产证券化、融资租赁等,盘活固定资产,增强资产流动性。对于有稳定现金流的基础资产,可以开展资产证券化(基础设施收费权、应收账款、租金等),也可以采取融资租赁方式,如通过直租(购买或建造时融资)、售后回租（存量资产融资）等方式。多数融资成本高于银行贷款利率。

（三）股债二元结构的复杂化、动态化

PPP 项目提供的是公共产品，收益率不是很高，并且，投资回收期长。故此，社会资本都倾向于采取各种金融工具、适度放大财务杠杆，降低风险或提高收益率。

通常，在满足国家对资本金比例的最低要求基础上，社会资本倾向于出资偏低的资本金比例，但金融机构、政府则倾向于设定偏高的资本金比例。为利用财务杠杆、修复资产负债表，尤其是工程承包商青睐于工程利润转换后投入，更愿意表外融资。事实上，资本金在某种意义上讲，也不一定是社会资本的自有资金或非债务资金。社会资本的资本金部分（投资额的20%~30%）也可以设计合理的交易结构，利用财务投资者或各种金融工具补充资本金。例如，目前社会资本多选择采用与金融机构共同设立基金的方式，以股权投资形式提供部分资本金融资，届时安排社会资本或信用级别较高的第三方远期回购或差额补贴。

对社会资本而言，出于便于融资、提高收益率、降低风险等考虑，则希望减少对股权变更的限制。如社会资本可通过转让项目公司股权的方式，引入财务投资人并获取股权转让对价，或提高财务杠杆比例。又如社会资本希望股权转让或资产证券化（ABS），实现项目资本的流动性，快速回收资金、降低风险，或实现债务出表。故此，并不是所有的股权变更情形都影响到政府方的权益，无须全部加以限制。对于锁定期内的股权变更及锁定期之外的重大股权变更情形须事前经政府方的同意，对于较小程度或范围的股权变更可以约定备案。在不影响公共服务质量的稳定性、持续性前提下，政府原则上应同意。

随着基金、资管等金融工具创新，结构化、杠杆化效应明显，表外融资趋势日显。目前，融资的不断创新已突破一般性"股+债"的固定结构，在一定程度上导致融资结构的复杂化、动态化趋势。

二、项目的融资责任与难点

（一）PPP 项目的融资责任

项目公司可以由社会资本控股前提下与政府（或其融资平台）合资设立，也可以由社会资本独资设立。通常认为，项目公司负责项目所需的债务融资（一般为投资额70%~80%）。社会资本设立项目公司的目的之一是为了隔离项目风险和责任，承担有限责任。但实际操作过程中，很多项目选择的是社会资本而非项目公司，依赖的是社会资本的信用和资质而非项目公司，更多时候会要求社会资本就项目公司的部分或全部合同责任承担连带责任。譬如，相当多PPP项目中的项目公司为新建，缺乏信用评级、业绩支撑，难以独立获得融资。故此，PPP项目合同通常都会约定，社会资本或项目公司控股股东承担最终融资责任。究其原因就在于，目前很多PPP项目还无法实现无追索项目融资方式。这也导致很多PPP项目的社会资本入选的最主要门槛条件之一就是融资能力。政府或金融机构通常会要求社会资本为项目公司融资提供担保或增信，或通过股东借款等方式解决缺口资金。

在政策法规层面，政府不能提供任何形式的担保，只有协助融资的责任，提供一定的便利条件。政府应将PPP项目合同项下的财政支出责任或财政补助纳入相应年度预算和中期财政规划，并将预算报人大列支。此外，提供或协助办理投资项目或基本建设项目的立项、规划、土地、环评、施工许可等批复或文件。最后，非特殊原因，政府方应同意社会资本方为项目的融资需要将项目资产进行抵押或收益权进行质押。此外，原则上政府融资平台也不得为项目提供担保或承担融资责任，即便是参股情形下。否则，容易导致财政风险放大、形成实质性兜底。

（二）PPP项目的融资难点

各类项目的融资主要考虑市场、偿债能力、财务评价、信用结构等方面。传统信贷、基金等融资方式期限都不长，与PPP数十年的投资周期都存在一定的不匹配。此外，地方政府财力普遍偏弱，不对PPP项目进行兜底、不增信、不给固定回报，加上法律法规不健全，在救济措施方面对社会资本没有足够保障，导致金融机构对PPP项目融资心存疑虑。项目风险较大，直接导致项目的融资难点体现在担保或增信问题上。

传统的公司融资要求抵押担保，第一还款来源是借款人的预期偿债能力，第二还款来源通过处置抵押物、质押物或者对担保人进行追索来保障债权。对于PPP项目而言，规划、技术、合规性等方面通常不存在问题，落地难的重要原因之一就是融资难，主要体现在难以实现无追索或有限追索的项目融资方式。

目前，多数地方政府优质的PPP项目相对稀少，再加上地方财力普遍较弱、财政支出捉襟见肘。出于对地方政府信用、支付能力的担忧以及项目风险的考量，社会资本、金融机构都不愿承担风险，金融创新动力不足。PPP项目的公共性质导致其资产抵押、权利质押受到限制，存在变现困难的现实问题。银行还是倾向于传统的抵质押贷款，需要股东或第三方提供增信措施，以控制信贷风险。

在实践中，政府不能提供担保，很多社会资本作为股东又不太愿意提供担保等"强增信"措施，如担保、回购等。此外，就算社会资本作为股东愿意提供担保，也不一定满足金融机构要求、获得认可。很多项目无法提供有效、足值的担保物，导致融资难以落实、形成"半拉子"工程，或反过来政府承担了融资责任。

PPP项目的融资核心在于还款来源的可靠性与偿债能力，即第一偿债来源是否稳定和明确、还款承诺方式的选择。还款来源是判断偿还可能性的最明显标志，偿债能力主要依赖于借款人的现金流量是否充足。通常，正常经营所获得的资金或经营性现金流量是偿还债务最有利保障和主要还款来源，第二还款来源及其他，如股东或第三方担保、抵质押等，则需确认保证人的保证主体资格和代偿能力，以及抵押、质押的合法性、充足性和可实现性。

项目融资的基础和保证是项目的经济强度，即拟建项目未来的现金流量和项目建成后所形成的资产的价值。虽然银监会发布了《项目融资业务指引》，但实践中，以项目未来收益和资产为担保的项目融资方式并不多见或尚未普遍性接受。以商业信贷为主导的间接融资，利率过高、周期较短，难以适应大多数PPP项目收益低、周期长的特点。

(三) 突破融资瓶颈

要突破PPP项目的融资瓶颈，政府、金融机构、社会资本应共同发力，立足于融资渠道、增信、模式及风险分担等多方面创新。首先，应基于项目本身信用进行融资，采取项目公司股权质押、项目形成的资产抵押、项目收益权质押、建立监管账户等方式，实现无追索或有限追索的项目融资。在保护公共利益的前提下，形成PPP项目收益权可转让的制度，使PPP项目收益权质押尽快在法律上得到明确。必要时，提供股东或第三方流动性支持、差额补偿等。此外，创新多种融资渠道、方式，大力发展相应的PPP金融产品（基金、信托、债权、IPO等）、资本市场。最后，政府可通过筹资成立政策性金融机构或担保基金，为PPP项目融资提供支持、政策性保障，中长期还可引入债券保险等增信措施。

综上，PPP融资方案及结构相对较复杂，需要确定融资渠道、成本、期限、增信、还本付息方式等。最终的融资结构由于政府、社会资本、金融机构等主体结合项目特性、风险、收益等综合权衡、确定。同时，SPV项目公司在长达10～30年运营期内，出于资产负债率、现金流、利润等角度考虑，还可以不断进行资本运作，进行再融资、资产证券化等。目前，我国融资还是偏重于间接融资，

PPP 项目的融资渠道还是主要依赖于银行贷款，PPP 的二级市场、金融市场需要深化。

第二节　政府 PPP 基金

一、PPP 基金运作机理

（一）产业基金的定义与作用

产业投资基金简称产业基金，是符合中国经济发展客观需要的金融创新工具。产业投资基金是指"一种对未上市企业进行股权投资和提供经营管理服务的利益共享、风险共担的集合投资制度，即通过向多数投资者发行基金份额设立基金公司，由基金公司任基金管理人或另行委托基金管理人管理基金资产，委托基金托管人托管基金资产，从事创业投资、企业重组投资和基础设施投资等实业投资"。

产业基金的作用有如下几点：发挥财政性资金的引导和杠杠作用；灵活的形式和汇集资本的功能；有助于产业资本（社会资本）融资出表、降低资产负债率。

（二）与传统项目贷款的区别

根据 2014 年国发 43 号文的规定，地方政府将只能通过两种渠道举借或者化解债务：一是通过省级政府发地方债券；二是通过 PPP 模式吸引社会资本投入，以剥离政府债务。地方政府在经济建设方面的责任并没有因为原有平台融资渠道受限而得到减轻，随着经济下行压力的加大，地方政府迫切需要通过投资来拉动经济，而在实业产能过剩和房地产增速下滑的背景下，城镇基础设施和公共服务领域的建设成为拉动投资乃至稳增长的关键。省级政府发债远远不能满足庞大的地方政府存量债务和新增融资需求。产业投资基金由于其灵活的形式和汇集资本的功能，成为地方政府基建融资的新选择。

PPP 产业基金用途灵活，不受传统项目贷款受托支付限制及贷款规模的限制；产业基金投资为权益性投资，着眼点不在于投资对象当前的盈亏，而在于他们的发展前景及资产增值；产业基金投资是一种风险共担、利润共享的投资模式。

（三）PPP 基金运作

在 PPP 模式下，产业投资基金的组织形式普遍为有限合伙型，其股东由一般合伙人（GP）和有限合伙人（LP）组成，GP 承担无限责任，LP 承担有限责任。在这类 PPP 产业投资基金中，GP 除了承担基金的管理运作职能外，一般还担任劣后级，优先承担一定比例的投资风险和损失。LP 享有优先级地位，不参与公司具体管理，但享有知情权和咨询权。有限合伙人内部又可根据风险收益配比的不同进一步划分为优先级、劣后级。GP 一般是该产业基金的实际管理者和运作者，对 LP 负有保值增值义务，且双方按照约定的绩效指标对收益进行分账。

根据我国基金发起人的不同，又可分成以下几种方式。一是由省级政府层面出资成立引导基金，再以此吸引金融机构资金，合作成立产业基金母基金，母基金再根据审核后的项目设立子基金，由地方财政做劣后级，承担主要风险。二是由金融机构联合地方国企发起成立有限合伙基金，一般由金融机构做 LP 优先级，地方国企或平台公司做 LP 的次级，金融机构指定的股权投资管理人做 GP。三是由有建设运营能力的社会资本发起成立产业投资基金，社会资本一般都具有建设运营的资质和能力，在与政府达成协议后，通过联合银行等金融机构成立有限合伙基金对接项目。社会资本与金融机构合资成立产业基金管理公司担任 GP，金融机构作为优先级 LP，社会资本作为劣后级 LP，成立有限合伙形式的产业投资基金，以股权的形式投资项目公司。

PPP 产业投资基金具有杠杆融资机制，通过一定的资本金可以撬动更多的资本介入，其增信设计主要以结构化方式来进行内部增信。一般是社会资本和金融机构作为优先级，政府作为劣后级。此外，其他的增信措施还有土地抵押担保、收益质押担保、第三方担保等方式。

根据投资方式的不同，产业基金获得的收益也不同。以股权方式参与 PPP 项目，基金的收入包括股权分红收益及股权转让增值收益；以债权方式差异 PPP 项目，收入主要为利息收入；还有其他合法性收入，比如获得地方性税收减免而形成的收益等。需要说明的是，目前政府或指定国有公司回购较普遍，但这种方式存在"明股实债"、变相融资之嫌，政策风险较大。

二、政府与金融机构合作的 PPP 基金

（一）省级 PPP 基金

江苏、山东、河南、四川、云南五省都已经成立了 PPP 基金，其基金设立方

案要素见表 6-1：

表 6-1　　部分省份 PPP 基金运作情况

发起省份	江苏省	山东省	河南省	四川省	云南省
基金规模	人民币 100 亿元，每 20 亿元为一个子基金	800 亿元	50 亿元	第一期 37.25 亿元，第二期 12.75 亿元	第一期定位 50 亿元以上，根据 PPP 项目情况逐年增加
基金期限	10 年（到期后，经出资人同意可延长）；基金所投资具体项目期限不超过 5 年	不超过 10 年（确需延长存续期时，须报决策委员会批准）	5~7 年	原则上定为 8 年（必要时经基金股东会或合伙人会议审定可延展 2 年）	暂定 10 年（到期后如仍有项目未退出，经出资人同意可延长）
基金架构	母基金 + 子基金	母基金 + 子基金	未明确设立子基金方案	不设立子基金	母基金 + 行业子基金
基金管理	五个省的基金均在方案中明确了基金在项目审定、投资决策、投资申报管理、风险控制方面的管理制度。其中，投资申报流程管理和风险管理方面各基金做法基本一致。项目审定和投资决策的负责机构根据各基金组织架构不同有所区别				
出资构成	均由各自的政府出资方和其他出资方构成，其中政府出资方包括财政部门、政府委托的国有投资公司，其他出资人均由金融机构和其他社会资本方构成。出资比例上，各基金都通过少量财政资金撬动金融和社会资本，将财政资金放大了 5 倍以上				
投资范围	各省基金均仅限于投资本省范围内的 PPP 项目，优先支持和重点支持的 PPP 项目各有侧重				
投资模式	方案中投资模式均以股权投资和债权投入两种方式为主，辅以其他方式，如项目前期费用补贴和示范项目奖励（河南）、融资担保（四川）。部分基金在设计投资模式时，遵循分散配置原则，明确对单个项目投资规模中股权与债权投资比例进行控制，以达到分散风险和带动社会资本的双重作用（江苏、四川）				
退出机制	实行股权投资的，到期优先由项目的社会资本方回购，社会资本方不回购的，由市县政府方回购，并写入项目的 PPP 合作协议中；实行债权投入的，由借款主体项目公司按期归还。其他投入方式按约定协议方式退出				
收益分配	各基金均采取优先与劣后的结构，其他出资人作为优先级，主要由财政出资人作为劣后级。优先级享有基金收益中的固定收益，且固定收益以贷款基准利率的一定比率设定最高限制，浮动收益在其他出资人之间进行分配或在优先级、劣后级出资人之间进行分配。对于收益分配在优先级和劣后级出资人之间的分配比例以及协议的社会资本回报价格，劣后级资金对优先级资金的补贴保障程度，各基金分别做出不同的规定				

来源：财政部 PPP 中心。

在实际运作过程中，以江苏省 PPP 融资支持基金为例，该基金设立及运行的主要架构和运行机制如下：

1. 基金的发起与设立

基金名称：江苏省 PPP 融资支持基金。

基金管理：通过政府购买服务的方式委托有资质、有基金管理经验和良好业绩的机构管理运作（下称"基金管理机构"）。

基金规模：人民币 100 亿元，每 20 亿元为一个子基金。

基金期限：10 年，10 年到期后如仍有项目未退出，经出资人同意可延长。

基金出资人构成：财政出资人：①省财政厅；②部分市、县财政局。其他出资人：①若干家银行机构；②保险、信托资金；③其他社会资本。

基金的募集：省及市、县财政发起出资共 10 亿元，银行、信托、保险等其他出资人采取认缴制，以 9 亿元为一个份额单位，每家出资机构（允许出资机构组成联合体参与认缴）最少认缴 1 个份额单位，最多认缴 2 个份额单位，具体出资份额通过公开竞价后以合同形式约定。每个子基金由 1~2 家其他出资人及财政出资人组成，其中财政出资占 10%。

2. 基金的投资与收益

基金的投资范围：根据省 PPP 模式推广运用规划，基金将用于经财政部门认可且通过财政承受能力论证的 PPP 项目，优先投入省级以上试点项目及参与出资市、县的项目。

基金的投资模式：基金可以股权、债权等方式投入 PPP 项目，市场化运作，专业化管理。采取股权方式投资的，每一个项目股权投入的基金不超过注册资本金的 50%，最多不超过 4 亿元，且与项目社会资本方出资按比例同步到位。采取债权投入的，每一个项目不超过子基金规模的 20%。

基金的投资期限：基金所投资具体项目期限不超过 5 年（包括回购期）。实行股权投资的，到期优先由项目的社会资本方回购，社会资本方不回购的，由市县政府方回购，并写入项目的 PPP 合作协议中；实行债权投入的，由借款主体项目公司按期归还。

基金的收益来源：所投资 PPP 项目的股权分红收益及股权转让增值收益；对 PPP 项目债权投入产生的利息收入；基金间隙资金用于稳健类金融产品产生的收入；其他合法性收入。

基金对投资项目的收益获取机制：实行股权投资的项目，按股权的比例享有收益；实行债权投入或以固定回报注入资本金方式的项目，按约定的固定回报率获取收益，最高不超过同期人民币贷款基准利率的 1.1 倍。

基金出资人的回报机制：每个子基金均采取优先与劣后的结构，其他出资人作为优先级，财政出资人作为劣后级。基金出资人的回报采取固定收益加浮动收益的办法，按年分配，子基金每年所得收益，首先用于分配优先级出资人约定的同期人民币贷款基准利率 0.9~1.3 倍的固定收益（按公开竞价方式确定）；收益超过所有出资人的固定收益的剩余部分，作为浮动收益分配，优先级与劣后级出资人分别按 30% 与 70% 的比例分配。如子基金年度收益不足以分配优先级出资人的固定收益部分,由省财政予以补足。参与出资的市县如未获得基金投入的,其财政出资部分可享受优先级的固定收益。

3. 基金的管理与风险控制

基金成立投资决策管理委员会(简称"投委会"),由省财政厅、出资5000万元以上的市县财政局、其他出资人单位相关负责人等7人以上单数组成。主要负责审定基金章程、项目投资策略、项目监督管理制度、基金收益分配办法等重大事项。

按子基金设立项目审定委员会(简称"项目审委会"),由省财政厅、出资5000万元以上的市县财政局、基金出资人单位相关负责人等5人以上单数组成,负责子基金具体项目投资的审定。各出资人按出资份额享有表决权,出资不足5000万元的市县财政由省财政代为行使表决权。项目审委会召开项目审查会议,到会人数、表决权数需同时满足应到人数、应到表决权数半数以上,表决事项获得到会全部表决权55%(含)以上同意的予以通过,省财政厅享有一票否决权。

按照收益共享、风险共担的原则,如投资项目失败,首先由基金管理机构承担10%的损失(最多不超过子基金管理费的2倍),其次,由省财政、市县财政以子基金的出资金额承担风险,项目的剩余损失由其他出资人在出资金额内按比例承担。

(二)某国有银行与地方政府联合成立的PPP基金

(1)基金使用范围:以政府重点推荐的项目基础设施建设项目为主,优先选择现金流稳定、列入PPP项目库的项目。

(2)出资方式及比例:国有银行理财资金作为优先级LP不超过基金总规模的80%,即40亿元;其他融资方(财政资金、国有出资)次级资金应达到基金总规模的20%,即10亿元。出资方式为承诺制,出资人一次认缴,根据具体项目实际使用资金情况分期募集分期到位。

(3)基金的使用期限:国有银行的基金在使用到期后可延期2次,最长为7年。

(4)基金使用成本:包括基金管理费、基金通道费、基金托管费、基金运用费等,其中,建行基金费用6.5%/年,基金募集费用5.85%/年,基金管理费0.1%/年、基金通道费0.05%/年,基金固定收益0.5%/年,固定收益按照出资比例分配给出资人。

(5)基金的投资模式:基金投资模式包括股权、债权、股权+债权三种,根据具体项目情况确定投资模式,股权投资是指项目启动资金,使用基金作为项目资本金,债权投资是指在项目资本金投入后对项目进行融资,"股权+债权"模式是指用基金满足项目总投资的需求。

(6)基金管理:基金拟设1个基金管理人,由国有银行子公司(投行)担任,负责基金日常管理,履行合伙事务执行人职责,通过市场化运作、专业化管理，实现基金的保值增值和可持续运行。基金管理人对基金债务承担无限连带责任。国有银行作为财务投资人，为基金提供财务顾问、资金托管及监管等服务，并担任基金的托管银行。托管银行的权利义务在托管协议及其他相关文件中明确。基金在托管银行开立专门账户，归集投资人资金，按约定及时划拨至投资项目。基金所投资项目在该国有银行开立监管账户，投入项目的资金实行封闭式运作，确保专款专用，并归集项目投资收益和本金退出资金。

基金投资时先期由政府各相关部门提出项目建设方案报政府，政府组成专家组和筹组该基金的金融机构专家共同评审基金使用可行性方案。通过后，报政府产业基金领导小组研究，同意后，项目方可实施。在基金使用时，由当地金融机构做项目尽职调查，并向总行或省分行申报，由总行或省分行审批，审批通过后可启动基金的程序。

（7）基金的退出机制：对有投资收益、现金流稳定的项目，由项目自身的现金流作为基金回购的第一方式，由平台公司或国有控股公司作为回购主体，由地方政府人大、市政府出具相关批文纳入财政预算；对于纯公益、现金流较小的项目，由第三方国有企业作为担保人、平台公司或国有控股公司作为回购主体，由地方政府人大、政府出具相关批文纳入财政预算。

该基金运作要素见表6-2：

表6-2　　　　　　　　　某市产业基金情况（亿元）

对比指标 \ 银行名称	某国有银行
规模	50
比率	1:4
政府出资额	1
银行出资额	4
基金使用年限	5年，根据项目情况最长7年
基金使用费率	6.5%（总费率）=5.85%（基金筹资成本）+0.1%（基金管理费）+0.05%（基金通道费）+0.5%（固定收益），其中0.5%的固定收益双方按投资比例分配
基金投资模式	股权、债权、股权+债权，主要用于基础项目建设和纳入省市PPP项目库的项目
基金管理机制	由当地金融机构做项目尽职调查，并向总行或省分行申报，由总行或省分行审批
基金退出方式	(1) 对有投资收益、现金流稳定的项目，由项目自身的现金流作为基金回购的第一方式；(2) 对于纯公益、现金流较小的项目，由第三方国有企业作为担保人；平台公司或国有控股公司作为回购主体、由地方政府人大、政府出具相关批文纳入财政预算

第三节 PPP 项目的融资案例

一、国内某地铁 BOT 项目融资

地铁轨道建设投资资金 211 亿元，其中资金来源：40% 股东出资，60% 银团、金融机构借款。但由于地铁客流量增长缓慢，财务可行性较差，需要政府进行大量补贴，导致项目可融资性稍有欠缺。由于前期工作批复滞后、项目较为复杂等多种因素，银团贷款谈判期非常长，分为两个阶段融资。

1. 银团贷款落实前的贷款

银团贷款迟迟未能落实，为推进轨道建设如期开展，该公司积极探索多渠道融资。目前获得金融机构授信及提款的情况见表 6-3：

表 6-3　　　　　　　　　金融机构授信及提款情况

金融机构	授信额度	产品类型	期限	利率	担保方式
某融资租赁	10 亿元	商业保理	3 年	7.2%	信用
某财务公司	4 亿元	流贷	3 月	基准	信用
商业银行 A	5 亿元	流贷	1 年	基准	切分授信额度
商业银行 B	15 亿元	流贷	3 年	7%	信用
商业银行 C	20 亿元	固定资产贷款	3 年	<6.2%	信用
商业银行 D	10 亿元	项目前期贷款	3 年	<7%	信用
合计	64 亿元				

2. 银团贷款

经过较长时间的尽职调查、评估、评审等工作，牵头银行及相关银行与社会资本达成了银团贷款协议，并实现了无追索项目融资方式。其贷款条件为：

（1）贷款额度：根据发改委批复的 189.35 亿元。

（2）贷款利率：按央行同期同类贷款基准利率，外加银团费。

（3）贷款期限：拟定小于 20 年。

（4）还款计划：宽限期 5 年，还款期按等额还本。

（5）担保事项（无追索项目融资）：经市政府批复的资金平衡方案（可行性缺口补助，纳入预算）、项目资产抵押、保险受益人、完工承诺、收费权质押。

银团贷款落实后，置换前期贷款、融资租赁等较短期、高成本资金，实现项目整体的无追索项目融资。

二、社会资本与金融机构合作设立 PPP 基金

以某建筑类国有企业（B 公司）拟成立 PPP 基金为例，相关要素如下：

1. 组建基金的目的与潜在风险

该国企使用 PPP 产业基金具有以下作用：

（1）通过发债募集基金的出资资金，注入项目作为资本金，不断放大投资规模，财务杠杆非常高；

（2）通过结构设计不控股，有助于财务出表，降低负债、剥离可能运营期前期的亏损；

（3）在建设期通过施工总包，获得了当期丰厚的施工利润，经营亏损不并表、剥离。

值得注意的是，这种杠杆放大效应强，风险也成倍上升。优质的项目、现金流回收是核心，但是，PPP 项目周期长、风险大，一旦现金流断裂、无法如期回流资金、无法按期退出，则会蕴藏巨大的财务风险。

2. 基金组建思路和要素

由某券商 A 担任基金管理人，联合 B 公司和其他 1~2 家大型民企或上市公司，组建 PPP 基金，在全国范围内挑选优质 PPP 项目，以基金入股 PPP 项目公司方式取得项目控制权，由 B 公司负责 EPC（设计、采购、施工总承包），项目建设后通过并购或者上市实现基金的退出。

PPP 基金拟定规模 100 亿元，采用分期出资的方式，其中 B 国有企业出资 20% 合计 20 亿元，其资金由券商 A 发债募集资金解决，20 亿元撬动 100 亿元基金，杠杆为 5 倍。PPP 基金主要是投资 PPP 项目 30% 的资本金，100 亿元基金可撬动超过 300 亿元的 PPP 项目。如此一来，B 国企出资 20 亿元，可放大 15 倍撬动 300 亿元的 PPP 项目建设。若上述 PPP 基金模式能顺利推进，B 可成立专门的基础设施投资公司，实施 PPP 项目，最终实现 IPO 上市。

基金名称：A-B PPP 基金（有限合伙）。

发行规模：总规模 100 亿元，分优先和劣后级投资人。

存续期：5 年，其中投资期 3 年，退出期 2 年。

基金出资人：优先级投资人为商业银行；劣后级投资人为 B 国企和其他公司。

基金管理人：券商 A 基金管理公司。

托管银行：商业银行。

退出方式：基金存续期内，所投资经营性 PPP 项目优先安排通过注入上市公司的方式退出；如无法注入上市公司，则由基金管理公司寻找合适的收购方。所

投资的公益性 PPP 项目，由政府回购的方式退出。

风险控制措施：确保优先级投资人保本、保底。

该基金的层级及出资比例见表 6-4：

表 6-4　　　　　　　　　　基金的层级与出资比例

层级		出资比例（%）	承诺出资金额（亿元）	授偿顺序
优先级投资人：商业银行		70.00	70.00	本金、基础回报按照优先、劣后顺序提取
劣后级投资人	券商 A	0.10	0.10	
	国企 B	20.00	20.00	
	××公司	9.90	9.90	
合计		100.00	100.00	

3. 投资模式

对于 PPP 项目的投资模式见图 6-1、图 6-2。但是，这种投资模式实现的核心在于优质的 PPP 项目，项目的未来现金流能如期回流，退出机制至关重要。尤其是，政府财政资金约束力越来越强，政府付费提前退出的合规性、难度也很大。但这种杠杆放大效应强，风险也成倍上升，仍需防范潜在的风险。

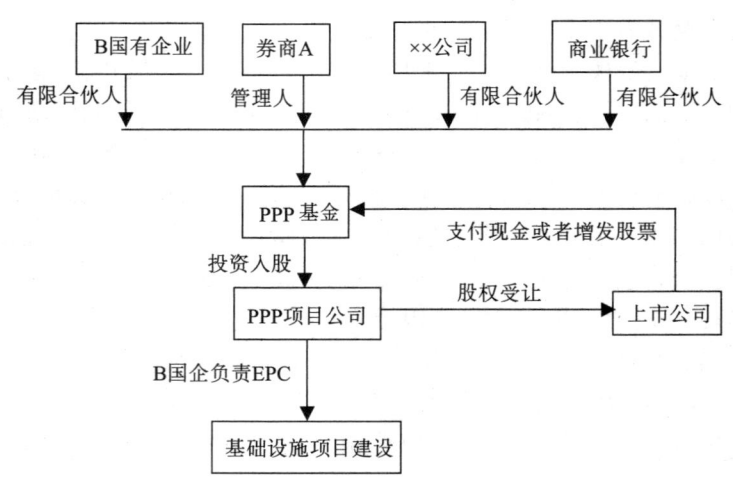

图 6-1　经营性 PPP 项目投资模式

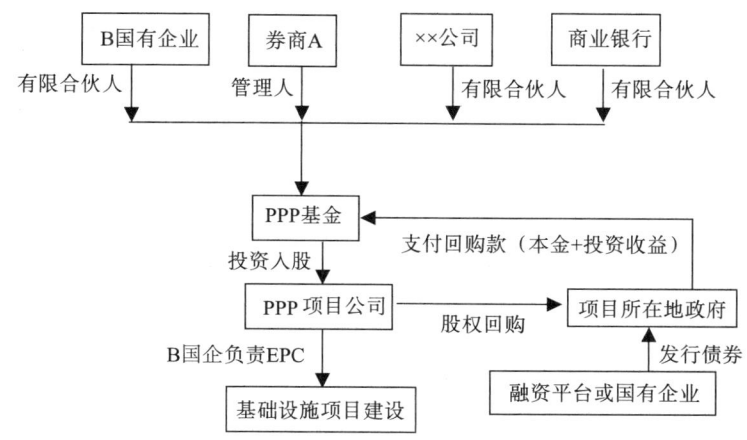

图 6-2 非经营性 PPP 项目投资模式

三、某高速公路 PPP 项目:"项目融资 + 基金架构"

1. 融资方案基本思路与诉求

基本情况:按照现阶段可研报告,该高速公路可研估算投资约为 69.98 亿元,该项目预计获得交通运输部补助资金(车购税)14.4 亿元。

项目融资:经与银行沟通,该项目资本金占比较高(45%),超额资本金注入为后续引入银行项目贷款创造了便利条件,可以实现无追索项目融资(无需股东提供增信)。

基金公司诉求:设计采用小股大债模式,降低了项目投资风险,也方便后续基金退出(债权还本付息)。暂定项目基金规模 29 亿元,全部用于解决项目资本金。按照"投贷联动"模式与各金融机构谈判,实现成本控制和风险管控。通过竞争性谈判,选定一家金融机构参与基金优先级和后续配贷,便于协商谈判资金成本、基金投资条件、统一资金监管和基金运作管理。该基金管理公司是未来项目基金的管理人。

社会资本诉求:解决资金需求和杠杆率,实现表外融资。基础资产不体现在原始权益人的资产负债表中,不会增加原始权益人的负债。

2. 边界条件与交易结构

社会资本收益率:4.9%~7%,概算下浮:5%~10%。

资本金与注册资本金:暂定项目公司的项目资本金总计 29.4 亿元,占项目总投资的 45%,其余 36.15 亿元由银行配贷解决。项目注册资本 1 亿元,其中基金出资 6000 万元,股权占比 60%,省交投(地方融资平台)出资 2000 万元,股权占比 20%,社会资本(工程承包商)出资 2000 万元,股权占比 20%。项目其余资本金 28.4 亿元全部由基金通过委托贷款解决。项目公司出资结构见表 6-5。

表 6-5　　　　　　　　　　项目公司层面出资结构

股东	项目公司层面（单位：万元）			
	注册资本金	股东借款	项目资本金	股权比例
省交投（政府融资平台）	2000	0	2000	20%
PPP 项目基金	6000	284000	290000	60%
社会资本（承包商）	2000	0	2000	20%
合计	10000	284000	294000	100%

暂定该高速公路 PPP 项目基金规模 29 亿元，全部用于解决项目资本金。基金包括三个出资主体，其中产业基金授权主体出资基金一般级 4 亿元，占比 14%；社会资本（工程承包商）出资基金中间级 4 亿元，占比 14%；基金引入金融机构出资基金优先级 21 亿元，占比 72%。基金投资分为两部分：一是投资项目公司注册资本金 6000 万元，占项目公司股权 60%；二是股东委托借款给项目公司 28.4 亿元。基金层面出资结构见表 6-6，各方总体出资结构见表 6-7：

表 6-6　　　　　　　　PPP 项目基金层面出资结构

出资人	基金层面（单位：万元）	
	金额	比例
产业基金（一般级）	40000	14%
社会资本（中间级）	40000	14%
金融机构（优先级）	210000	72%
合计	290000	100%

表 6-7　　　　　　　　各方在项目中的总体出资结构

相关方	出资机构（单位：万元）			
	PPP 项目基金	项目公司	合计	占比
金融机构	210000	0	210000	71.4%
产业基金	40000	0	40000	13.6%
省交投	0	2000	2000	0.7%
社会资本（承包商）	40000	2000	42000	14.3%
合计	290000	4000	294000	100%

还款来源保障：由于本项目社会资金方退出期限较长，为保障基金第一还款来源，需要政府和社会资本明确本项目交通补助资金（14.4 亿元）优先对基金优先级资金部分进行债权置换，对于优先级缺口部分（6.6 亿元）本息要具体测

算省交投（政府融资平台）的实际还款能力，并取得优先级资金方认可。

增信措施：（1）省交投对基金投资优先级和中间级部分进行股权回购承诺与债权担保。（2）省交通厅出具承诺函，当省交投不能足额偿付基金投资本金退出与预期回报的差额时，省交通厅负责筹措资金补足差额部分。

基金交易结构见图 6-3：

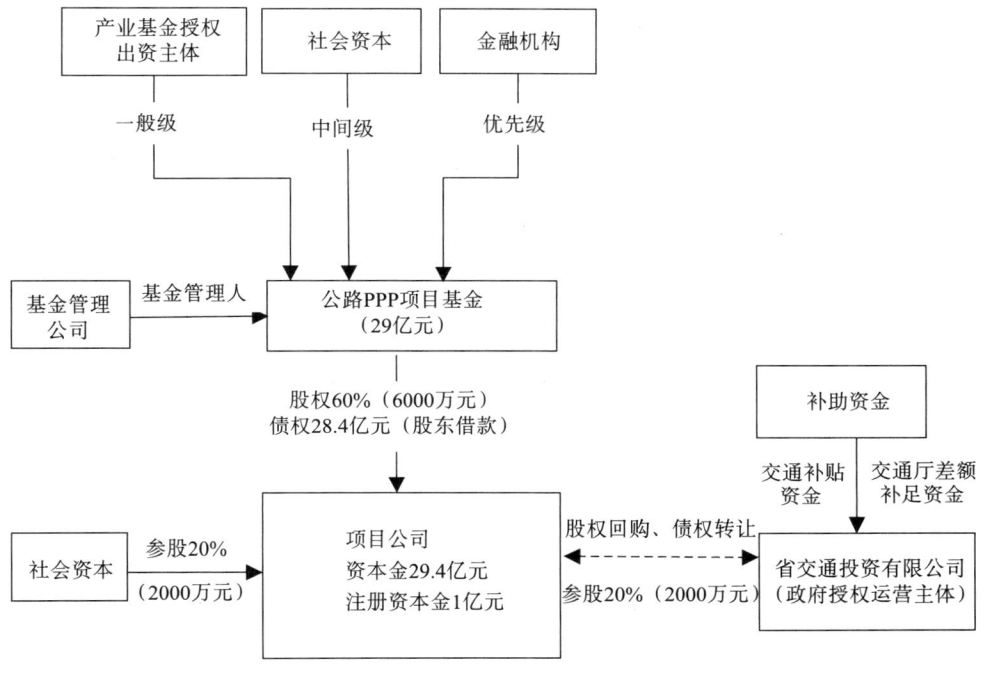

图 6-3 基金交易结构

四、项目收益债券——14 穗热电债

项目收益债券是指以项目的未来收益为支撑进行发债融资。由项目实施主体或其实际控制人发行的，与特定项目相联系的，债券募集资金用于特定项目的投资与建设，债券的本息偿还资金完全或主要来源于项目建成后运营收益的企业债券。在项目运营期内的每个计息年度，项目收入应该能够完全覆盖债券当年还本付息的规模。项目投资内部收益率原则上应大于 8%。对于政府购买服务项目，或债券存续期内财政补贴占全部收入比例超过 30% 的项目，或运营期超过 20 年的项目，内部收益率的要求可适当放宽，但原则上不低于 6%。

项目收益债可以为在建或拟建项目融资，解决项目实际的资金需求。与传统企业债相比较，以具有稳定收入的项目公司为发行主体并实行严格的账户管理，确保募集资金专款专用和项目现金流闭合运行，能够有效隔离了企业其他业务的风险传递。项目收益债不依赖于项目公司的资质，在一定程度上可以摆脱企业其他资产和业务质量、信用条件的限制，从而降低融资门槛和融资成本。因此，项目收益类债券是PPP目融资的重要抓手和突破口。

国内首支项目收益债——2014年广州市第四资源热力电厂垃圾焚烧发电项目收益债券（简称"14穗热电债"）采取公募发行，大大提高了债券的市场流动性并降低流动性风险，从而使其获得更低的发行利率。项目两大主要收益：垃圾处理费和发电上网费的稳定。双重差额补偿机制对14穗热电债形成了有效的增信作用，信用风险可控，所以发行利率也更低。利率最终确定为6.38%，低于5年期以上人民币贷款基准利率为17个BP。

募投项目广州第四资源热力电厂，主要为解决广州市区南部垃圾处理问题。项目建设规模为年处理城市生活垃圾73万吨。项目运营主体为广州环保投资集团下属的广州环投南沙环保能源有限公司。截至2013年，广州环保投资集团总资产29.77亿元，净资产10.07亿元，营业收入和净利润分别为2.54亿元和727.8万元。广环投是广州市城市生活垃圾处理的投资、建设和运营主体。项目总投资13.5亿元，测算税后内部收益率为8.1%，投资回收期12.79年。其中占总投资20%的2.7亿元为项目资本金，另外资金，8亿元通过发债解决，其余通过其他途径筹集。

基本条款和要素如下：

（1）项目实施主体：广州环投南沙环保能源有限公司。

（2）债券名称：2014年广州市第四资源热力电厂垃圾焚烧发电项目收益债券（简称"14穗热电债"）。

（3）发行总额：人民币8亿元。

（4）债券期限：本期债券为十年期固定利率债券，附本金提前偿还条款，从第3个计息年度开始偿还本金，第3、4、5、6、7、8、9、10个计息年度末分别按本期债券发行总额的7.5%、10%、10%、12.5%、15%、15%、15%、15%的比例偿还本金。

（5）债券利率：本期债券为固定利率债券，票面年利率初步确定为不超过基准利率加上2.50%的基本利差。基准利率为发行公告日前5个工作日一年期上海银行间同业拆放利率（Shibor）的算术平均数（基准利率保留两位小数，第三位小数四舍五入）。本期债券的最终基本利差和最终票面年利率将根据簿记建档结果确定，并报国家有关主管部门备案，在本期债券存续期内固定不变。本期债券采用单利按年计息，不计复利。

（6）发行价格：本期债券面值100元，平价发行，以1000元为一个认购单位，认购金额必须是1000元的整数倍且不少于1000元。

（7）债券形式及托管方式：本期债券为实名制记账式。本期债券通过承销团成员设置的发行网点发行的债券在中央国债登记公司开立的一级托管账户登记托管；通过上海证券交易所协议发行的债券在中国证券登记公司上海分公司登记托管。

（8）发行方式：本期债券采用簿记建档、集中配售的方式，通过承销团成员设置的发行网点向机构投资者（国家法律、法规另有规定的除外）公开发行和通过上海证券交易所发行相结合的方式发行。

（9）发行范围及对象：通过承销团成员设置的发行网点公开发行的债券：在中央国债登记公司开户的机构投资者（国家法律、法规另有规定除外）；通过上海证券交易所发行的债券：持有中国证券登记公司上海分公司基金证券账户或A股证券账户的机构投资者（国家法律、法规禁止购买者除外）。

（10）还款来源：还本付息的首要资金来源是广州市第四资源热力电厂的运营收入，其中包括由广州市番禺区城市管理局和广州市南沙区城市管理局分别定期支付的垃圾处理费、由广州供电局有限公司支付的电厂发电收入等。广州市第四资源热力电厂所产生的运营收入将全部划入项目收入归集专户，该账户由监管银行监管。每当项目收入归集专户接收到本期债券募投项目所产生的收入时，项目实施主体应在3个工作日内将该笔收入中不低于当年偿债保证金留存比例的资金划转至偿债资金专户，该笔收入的剩余部分可由项目实施主体自由支配用于项目运营或其他方面。当年偿债保证金留存比例的数学表达式如下：

当年偿债保证金留存比例＝本期债券当年应付本息金额合计/本期债券募投项目可行性研究报告测算的募投项目当年预计总收入合计

其中，募投项目当年预计总收入合计由本期债券募投项目可行性研究报告测算的项目当年的垃圾处理费收入、发电收入、金属回收收入和即征即退增值税组成。

每个计息年度，当项目收入归集专户收到当年最后一笔垃圾处理费收入及发电收入时，项目实施主体应检查偿债资金专户内的资金情况，若偿债资金专户的余额不足以支付本期债券当年应付本息，项目实施主体则应将项目收入归集专户中上述垃圾处理费收入及发电收入优先划转至偿债资金专户，以补足当年应付本息与偿债资金专户余额的差额部分。

只有当偿债资金专户中的余额足以支付本期债券当年本息的情况下，项目实施主体可自由支配项目收入归集专户中的所有资金。

（11）还本付息方式：本期债券每年付息一次，分次还本。本期债券从第3个计息年度开始偿还本金，第3、4、5、6、7、8、9、10个计息年度末分别按本期债券发行总额的7.5%、10%、10%、12.5%、15%、15%、15%、15%的比例偿还本金。本期债券存续期后八年利息随本金一起支付。年度付息款项自付息日起不另计利息，到期兑付款项自其兑付日起不另计利息。

（12）付息日：2015 年至 2024 年每年的 11 月 18 日为上一个计息年度的付息日（如遇法定节假日或休息日，则顺延至其后的第 1 个工作日）。

（13）增信安排：广州环保投资集团有限公司作为本期债券的第一差额补偿人，当本期债券募投项目收入无法覆盖债券本息时，将由其承担差额补足的义务；广州广日集团有限公司作为本期债券的第二差额补偿人，在本期债券募投项目收入无法覆盖债券本息，同时第一差额补偿人又不能及时足额补足应付本息的情况下，将由其承担差额补足的义务。

广环投集团是本期债券的第一差额补偿人。债券存续期第 1 个计息年度，第一差额补偿人应于付息日 20 个工作日前将当年应付债券利息划入偿债资金专户；债券存续期第 2 至第 10 个计息年度，若在债券每一年付息/兑付日前第 16 个工作日，偿债资金专户中的余额不足以支付当年应付本金及利息，监管银行应通知第一差额补偿人，第一差额补偿人应于当年付息/兑付日 11 个工作日前补足当年应付本息与偿债资金专户余额的差额部分。

广日集团是本期债券的第二差额补偿人。若在债券每一年付息/兑付日前第 10 个工作日，偿债资金专户中的余额不足以支付当年应付本金及利息，监管银行应通知第二差额补偿人，第二差额补偿人应于当年付息/兑付日 5 个工作日前补足当年应付本息与偿债资金专户余额的差额部分。

（14）信用级别：经联合资信评估有限公司综合评定，本期债券信用级别为 AA 级。

五、华夏幸福固安工业园区新型城镇化 PPP 项目资产证券化

PPP 项目资产证券化有利于拓宽融资渠道、降低融资成本、增强资产流动性、丰富社会资本退出方式。当前 PPP 资产证券化主要以未来的收益权（供暖费、污水处理费、过桥费）等用资产证券化的方式进行融资。其中，首个园区 ABS－华夏幸福园区 PPP 资产支持专项计划要素如表 6－8 所示：

表 6－8　　　　华夏幸福固安 PPP 资产支持专项计划概况

项目名称	华夏幸福固安工业园区新型城镇化 PPP 项目供热收费收益权资产支持专项计划
原始权益人	固安九通基业公用事业有限公司
基础资产	因在固安工业园区内提供供热服务产生的向供热用户收取的热费的供热收费收益权
募集资金规模	7.06 亿元人民币
管理人	招商证券资产管理有限公司

续表

项目名称	华夏幸福固安工业园区新型城镇化PPP项目供热收费收益权资产支持专项计划
托管人	中国邮政储蓄银行股份有限公司北京分行
监管银行	中国邮政储蓄银行股份有限公司廊坊市分行
财务顾问	中国农业银行股份有限公司
法律顾问	北京大成（青岛）律师事务所
评级机构	中诚信证券评估有限公司
会计师	中兴财光华会计师事务所（特殊普通团伙）

华夏幸福固安PPP资产支持专项计划的交易结构如图6－5所示：

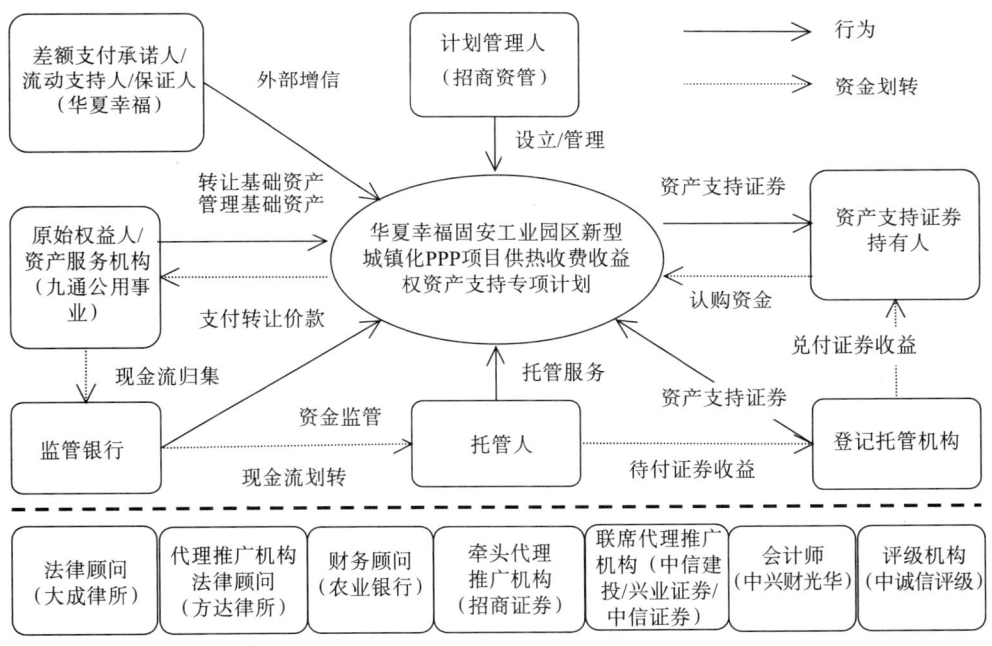

图6－5 华夏幸福固安PPP资产支持专项计划交易结构

（1）发行人为华夏幸福基业下属全资子公司固安九通基业公用事业有限公司，拟发行规模7.06亿元。其中，优先级资产支持证券募集规模为6.7亿元，分为1年至6年期6档，均获中诚信证券评估有限公司（以下简称"中诚信证评"）给予的AAA评级；次级资产支持证券规模0.36亿元，期限为6年，由九通基业投资有限公司（华夏幸福全资子公司、原始权益人固安九通基业公用事业有限公司控股股东）全额认购。专项计划优先级4～6档在存续期内第三年末设置利率调整、购回和售回机制，即第三年末原始权益人有权选择购回全部优先级资产支持证券，且投资者有权将其持有的优先级资产支持证券全部或部分售回给原始权益人。预期年收益在 3.9%～5.2% 之间。

（2）认购人通过与计划管理人签订《认购协议》，将认购资金以专项资产管理方式委托计划管理人管理，计划管理人设立并管理专项支持计划，代表专项计划以募集资金向原始权益人购买基础资产。投资者取得资产支持证券，成为资产支持证券持有人。原始权益人取得购买价款，将基础资产转让至专项计划。

（3）计划管理人代表专项计划根据《资产购买协议》购买并受让基础资产，并根据协议约定支付基础资产的购买价款；原始权益人同意按照协议约定的条款和条件向买方出售并转让基础资产。

（4）专项计划存续期内，资产服务机构定期归集并转付基础资产产生现金流，专项计划每年向资产支持证券持有人进行分配。

（5）计划管理人根据相关文件的约定，向托管人发出分配指令，托管人根据分配指令将相应资金划拨至登记托管机构的指定账户，用于支付资产支持证券本金和预期收益。

项目增信方式如下：

（1）内部结构化分层。华夏幸福固安 PPP 资产支持专项计划安排了优先/次级的证券分层。优先级资产支持证券规模占比为 95%，次级资产支持证券规模占比为 5%。优先偿付优先级资产支持证券预期收益后，再偿付优先级资产支持证券本金；之后剩余资产归次级资产支持证券所有人所有。

（2）华夏幸福为优先级资产支持证券提供差额支付承诺。华夏幸福作为差额支付承诺人，将依照《差额补足承诺函》而向专项计划支付差额补足款项。

（3）华夏幸福为原始权益人购回及投资者售回提供保证担保。华夏幸福作为保证人，保证将按照《保证合同》的条款与条件，对原始权益人在购回优先级资产支持证券或在优先级资产支持证券持有人售回优先级资产支持证券时所需支付的购回或售回款项提供连带责任担保。

（4）华夏幸福为原始权益人提供流动性支持。计划管理人将与三浦威特、九通公用事业、华夏幸福签署《运营支持协议》，由华夏幸福为九通公用事业的运营提供流动性支持。

（5）现金流超额覆盖。正常情况下，华夏幸福固安 PPP 资产支持专项计划中每年监管账户中现金流入对优先级资产支持证券本息覆盖倍数均可保持 1.1 倍以上，能够对优先级资产支持证券本息的偿付提供一定的信用支持。

目前，PPP 项目资产证券化的基础资产主要包括收益权资产、债权资产和股权资产等类型，其中收益权资产是最主要的基础资产类型。从我国推广运用 PPP 模式的实践情况来看，以收益权为基础开展 PPP 项目资产证券化也相对成熟。未来可以对债权（应收账款等）、股权类资产以及在建 PPP 项目加大资产证券化的试点、推广力度。PPP 项目的特性使其与一般类型基础资产的证券化存在明显差异，需要从PPP特性出发，设计合理规范的产品。尤其是，在基础资产转让、收费权/收益权质押、期限匹配、增信等方面。

第四节 小结与建议

PPP项目全生命周期的不同阶段的现金流的特点和风险收益有所不同，需要匹配不同性质的资本。目前，PPP融资以银行贷款为主体，下一步应吸引证券、信托、基金、保险等机构投资者参与项目，鼓励采取基于项目自身信用的项目融资方式，大力发行企业债券、项目收益债券、专项债券等。同时，推动银行体系的"投贷联动"，开展资金池业务。

逐步构建PPP项目的多层次的资金供给市场，加大PPP项目直接融资比重，畅通PPP项目退出机制与渠道。加强融资支持或者证券化力度，可以在交易所发行债券、资产证券化、挂牌上市等。在保障公共服务持续基础上，进一步加大政府付费型PPP项目、在建PPP项目的资产证券化的试点、推进力度。尤其是应重点吸引各类长期、低成本资金，如养老金、保险资金、主权财富基金等机构投资者。政府应将PPP项目合同项下支出责任或财政补贴逐年列入相应年度财政预算并经同级人大批准列支，纳入中期财政规划，确保预算的规范性、严肃性。可设立政策性担保基金、财政支出责任风险基金、债券保险等方式，提供一定的融资或增信措施。给予PPP项目财税优惠、金融机构一定风险补偿。

从社会资本角度看，融资工作要前移，提前与金融机构洽商、设计合适的项目模式与融资方案。此外，应积极尝试多渠道、多方式融资，积极利用资本市场（交易所、银行间市场等）创新金融产品。最后，各方应大力鼓励、扶持运营商与金融机构合力、组团参与PPP项目，培育具有全产业链、产融结合导向的综合运营商。目前很多基金、信托、资管计划等融资方式依然存在"明股实债"、变相融资之嫌。社会资本应更关注全生命周期运营，注重长期持有资产，对资产进行技术、财务等方面改造提升，同时，借力资本市场为投资者带来增值回报。

第七章

PPP 项目的风险性、规范性与创新性

中国短短几年就跃升为全球最大的 PPP 市场，发展成绩斐然，但是，依然存在各种不规范问题和"走偏"、"变异"等乱象。一旦出现大范围问题、颠覆性变化，则会导致较大的系统性风险。当前，PPP 推进过程中出现的问题是多个层面、多个主体共同作用下发生的，博弈是 PPP 项目实施中常见的、必然的现象。政府必须从体制机制层面进行改革创新，不断提升治理、实施能力，以防范风险、提质增效为导向，审慎、规范、创新推进 PPP。

第一节 PPP 项目推进过程的问题及风险

一、目前 PPP 推进过程中不规范现象与风险

PPP 项目在推进过程中存在各种不规范问题和"走偏"、"变异"等乱象，也呈现出"推进慢、落地难、风险大"等特征。主要表现如下：

一是 PPP 与政府特许经营之间关系尚未厘清，缺乏顶层的立法，制度安排碎片化。自 2014 年以来，主推 PPP 的财政部、发改委两部门密集出台相关政策文件，如将行业部委发布的文件也算进来，已达百个文件之多。政府部门职能交叉重叠，九龙治水之困在 PPP 工作中体现得尤为突出。部门权责界面模糊、部门间政策不一致，在一定程度上造成了相关 PPP 概念的泛化、执行混乱，同时，与各种采购、税收、产权等法规等之间的冲突也未得到解决。简言之，我国的 PPP 政策体系的现状是上位法体系未建立、下位法存在冲突。目前，土地、价格、融资等方面的配套政策，亟须进一步完善。尤其是 PPP 立法工作滞后，中央层面可谓政出多门，容易导致政策部门化，造成有些地方无所适从、疲于应付、资源浪

费,也会诱导"监管套利"行为。

二是很多地方政府观念、意识尚未转变,对PPP的成本、效率、风险存疑。从区域看,很多发达地区及省会城市不太愿意大范围推PPP,认为PPP模式相对投融资平台投资、政府购买等方式而言成本较高,并且谈判与合作复杂;反过来,很多财力薄弱的地方政府有很强意愿推动PPP,但社会资本参与愿意低,项目落地难。很多地方将当期政府购买服务支出代替PPP项目中长期的支付责任,规避论证、监管。此外,有的地方将PPP作为融资新途径、过度承诺或担保,有的地方将其作为政治任务、应付了事等;有的地方将好项目留给自己的投融资平台做,差项目拿出来给社会资本做PPP。这些现象导致各地运作规范性、落地项目比重、实施效果差异很大。

三是很多项目滥竽充数,假PPP、类BT项目泛滥、泥沙俱下,工程利润导向、短期化倾向较为普遍。很多地方为了增强项目吸引力,或为了解决银行融资问题进行项目包装,尤其是包装原来的各种BT项目(建设—移交,政府回购)或公益性项目。这类现象较为普遍,即使申报的国家示范项目里,也有为数不少的假PPP项目。有些地方只是简单的将原BT项目回购时间变长,物有所值论证走过场,模式设计几乎没有涉及运营、绩效、监管等关键环节,将其直接变成PPP项目,实则为"时间拉长版的BT项目";一些地方为获得金融机构融资、地方政府政策支持,打着PPP旗号从事商业地产等竞争性业务开发;一些地方按PPP模式引入社会资本,但约定建成后由政府或融资平台按一定溢价回购或受让其股份;也有一些地方利用财政可行性缺口补贴方式,给私人资本一个固定回报或相对稳定回报的方式。目前,国内很大一部分偏公益性的PPP项目采用"可用性付费+运营维护绩效付费"组合方式的政府付费机制。其中,可用性付费是针对资本性投入及回报,是项目收益来源的最主要部分,但基本以项目竣工验收合格为依据,形成了"类BT"模式的"固定的金额分期支付"。更有甚者,有些项目又把运营维护分包给了政府授权的出资机构,实质上又转嫁风险给了政府。这与国家推行的PPP全生命周期的理念还是有偏差的,更多是为了追求工程利润而非关注运营维护。诸如此类通过保底承诺、回购安排、明股实债等方式进行变相融资、包装成PPP模式的做法,均与PPP的本质与意义相悖。

四是资源配置的合理合规性有欠缺,很多项目模式依然围绕土地财政转。地方政府资金普遍紧张,为保障项目财务可行性,很多项目采用资源配置方式实现"外部性内部化"。目前,资源配置主要是土地、物业、广告等经营资源的"捆绑"综合开发。尽管国家也出台了一些文件,但在具体操作中依然存在法律障碍或瑕疵。以土地为例,现行法律要求实行"招拍挂"的公开出让制度,并纳入财政的收支两条线。很多项目收益设计依然围绕土地,以土地收益、预期收益作为付费来源,给政府、企业都带来了较大风险。此外,各种资源在操作过程中,可能出现违规或"过度补贴",导致国有资产或财政资金流失、甚至寻租等行为。

五是风险分配不合理、定价机制不科学现象较为突出。很多项目前期工作的可行性研究报告、初步设计等很粗或存在重大错漏,导致项目匆忙上马、后续风险不断暴露。总体看,很多项目的风险分担设计过于原则、宽泛、模糊,甚至存在双方都想"甩包袱"、过度转移风险至对方的行为,缺乏风险分担最优机制和风险应对措施。在定价方面,"盈利不暴利"原则在实操中量化非常困难。定价与全生命周期的资本投入、运营成本、风险分配、市场需求、收益预期水平等多个因素相关,极难准确测算,更多的是一个相对合理区间。一些PPP项目由于当时的边界条件、预期发生重大变化,但合同定价设计过于单一或僵化,最终会导致价格要么过高或过低,造成社会公众不满或项目失败。此外,很多PPP项目风险机制失效,社会资本利用工程利润、政府出资、前期财政补贴、政府平台公司担保等方式,实现"无风险套利",导致政府承担过多风险,社会资本稳赚不赔,缺乏运营管理的积极性和动力。

六是重签约、轻履行,存在机会主义、契约精神差等倾向。有些政府为求项目尽快签约,采取降低标准、约定模糊化等方式,很多时候私人部门也倾向类似做法以图留下利润空间。由于部分项目约定不完善或僵化,导致实施过程中出现很多争议、违约,并缺乏相应的应对、救济措施。在以往PPP失败案例中,原因很大程度上归结政府过于强势,缺乏契约精神。或出于长官意志、个人喜好,或出于财政困难,或出于公共利益等原因,部分地方政府在PPP项目实施过程中容易出现诸如随意改规划、调标准、不执行承诺等行为。尤其存在主要领导换届后"推倒重来"等严重违约情况。此外,也有一些项目本身比较复杂、涉及面多,政府出于多方面目的干预导致PPP项目失败。

七是PPP融资难、融资贵问题依然存在。PPP项目周期长、收益率不高,建设期尚未产生稳定收益,尤其是公益性项目难以实现无追索或有追索的项目融资。融资机构仍强调抵质押物,普遍要求社会资本或政府兜底进行担保或增信。目前,很多PPP项目没有开工或开工后没有大的进展,相当一部分原因在于缺乏融资增信或担保而导致资金无法落实。有些地方为加快项目进度,让自身的融资平台提供担保,或者接受各类信托、基金、股东借款等高息资金,实则加大了政府成本。各类资管计划、基金等,实质并非真正的金融工具,而是银行资金的通道,加大了交易成本。尽管可以通过信托、基金、资管计划投资项目公司股权,但是,银行、保险等金融机构的真实目的,还是通过"明股实债"的方式进行债权投资。目前,融资成本、期限、增信措施等方面还没有大的突破,大量需要政府付费、补贴的PPP项目融资依然困难。

八是运作不规范,监管不到位,地方治理能力需加强。部分地方在引入社会资本过程中,存在操作不透明、竞争不充分,甚至有一些违规违法行为,如私下灰色交易，或采取事先谈定、"围标"方式获得合同。有些地方采用低价中标、恶性竞争方式进入，与地方签署"抽屉协议"或进入后再进行调价等。此外，有些地方前期谈判和后期监管脱节，甚至以"简政放权"、加快推进项目为由放手给社会资本、甚至完全没有监管。在实施过程中，有些项目的成本确认、价格调整、财政支付等方面存在不规范、随意性现象，甚至存在寻租行为。不同地区的政府对PPP的理解和把握、自身能力也存在较大差异，也有些地方政府直接当"甩手掌柜"。多种因素混合在一起，导致前期不顺畅、后期实施问题多，更多人将注意力放在尽快签约上。

九是国企参与度过高而民企参与度过低，不利于优化全社会的资本结构，对民间资本有一定"挤出效应"。一方面是，民间资本担忧风险、观望多、不敢进，另一方面是，民间资本看好的项目却很难与国企竞争。很多PPP项目投资额大、门槛高，民营企业融资更为困难，融资成本更高，并且，各种资质门槛也导致将其挡在门外。此外，很多地方政府出于项目公益性监管目的，或出于政治责任等目的，不愿意让民间资本参与进来。尤其是，PPP项目越来越大型化、综合化，对中小民间资本的挤出效应更为明显。目前，民间资本依然存在"不敢进、进不来"并存、"进得来、出不去"并存等难题。没有民间资本的充分参与、公平竞争，就会导致传统投资体制的回归，效率不会有显著提升、风险依然无法有效控制。

十是随着时间推移，财政承受能力受到限制、落地项目出现纠纷等，可能导致后续项目推进难度加大。当前经济下行压力大，财政增速下滑，刚性支出大。同时，目前剩下的项目大都是"硬骨头"，更多的是公益性或准经营性项目，过度依赖于财政补贴，可能造成项目吸引力下降。此外，很多地方实际上已经超过地方财政承受能力超过上限（目前全部财政支出责任为一般公共预算支出的10%），或几个大项目就超过了财政承受能力。如果将政府采购、PPP项目的财政支出责任全部纳入中期财政规划和预算，很多地方政府的预算支出已接近或超过一般公共预算支出的10%。这也意味着，如果财政承受能力上限不调整，今后很多地方政府可能面临很多项目无法通过财政承受能力论证、无PPP项目可上。但如果大幅调整财政承受能力上限，则面临着未来政府财政支付能力挑战，导致巨大的财政支出责任风险，容易演化为新的债务风险。

二、问题与风险分析

（一）政策与项目层面的问题

1. 体制机制有待完善

PPP项目顺利实施与配套政策是否健全密切相关。目前，预算、土地、价格、融资、违约等方面的配套政策，亟需进一步完善。正如前述，缺乏系统和深入的体制机制安排，缺乏制度顶层设计和法治环境。目前，PPP相关的政策法律体系有缺失，标准体系尚未建立，市场主体培育尚需过程。

2. 很多项目偏公益性，可经营性系数较低、显性成本较高

很多PPP项目可经营性系数较低、财务效益较差。部分经营性项目往往由于市场需求不足或难以预测、缺乏规模效益。通常为增强项目吸引力，政府需要大量财政补贴进行"兜底"。此外，地方政府能拿得出的且愿意拿出来的好项目不多，资源配置、对价的配套措施受到法规制约，并且，由于资源价值变现等因素，导致对社会资本的吸引力也不强。多数PPP项目依赖财政补贴，但基层县市的财力普遍较弱，导致"地方政府热、社会资本冷"，形成项目吸引力不足。

此外，各类专项建设基金（利率为1.2%）、政策性贷款、政府购买服务贷款、产业基金等对地方及其融资平台宽松的金融政策对PPP模式产生一定冲击。这一类资金依然围绕融资平台、依靠政府信用，融资成本低、程序简单快捷，相比而言，PPP显性成本较高且操作复杂，导致许多地方政府还是青睐于传统政府投资、投融资平台融资建设模式。

3. PPP是一项系统复杂的工程，风险较大，对各方能力要求较高

一般认为，PPP投资大、期限长、风险大、收益低，这也导致很多私人资本观望或不敢进入。事实也不尽然，主要原因有以下几方面：

一是公、私利益目标难以有效协调，再加上PPP项目契约存在不完全性，PPP对各方都是一个大的挑战。通常，PPP项目所处多为公共产品领域，这些行业有一定自然垄断性。同时，由于当事人的有限理性，无法事前预测、约定在未来各种情形下的责权利，导致容易呈现资产专用性强、信息不对称等特征。合作的长期性及经济、政治环境的不确定性，风险动态变化，必然导致合同存在不完全性。如市场风险较大情况下，投资意愿必然与政府提供的"兜底"保证相关，政府通常需要在使用量上（如车流量、用户数、污水量等）提供最低需求保证或其他保障措施。在PPP整个运作过程中，私人部门以盈利为目的，与政府公益性目标可能冲突，双方博弈在所难免。PPP的不完全契约特性在发展中国家或转轨经济体中尤为突出，政府往往陷入"两难"困境，社会资本也非常谨慎。

二是目前普遍存在项目吸引力不足、社会资本担忧的主要风险尚难消除。对地方政府而言，资金需求最大、投入难度最大的是使用者付费不足覆盖投入成本及收益、无项目收益的准经营性和公益性项目。承担哪些风险、补贴多少、有没有支付能力则成为基层政府头疼的问题，这些也是社会资本投资决策的关键因素。社会资本通常最担心政府信用风险（尤其是换届风险、财政支付能力等）、法律法规、项目收益等风险。目前，民营企业参与程度非常有限，普遍市场信心不足，尤其担心未来长达10~30年的合作期限内的政府换届、项目唯一性、市场需求变化、政府支付能力等诸多不可控因素。

三是对交易结构设计、定价、运营、监管提出了更高要求。不可能希望一个长期亏损的企业会提供优质的公共服务,但任何暴利都会导致公众利益的损失。目前,相当大比例的社会资本是国有施工企业或城投企业,擅长的是投资、工程设计建设,并不一定具备较高的运营能力。财政支付或补贴则要以运营绩效评价结果为依据。大量产品或服务的质量、绩效不易量化,造成监管难,私人部门很容易通过降低费用等手段来取得更高的利润。这也必然会产生动态支付或补贴机制,使得谈判和博弈将成为项目实施过程中的常态化。

(二) 主要参与主体行为分析

PPP 项目全过程四个主要参与主体的心态不一,也导致 PPP 出现偏差,主要表现如下:

1. 基层政府财力薄弱,观念不到位、能力和经验有缺乏

区域发展不平衡,地方政府对 PPP 的态度差异较大。发达区域获得的金融资源较多、融资平台也很强,对推进 PPP 总体上不是很积极,拿出的 PPP 项目也不是特别优质的。欠发达地区则出现分化,有的地方不积极推进,还是希望等上级资金、等财政拨款;有的地方特别积极推 PPP,但又觉得力不从心。尤其是很多欠发达区域的基层政府财力薄弱,推出的 PPP 项目大多数都是偏公益性的,对社会资本吸引力不足。

目前,PPP 推进很大程度上取决于地方主要领导,但主要领导和执行方的意识转变、能力提升还需要一个过程。不少地方刚接触 PPP 不久,认识上不到位、机构配备力量弱、经验又缺乏,导致要么不积极,要么当"甩手掌柜"、扔给咨询公司。有一部分政府领导缺乏深入认识,怕担责或过于主观,导致推动效率低、出现反复、不作为和慢作为等现象。

部分基层主要领导认知不到位、决策效率不高、推动不力,执行者普遍存在畏难情绪。与此同时,政府部门间权责不清、协调不畅,尤其是财政、发改、行业主管部门间协作不畅,导致财政部门压力很大、推进乏力。普遍性存在前期工作投入不足、工作深度不够,方案设计不科学、论证不充分。同时,政府缺乏 PPP 招商、谈判经验,政策、法律风险防范意识也有缺失。

此外,很多地方将 PPP 异化为融资工具,不顾风险的短期化现象严重。目前,经济下行压力、收支缺口引发了地方政府强烈的投资需求,PPP 项目的尽快落地成了"稳增长"、降债务的重要抓手。一些地方政府认为,不管真 PPP 还是假 PPP,不管风险大小,旨在尽快落地开工,将 PPP 异化为手段、工具。此外,不少地方政府更倾向于国企这类社会资本,除了资金实力因素外,很多地方以政治逻辑在做经济决策，就算项目失败也是"肉也是烂在锅里"，不会担多大责任。

除了上述因素，各类政府购买服务、政策性贷款等也对PPP产生了冲击。PPP操作起来复杂，借道政府购买服务等方式变相上项目，把政府购买服务的范围泛化到几乎所有公共服务。政府购买服务的流程规定相对简单，针对短期内难以按PPP模式实施的基建项目，不少地方出现了以"政府购买服务"之名、行垫资施工及变相融资之实以规避PPP监管要求的现象。

总体看，政府依然存在重投入、轻产出，重建设、轻运营，重准入、轻监管的问题，部分地区重复建设、公共设施使用效率不高等现象时有发生，影响了公共服务的供给效率和实际效果。

2. 社会资本有顾虑，追求短平快、低风险

目前，国内PPP市场存在国有企业热、民营资本冷的现象，对民营企业有一定"挤出"效应。民企"不敢进"与"进不去"的局面并存，同时，即便一部分民企参与PPP，但企业数量、投资规模占比依然较小。现金流较好的经营性项目少、获得难，其他项目未来收益具有很大不确定性，或担心政府违约。PPP项目投资大、周期长，有一定的风险和不确定性，民营企业心存疑虑。加上一些PPP投资领域未完全向民营企业开放，融资难、融资贵问题难以解决，令民营企业心有余力不足。

社会资本最担心经济下行压力下，如此长期限的合同中无法把控地方政府财政支付能力、诚信等风险。在长达10年以上合作期内，社会资本必然面临的政府换届风险，以及合作过程中有些政府官员的不作为、乱作为等问题。此外，资产流动性差，投入后难以退出或变现，社会资本担心被"套牢"。社会资本更青睐稀少的经营性项目，更迫切希望在经济较为发达的区域做PPP项目，但这些项目竞争非常激烈，民企未必能拿到手，缺乏地方资源的企业未必能获得项目。

故而，很多社会资本"挑肥弃瘦"，希望采取各种"变通"措施规避风险。当前，参与PPP项目的社会资本多为施工企业，其目的是通过投资人身份锁定工程项目，赚取施工利润。这些社会资本更关注当前工程利润，大多是追求"短、平、快"，导致很多项目异化为"垫资施工"、BT导向的伪PPP。"长期投资"异化为"短期投资"，社会资本容易实现"无风险套利"，通过施工利润、数年的运营期收费即可实现回收。稳赚不赔必然缺乏运营管理、提升公共服务质量的积极性和动力。

3. 金融机构还是传统的担保导向融资，项目融资实现难

目前，很多项目落不了地或后期实施出问题，很大程度上与融资难有关。无论是银行还是基金等非银行金融机构，大多还是传统信贷导向，提供的资金周期短、成本高，通常要股东或第三方提供担保或增信措施。尽管各方一直呼吁以项目公司收费权或特许经营权质押作为担保方式进行"有限追索"融资，但金融

机构出于风险防范角度，依然要求股东或其他方提供担保这一类"强增信"方式。但是，很多 PPP 项目的还款来源的不可控因素较多，风险依然存在。商业银行近年来银行不良贷款余额飙升、不良贷款率激增，导致其在信贷投放过程中更为谨慎。故而，金融机构通常要求担保人担保能力强或担保物足值且容易变现。这些因素都导致金融机构心存疑虑，需要项目公司提供额外增信措施。

出于业绩考核压力、控制风险角度，在"刚性兑付"预期下，很多商业银行热衷于融资平台的企业债、公司债及非标金融产品等。这在实际上，导致了投融资平台功能复归，挤压了 PPP 融资的市场。很多融资机构出于政治、经济方面考虑，更希望将资金借给国有企业、政府融资平台，而不愿意借给民营企业，尤其是项目公司。融资造成了 PPP 领域国有企业对民营企业的"挤出效应"。在实际融资过程中，容易出现"绑架"政府，过度依赖政府，要求地方政府纳入预算或其融资平台提供担保等。

4. 咨询公司经验不足、服务不到位，市场混乱

很多咨询公司多为转型公司，PPP 项目经验有欠缺；实力强的咨询公司，价格非常高，且本地服务响应不及时。此外，咨询市场价格战、圈地运动也导致咨询质量不高。总体上，PPP 前期咨询工作"本本主义"严重，套模板、简单复制，实施方案等做得眼花缭乱、故弄玄虚。此外，咨询公司普遍存在的商业性、短期性行为，前期调研、论证不充分，方案针对性不强、风险防范意识淡化，导致风险分配不清晰、不合理、利益分配不均衡，或缺乏有效的风险管控的"抓手"。

出现如此多的乱象和问题背后，绝不是哪一方的责任。在市场经济中，每个理性经济人都会有自利的一面，其个人行为会按自利的规则行为行动。同时，地方政府也存在"利己"行为。故而，PPP 背后的乱象和问题折射出行政体制、财政体制、市场化改革等一系列问题。

（三）PPP 项目的潜在的风险性

PPP 本身是一项复杂的系统工程，潜在的风险较大，需要在全生命周期形成良好的伙伴关系，对地方政府的治理能力要求较高。大量 PPP 项目发生各种问题，一方面是政府将 PPP 异化为工具、社会资本普遍担心各种风险尚未很好的解决，另一方面是项目本身难度大、各方专业能力有欠缺。

亚行指出，不少实践经验表明，质量不高的 PPP 项目会增加政府财政负担：一是政府部门过度承担项目风险，如签订固定收益率合同、接受不恰当的无条件支付或者为项目提供担保。二是在公共服务的使用量不足 PPP 合同规定的水平的情况下，政府部门被要求弥补收入缺口。三是因不能有效识别和分配财政风险导致政府责任不清晰。四是项目的信息披露不充分，导致政府与运营方的信息不对称。五是未安排项目的长期预算。六是将政府的财政责任转移到预算外。七是财政风险监管不到位。八是受 PPP 项目前期费用较低影响，政府可能过度投资。

采 PPP 的关键在于分担风险、提质增效，必须规范、有序地推进 PPP。当前，不应过度夸大 PPP 地位和作用，PPP 模式仍是公共支出的重要补充而非替代。即使是在 PPP 推广较好的西方发达国家，PPP 投资额也通常不超过公共投资的 15%。不规范的 PPP 会导致效率损失、风险加剧，甚至会隐匿风险、诱发债务风险或危机。滥用 PPP 会形成财政幻觉，引发财政机会主义行为，导致预算软约束、财政风险累积过大等问题。一旦后期大面积出现履约能力欠缺、监管不到位等问题，则会出现连锁性负反馈效应。推广运 PPP 绝不能再走"先发展再治理、先发展再规范"的老路，必须走规范创造之路，推动 PPP 规范健康发展。

第二节　我国 PPP 模式的核心特征与规范性

一、我国现阶段 PPP 模式的核心特征与规范性的着力点

PPP 在世界范围内没有统一的定义，也没有统一的运作模式，PPP 规范性要素在各个国家要求不同。有些国家甚至将 EPC 工程总包、股权合作等都视为 PPP 的运作模式，这与中国 2014 年大规模推进的 PPP 的本质与诉求是不同的。2014 年以来的 PPP 模式是一次体制机制的升级，更加强调公共服务的提质增效。但是，中国普遍存在地方政府投资冲动、市场主体（含国企及融资平台）不成熟等问题，造成了很多 PPP 模式发生异化，产生项目效率不高、契约精神差、风险过大等问题。

尽管 PPP 强调的角度不尽相同，PPP 还没有形成一个完全一致的表述或定义。但是，PPP 的一些共性特征还是明显的。我国当前的 PPP 的内涵中至少应包括如下要素：

第一，目的与领域：PPP 提供的主体是公共服务或公共设施，方式是由私人部门提供，由公共部门或受益公众购买。

第二，物有所值：强调全生命周期的降本增效，以及财政可承受能力与项目可融资性。

第三，长期合作：要通过合同来界定各方权利与责任，并在此基础上进行长期深入合作、获得相应稳定的回报。政府部门还可能需要提供必要的资本支出，

包括土地、现存资产、债务或资本融资。

第四，分工与互补：合理界定各方的职能和责任。公共部门的重要职责是要制定清晰的各种标准，重点是价格和质量监管，要引入私人部门的资金或专业技能。一般是由社会资本承担设计、建设、运营、维护基础设施的大部分工作，并承担主要风险。其中，私人融资、建设并不是必不可少的要素，PPP更强调运营职能。

第五，产出和绩效：政府要有基于产出及绩效进行支付，付费是和绩效标准（包括服务标准、需求、使用等）紧密相关。

第六，风险分担：要进行合理的风险分担与转移，并实现激励相容。通常由私人资本承担合同期间的重大风险及管理责任。

第七，多方共赢：关注政府Public、私营部门Private、社会公众People利益，关注经济性（Economy）、效率性（Efficiency）、有效性（Effectiveness）和公平性（Equity）的"4E"原则。真正的PPP是政府、市场、社会（公众）共同参与的公共服务"提质增效"的供给新模式，风险最优分配、共享发展理念是其基本要义。

PPP有多种不同的结构和合同格式，但是运营管理、风险分配、绩效付费通常都是必要的关键特征。值得注意的是，PPP项目虽然从付费方式上分为政府付费、使用者付费和两者混合付费等，但付费方式不是从本质上区分PPP模式的核心要素。同时，私人融资不是必不可少的要素，但对于风险转移和管理来说可能是必要的。

我国PPP市场普遍性存在"重建设、轻运营"、"重补贴、轻经营"、"重权利、轻责任"、"重签约、轻监管"、"重国有、轻民营"、"重短期、轻长期"等现象。当前尤其突出的问题是，政府或其指定机构以最低收益承诺、回购安排、明股实债等方式进行变相融资、包装成PPP模式的做法，与PPP的本质与意义相悖。

目前PPP不规范行为主要集中体现在"风险-收益"这两个维度，主要表现为短期化、工程利润倾向，核心是运营职能的缺失或能力不足，导致风险分配、绩效考核机制弱化、失灵。目前，PPP项目应以运营为抓手、效率为核心，构建长期合作伙伴关系、合理风险分担、激励相容体系。PPP项目必须立足长期合作，原则上不低于10年，将规范重点放在"运营、收益、风险、绩效"等要素上。PPP需要围绕高效率的公共产品为核心，公开透明引入具有融资、运营能力的社会资本，着力强调社会资本负责全过程运营管理、有效分担各类市场风险，并基于绩效评价获得合理回报。政府或政府指定单位不得回购社会资本方股权，不得承担社会资本方的资本金损失，不得承诺最低投资收益保障，不得为项目的融资提供担保，不得全部承担或受托接受运营责任。项目无运营（维护）、无绩效不得付费，并且，运营要有激励约束性，绩效考核可实现强力问责纠偏。

二、PPP 示范项目评审要点：以第三批示范项目为例

（一）PPP 示范项目申报材料清单

申报项目应提供以下材料：
1. 项目实施方案
按照《PPP 操作指南》（财金〔2014〕113 号）要求认真编制，内容包括但不限于：
（1）项目基本情况，包括项目名称、类型、所在地、所属行业、实施背景、建设运营内容、总投资等；
（2）风险分配框架，包括风险识别情况、风险分配方案（政府与社会资本各自承担哪些风险、是否设置保底和超额收益分成机制）、风险防范措施等；
（3）项目运作方式，包括项目合作期限、资产权属、具体运作方式等；
（4）项目交易结构，包括回报机制（成本收入测算、付费机制、回报率）、投融资结构（资本金金额及比例、贷款金额及比例、资金来源、项目公司股权结构）、政府配套安排等；
（5）合同体系，PPP 项目合同核心内容及关键条款，相关股东协议、融资合同、工程承包合同、运营服务合同、原料供应合同、产品采购合同和保险合同等合同关系；
（6）监管架构，包括授权关系和监管方式等；
（7）社会资本合作方采购方式，选择哪种竞争性采购方式以及选择依据等。
实施方案如已通过政府审核，应提供相应证明文件。
2. 项目物有所值评价报告
按照《PPP 项目物有所值评价指引》要求编制，如已通过财政部门审核，应提供相应证明文件。
3. 项目财政承受能力论证报告
按照《PPP 项目财政承受能力论证指引》要求编制，如已通过财政部门审核，应提供相应证明文件。
4. 项目可行性研究报告
根据项目前期工作实际完成情况，至少应提供项目可行性研究报告及立项批复文件；如已完成初步设计及施工图设计，还应补充相关设计文件。
5. 其他证明文件
根据项目进展情况提供，如已进入采购阶段或执行阶段，则应相应提供采购

文件、PPP 项目合同及项目公司股东协议等证明文件。

6. 规范实施承诺书

项目所属本级地方政府或行业部委应就所申报项目向财政部出具规范实施承诺书,承诺将按国家法律法规及 PPP 相关政策要求规范实施项目,确保项目顺利、按期落地。

(二) 定性与定量评审标准

PPP 示范项目评审包括定性评审和定量评审两部分,通过定性评审的项目方可进入定量评审。

1. 定性评审标准

项目定性评审主要审查项目的合规性,具体包括主体合规、客体合规、程序合规三部分内容:

(1) PPP 相关参与主体是否适格。

有下列情形之一的,不再列为备选项目:

①政府方:国有企业或融资平台公司作为政府方签署 PPP 项目合同的;

②社会资本方:未按国办发〔2015〕42 号文要求剥离政府性债务、并承诺不再承担融资平台职能的本地融资平台公司作为社会资本方的。

(2) 项目的适用领域、运作方式、合作期限是否合规。

有下列情形之一的,不再列为备选项目:

①适用领域:不属于公共产品或公共服务领域的;

②运作方式:采用建设–移交(BT)方式实施的;

③合作期限:合作期限(含建设期在内)低于 10 年的;

④变相融资:采用固定回报、回购安排、明股实债等方式变相融资的;

(3) 项目实施程序是否合规。

有下列情形之一的,不再列为备选项目:

①规划立项:项目不符合城市总体规划和各类专项规划的;新建项目未按规定程序完成可行性研究、立项等项目前期工作的;

②两个论证:未按财政部相关规定开展物有所值评价或财政承受能力论证的;

③政府采购:已进入采购阶段或执行阶段的项目,未按政府采购相关规定选择社会资本合作方的。

2. 定量评审标准

定量评审指标及评分权重如下:

(1) 项目材料规范性。

项目是否经过各级部门认真审核把关，申报材料真实性、完整性、规范性是否符合规定要求（10%）。详细打分标准如下：

①申报材料齐全，且各阶段填报信息完整、详实（8~10分）；

②申报材料齐全，但填报信息不够完整（5~7分）；

③有非关键材料缺失，且填报信息较为简略（1~4分）；

④未提供关键材料（可研、承诺书），或填报信息缺失较多（0分）。

（2）项目实施方案。

项目实施方案内容是否完整，交易边界、产出范围及绩效标准是否清晰，风险识别和分配是否充分、合理，利益共享机制能否实现激励相容，运作方式及采购方式选择是否合理合规，合同体系、监管架构是否健全等（25%）。分为5个子项进行详细打分，标准如下：

①实施方案内容完整，运作方式及采购方式选择合法合规有理有据，合同体系、监管架构健全可行（5分）；

②风险分配充分，风险分配合理（5分）；

③交易结构符合项目特点，清晰、合理，且绩效指标及考核体系完备，能够较好实现激励相容（5分）；

④项目产出范围和标准清晰，财务测算较为严谨（5分）；

⑤融资方案合理可行，对社会资本吸引力强（5分）。

（3）项目物有所值评价。

是否按要求开展并通过物有所值评价，定性评价的方法和过程是否科学合理；是否同时开展物有所值定量评价，定量评价的方法和过程是否科学合理的（10%）。详细打分标准如下：

①开展了定性和定量评价，评价方法和过程科学合理，并已通过财政部门审核的（10分）；

②开展了定性与定量评价，但其中定性或定量评价方法或过程存在瑕疵，且未经财政部门审核的（6~8分）；

③仅开展了定性评价，且评价方法和过程科学合理的（3~5分）；

④仅开展了定性评价，且评价方法和过程存在明显瑕疵的（0~2分）。

（4）项目财政承受能力。

是否按要求开展并通过财政承受能力论证，论证方法和过程是否科学（15%）。详细打分标准如下：

①开展了财政承受能力论证，支出责任测算科学，预算支出预计增长率合理，通常本级年度全部PPP项目支出责任，且开展了行业均衡性评估的（12~15分）；

②开展了财政承受能力论证，但支出责任或承受能力测算不够合理，或未进

行行业均衡性评估的（8~11分）；

③开展了财政承受能力论证，但支出责任或承受能力测算存在非关键瑕疵的（4~7分）；

④开展了财政承受能力论证，但支出责任或承受能力测算显著不合理，或仅考量单个项目支出责任、未考虑10%红线的（0~3分）；

（5）项目实施进度。

项目方案论证、组织协调等前期准备工作是否充分，立项、土地、环评等审批手续是否完备，所处阶段及社会资本响应程度如何，是否具备在入选一年内落地的可能性（15%）。详细打分标准如下：

①已进入执行阶段，且已设立项目公司，融资基本落实到位的（15分）；

②已进入执行阶段，但尚未设立项目公司，亦未落实融资方案的（13~14分）；

③已进入采购阶段，预计可在短期内正式签约的（10~12分）；

④身为进入采购阶段，但审批手续齐全、前期准备充分，实施方案和两个论证均通过审核，预计短期内进入采购阶段的（6~9分）；

⑤审批手续齐全或前期准备较为充分，预计半年内进入采购阶段的（3~5分）；

⑥审批手续不全且准备工作不充分，无法确定合适能够进入采购阶段的（0~2分）；

（6）项目示范推广价值。

项目是否符合行业或地区发展方向和重点，是否具备较好的探索创新价值和推广示范意义（25%）。分为两个子项，详细打分标准如下：

①项目行业代表性：符合行业或地区发展方向和重点，具备同行业、同地区推广示范价值（15分）：

a. 符合PPP改革及行业发展方向，实现行业或地区破冰，示范作用显著，具备全国范围内推广价值的（12~15分）；

b. 符合本行业发展方向或属于本地区重点项目，示范作用较大，具备在本地区或本行业推广示范价值的（8~11分）；

c. 本行业或本地区应用较为普遍，具备一定行业代表性和推广示范价值的（4~7分）；

d. 本行业或本地区应用十分成熟，推广示范价值较弱的（4~7分）；

②项目模式创新性：在伙伴引入、合作内容、运作方式、交易结构、技术应用和管理经验方面具备创新点（10分）：

a. 引入民营资本，且在合作模式上具备突出创新性的（9~10分）；

b. 未引入民营资本，但合作模式亮点较多的（6~8分）；

  c. 引入民营资本，但在合作模式上亮点较少的（3~5分）；
  d. 在引入社会资本和合作模式创新方面均乏善可陈的（0~2分）。

三、规范有序地推进PPP模式

  当下推广PPP模式，应注重PPP模式的规范性、效率性，同时，也要有灵活性、创新性。各国均是结合自身实际开展PPP立法和实践，并不存在静态的最佳实践。PPP与其运行环境是高度相关。脱离具体环境去研究PPP模式的普适性没有任何意义。PPP是一项综合性改革，具有很强的牵引性，需要经济体制、行政体制、财政体制、投融资体制等改革配套推进。各级政府部门要转变观念，做积极有为的"监督者、合作者"，规范推进PPP。

  一是按照"法律规范、政策指导、实施细则与指引"三位一体思路推进制度构建，制定覆盖PPP"全生命周期"的制度体系。"制之有衡，行之有度"，如果没有规范的制度，就容易"走弯路、念歪经"。从推广PPP一开始，我们就从制度建设入手。尽快推进PPP立法落地，进一步细化完善项目土地、财政管理、税收优惠、资产管理等政策，操作指南、行业合同等需进一步优化调整。针对不同行业，行业主管部门可根据行业特点制定单独的评估指南，进一步发展PPP项目标准化文件以及合同，指导项目评估论证工作。此外，PPP所需财政资金应当结合中长期财政规划统筹考虑，纳入同级政府部门预算管理，确保支出透明、规范、有效、可控，化解社会资本的后顾之忧。

  二是在政策、指南中进一步明确假PPP、不规范PPP的认定标准，并坚决制止假PPP行为。其一，要明主体合规，政府、社会资本等主要参与主体必须适格，政府需是政府、职能部门、事业单位等预算单位，社会资本需是市场化经营主体、非本级控制的传统融资平台。其二，项目的适用领域、运作方式、合作期限是要合规，我国当下PPP模式更加强调合作期限适当、双方风险合理分担、社会资本负责运营、政府按绩效付费等要素，避免PPP异化为BT、变相融资工具。以合作期限为例，即便是英国PFI项目中也有少量期限低于10年的，我国目前合作期限一般不低于10年、不超过30年，但最终的期限应经过论证确定，应根据公共服务需求、项目资产生命周期（重置、大修）、投资回收期等因素综合确定。要注意防范政府的财政机会主义，社会资本的短期化、过度追求工程利润的倾向，尤其关注社会资本的运营维护、按绩效付费、合理风险分担等机制的设计。其三，项目实施程序要合规，前期工作要深入、充分论证，按法规政策程序实施，确保项目引入社会资本及实施过程中的公开性、公平性、竞争性、合规性。此外，值得注意的是，要遵循"风险共担，利益共享"去界定目前有关固定回报、明股实债（或带回购条款的股权性融资）等难点，应区分差异、分类对待，不可一概否定，设立相应的红线、底线。

三是对较不规范的项目或严重违规的项目，要建立相应的纠偏、再谈判机制，甚至应建立相关责任人（政府、社会资本）的问责制度。此外，相应的咨询、评审的信息公开，建立咨询公司、专家等警示、退出、责任追究机制。

四是树立标杆，落实扶持政策，加强政府的激励和引导。在 PPP 示范项目方面，"打样板、树标杆"，发挥引领、示范带动作用。加大以奖代补的支持力度，为更多的规范 PPP 项目提供支持。在土地、价格、融资等方面，量身打造适应 PPP 需要的配套政策。提高 PPP 项目收费权等未来收益变现能力，通过合规性股权转让、资产证券化等方式，为社会资本提供多元化、规范化、市场化的退出机制，吸引更多社会资本参与。

五是建立项目信息公开机制，依托大数据确保项目实施公开透明，接受各方包括竞争对手、第三方机构等监督。搭建集项目管理、数据分析和信息共享为一体的全国 PPP 综合信息平台，实现项目全生命周期内的全功能动态监管。所有 PPP 项目统一纳入信息平台，进行全过程监管，及时向社会公开 PPP 项目相关信息，包括项目前期资料、实施方案要点、采购文件、补充合同等，尤其是合同框架和要点、实施情况必须详细公开披露。坚持"以公开促规范、以公开促发展"的原则，有序推进，保证项目实施质量。

推广 PPP 模式具有积极意义，不仅是微观层面的操作方式升级，更是宏观层面的体制机制变革。PPP 是一把"双刃剑"，PPP 规范推进应消除社会资本疑虑、财政机会主义，须强化治理机制、能力提升。PPP 关键是通过恰当的治理机制，落实风险分担机制、充分挖掘 PPP 效率，从而使政府能够通过分享效率"红利"实现降低长期债务目标。地方政府不应急功近利，而应充分考虑 PPP 适用性、物有所值及风险性，规范有序推进 PPP。

第三节　PPP 模式的创新

一、商业模式或交易结构创新

商业模式就是企业为了最大化企业价值而构建的企业与其利益相关者的交易结构。PPP 的商业模式是政府、社会资本、社会公众等各种利益相关者之间的交易结构，其中，在保障公共服务质量基础上形成合规的、共赢的盈利模式是其核心。

PPP 项目的商业模式或交易结构也需要不断升级重构，以"价值创造"导向、成为连接、均衡公众价值与企业价值的桥梁。无论是技术的创新、管理或经营的创新，还是整体商业模式的创新，都需要有激励机制，显然，完全放给政府是难以有效达成的。PPP 项目商业模式的创新必须将政府公共政策目标、企业盈利目标和市场机制结合在一起，发挥各方优势，实现多方共赢。PPP 项目商业模式创新要注重以下几个方面，即 PPP 的基础是提供公共服务、核心是形成清晰的盈利模式、难点是运营的激励约束、落脚是责权利对称的合约。

1. 基础是提供持续性公共服务

PPP 模式无论如何创新，但其主体和基础依然是持续提供公共服务。对于 PPP 项目应用进行三类区分：

一是领域的适用性。到底政府要购买哪些服务，虽然在具体的操作上常常是清单的方式出现，但很难以列清单的方式予以说明。我国 PPP 适用性应采取项目特征、必要列举法等方式相结合来明确适用范围。政府之所以选择 PPP 的缘由是"物有所值"、"最优风险共担"。对容易出现项目特性和预期服务质量的不确定性、产出要求和绩效指标不容易明确、需要整合优势技术时难以更换供应商等情形的项目，不宜采取 PPP 模式。

二是核心职能和非核心职能划分。从国外实践上看，一个受到广泛认同和贯彻的基本原则是，要对核心职能和非核心职能进行区分。一般核心职能要由政府亲自履行、不可外包，对外购买的主要是属于执行环节的事务性、非核心职能。尤其是我国区域发展不平衡，地方政府的部门实施能力也相差较大。故此，这一问题的关键还取决于政府对于外包出去后的管理能力和管理效果，如果管理能力弱，简单的道路清扫服务也可能包不出去。

三是核心资产和非核心资产的划分。目前，很多 PPP 项目都配置了商业开发内容，这些商业性开发有些是在基础设施或公共服务上附着的，有些则是分离的。故此，PPP 项目要对核心资产（提供公共服务）、非核心资产（资源对价等）进行有机配比、协同管控。不可打着 PPP 的幌子大搞房地产等商业开发、获得财政补贴或优惠政策。不可将商业开发作为主体、公共服务作为配角，只要能保障公共服务持续性，原则上政府不应对非核心资产或业务干预或监管，但是，如果非核心资产影响到公共服务，则需要建立相应的管控体系。社会资本合作方或项目公司不得擅自转让股权和核心资产，不得将合作项目的设施、土地和项目收益权等相关权益用于合作项目之外的用途，不得以上述财产和权利为他人提供担保。

2. 核心是形成清晰合规、激励相容的盈利模式

私人合作伙伴可能提供部分或全部资本投入，则政府必须提供可识别的收入足够覆盖其投资，并提供一个可接受的回报率。PPP 项目收入来源的可以多样性、多种渠道组合，可以让渡收费权、支付可行性缺口补助或（和）政府付费的方式给予社会资本合理的回报。包括但不限于：规费、收费、可用性付费、影子收费、政府融资、税收增额融资（tax increment financing）、充分利用资产商业开发或广泛的附加选项，但必须合理匹配私人资本的投资回收期。

PPP 项目商业模式创新的重点是在公益性项目、准经营性项目领域。对非经营性项目，应尽可能创新收益来源、主动降低投资风险、增强项目吸引力，也相应降低了财政负担。

常见的盈利方式创新或设计如下：

（1）将非经营性项目和经营性项目"打包"或"捆绑"，通过"肥瘦搭配、以丰补歉"方式构建复合型 PPP 模式。打包运作形成规模效应、联动效应，有助于实现"外部性内部化"。如常见的供水、供热、燃气等厂网一体化项目，公益性的管网与相应的公用事业打包建设、运营，可以起到规模效益，有望获得资金平衡。再比如，城镇化建设的道路、管网、公园等基础设施与土地整理、商业开发项目结合起来，实现资金平衡或降低财政补贴。

（2）配置国有资产、公共资源开发权，形成资源补偿或对价。将基础设施或公用事业项目（地铁、隧道、环境治理等）周边一定数量的资源（如土地、旅游、矿产、广告等）的开发权出让给 PPP 项目公司，以捆绑的方式提高项目公司的整体盈利能力。例如：地铁的"轨道交通+地产商业"的组合，公交设施投资与站台广告资源补偿方式结合。

（3）授权提供配套服务，开发衍生性业务产品，拓展产业和盈利链条。PPP 项目公司在提供政府需求的公共产品或服务时，可以附带生产出更具经营性的副产品，如广告、建筑作品知识产权的授权使用。政府可授权 PPP 项目公司提供这种可以产生预期收益的配套服务（如餐饮、物业、绿化等），从而通过延长价值链创建现金流、补偿主体项目财务上的不可行。

（4）政府通过"资产切分"、"环节分拆"等方式实现部分环节、部分资产投入的市场化。"资产切分"投入方式很多，比如将项目分为 A、B 两部分，A 部分由政府投资，B 部分引入社会资本采取 PPP 模式组建项目公司，项目公司租赁 A 部分资产，负责整体项目的运营，完成项目市场化运作。或者采取"环节分拆"，将产业链的某个环节拿出来做 PPP，如网运分离、厂网分离等模式，市场化程度较高的环节都可引入社会资本采取 PPP 模式。通过合理的分拆与有机组合，基础设施项目可以将投资建设或运行环节单独实施市场化，也可将经营性子项目部分作为一个整体项目完成市场化运作。

（5）政府通过"利益让渡"、"托底限高"安排等杠杆化、结构化方式，撬动、诱导、激励社会资本以 PPP 模式投入。政府给予项目前期补贴、劣后分红、入股不分红，实行补贴和利益让渡，提高项目财务可行性。此外，或者政府无偿或低价以资产租赁等方式提供给项目公司使用，降低社会资本投入。此外，可以对于市场需求不确定的项目，采取适当保底量"托底"、保障社会资本不亏损或接近平均市场收益水平，同时，采取利润分成、超额收益分享机制，实现政府与社会资本共赢。付费机制应当能够保证项目公司获得合理的回报，以对项目公司形成适当、有效的激励，确保项目实施的效率和质量。

（6）充分考虑存量项目对社会资本吸引力、财务可行性等，结合政府需求、市场响应，灵活可以采取"重资产"、"轻资产"等转让经营模式，区别化设计资产所有权、经营权或使用权、股权等结构安排。如采取资产所有权转让、全部或部分股权转让等模式实现 TOT（移交－运营－移交）、ROT（改建－运营－移交）等方式，或采取经营权转让（所有权依然保留在政府方）的 O&M 等方式，或者采取政府保留所有权、有偿或无偿租赁方式、连同其他部分交由社会资本运营维护等。对于不涉及资产或者权利转移的 PPP 存量项目，通常包括委托运营费和管理费。此外，应考虑存量 PPP 项目在审批文件、产权转移、用工合同接续、岗位交接和调整、合同对接等方面的延续性和可操作性，充分识别项目的可整合性和衔接风险。

（7）推动"存量＋增量"的项目采取 PPP 模式，灵活采用多种组合方式，如 O&M＋BOT、TOT＋BOT 组合等方式。一方面降低政府债务压力，另一方面提高项目整体的规模、协同效应，提高项目吸引力。

（8）对于公益性、无现金流等的项目，采取可用性付费（Availability Payment）、使用量付费（Usage Payment）或影子收费（Shadow Tolls），与绩效付费（Performance Payment）挂钩或组合付费。采取设计—建设—融资—运营（DBFO）的形式或 BOT 的形式，在模式设计上要保证政府、社会资本风险共担，确保项目可融资性和绩效付费。

（9）与金融机构合作，加大结构化、杠杆化的运作力度。在股权、债权、明股实债等方面，以及优先、中间、劣后等结构安排方面，进行深度合作、合理设计，提升收益率水平、解决融资、降低风险。

（10）除了商业盈利模式创新外，还要激励社会资本进行管理或技术创新，给予相应的奖补，以期起到示范、辐射作用，提升行业效率。

通常，在具体操作中还需要关注以下几个方面：

（1）结合政府诉求、市场需求、潜在社会资本的运营能力，梳理项目范围内的资源、资产开发权和潜在的收益，捆绑、配比、组合实施内容以求财务可行性。

（2）在设计过程中，应注重收益来源合法、清晰、充裕，落地路径不存在法律障碍和瑕疵。

（3）具体到每个项目，则需要综合考虑项目所属行业特性、法规政策、预期目标及具体情况，分别设计项目盈利模式。

PPP 项目模式创新设计及后续实现很多程度上取决于策划、运营能力，而非工程建设方面。

3. 落脚是效率与风险均衡、责权利对称的合约

值得注意的是，在盈利模式创新同时，要高度重视定价机制设计，应充分体现激励相容，风险与收益对称。PPP 项目要给社会资本带来"长期，稳定，合理"的投资回报，而非短期化工程利润收益。项目内容和边界要合理、明确，防止公共产品（服务）定价过高导致公共利益受损、企业亏损或政府补贴过重等情形。可以考虑进行结构化设计：

（1）应重点考虑需求不确定性、需求的价格弹性，需求量对价格变动的敏感程度，对价格、需求量进行合理的分段型结构化设计，形成有效风险分担、激励相容的收益结构。

（2）在收益设计上要注重"托底、提低、扩中、限高"，进行结构化定价。超额收益的适当让渡或分享，低于预期政府适度兜底，进行组合型、阶梯型、分段型等价格机制设计。

（3）应设计动态调节/调价机制以降低风险，必要时启动再谈判触发机制、利益动态调节机制。

此外，关注、协调好存量项目的历史遗留问题，社会资本方进入本地 PPP 市场可能会对现有建设、运营、人事体系产生冲击。如存量项目的债权债务、职工安置等问题，以及既有项目运营维护与新 PPP 项目的运维体系的交叉、冲突等问题。这些都需要在采购之前做好尽职调查，约定好、做好预案。

PPP 实施的难点是社会资本的运营能力，即只有社会资本具有较高水平的管理或技术创新，才可降低运营成本，减轻财政负担和项目风险。运营的质量与效率的关键取决于项目盈利水平、社会资本运营能力、绩效考核与项目付费的激励性。公共服务必须要满足产出标准的要求，绩效考核机制有约束力和激励。当前，我国应注重采购的公平性、竞争性，同时，大力扶持产融结合的运营商、投资商。

PPP 注重契约精神，最后落脚均应是合同上，核心是责权利的均衡安排。应将 PPP 项目合同放在核心地位，模式、风险、收益、监管最终都要体现在合同上，反应在具体条款上。在后期执行上，依然以合同为纲，依法合规平等合作，高度重视运营和公共服务质量监管。

二、PPP 商业模式展望

商业模式创新是促进 PPP 健康、可持续发展重要的动力，需将政府公共政策目标，企业盈利目标、市场机制与公众参与机制结合在一起，发挥各方优势、实现共赢。正如国外实践证明，PPP 项目商业模式的核心就是要清晰界定收入来源（clearly defined revenue stream），也即社会资本的盈利方式。合理的 PPP 模式设计要能给社会公众提供持续性、可负担的、优质的公共产品和服务。否则，尽管是鼓励行业（如综合管廊、海绵城市、地铁等）也并不一定适用于 PPP 模式。

PPP 项目必须在保障公共服务质量基础上发挥各方积极性、寻求均衡共赢的盈利模式，这就需要各方需要统筹利用"资金、资产、资源"进行商业模式、交易结构的创新。例如，采取抽肥补瘦、以丰补歉、产融结合等方式，或者捆绑、配补、延伸产业获得更多收益来源，并进行金融创新等。

未来 PPP 的发展方向是大体量、综合性、多业态、系统化投融资及运营解决方案。社会资本也不能急功近利的追求工程利润，而应立足长远、承担一定社会责任，其盈利方式趋势也更加多元化，长中短结合。未来综合性 PPP 项目的全生命周期的模式也会更创新、更复杂，更注重产融结合，模式设计的关注点参见表 7-1：

表 7-1　　　　　　　　项目全生命周期模式发展趋势与关注要点

内容	要点
运作方式	（复合化）整体打包、多模式并举，可采取 BOT、TOT、O&M 等多种方式，在方式设计上注重运营职能、绩效付费制度安排
收益结构	（多元化）政府付费+使用者付费，注重三资"国有资产、公共资源、财政资金"的统筹，创新盈利模式，长中短盈利点结合
风险分配	（可控性）合理风险分担，收益对等
融资结构	（结构化）股权+债权，优先、中间级、劣后，多渠道、多方式
股权结构	（杠杆化）宜参则参、宜控则控，突破非债资金约束
开发方式	（市场化）市场导向、规划引领、分区、分项实施、滚动开发、区域深耕，多次经营
合作分工	（伙伴化）深度参与、注重运营、公共服务质量与效率
产融结合	（流动性）对接资本市场、多资金渠道、金融创新

PPP 应从公众价值主张出发，以公众需求为中心开展价值创造和价值传递，在实现公众价值的同时获取企业价值。PPP 模式的创新发展应注重市场化机制引入、让社会资本充分、公平地参与到项目的前期策划中来。其中，大力鼓励发展运营商参与 PPP 是推进 PPP 创新、效率提升的关键环节之一。PPP 的发展也将更复合化、综合化，呈现出多种业态及多种盈利点，必须不断在合规性基础上创新。同时，PPP 持续健康发展仍需将项目效率提升、公众福利增进放在核心地位，立足长远、深耕细作，充分对接资本市场、借力金融工具，实现产融结合发展。

附录　PPP 在全生命周期实施过程中的问题解析

PPP 项目较为复杂、涉及众多学科，如法律、财务、财政、金融、工程等诸多领域。不论是理论上、政策上，还是实操上均存在着各种争论。PPP 是实践性很强的一个事务，没有统一的定义，没有绝对的标准答案，更没有普适性的最佳实践经验。更多的时候，需要结合法规、区域、项目特性等因素创新性、因地制宜提出解决方案。本附录主要就 PPP 实施过程中可能遇到的一些焦点、难点问题，尝试给予初步解析。

第一节　PPP 相关概念与逻辑辨析、债务与预算

一、基本概念与关联关系

1. 目前地方政府有哪些融资方式？

2014 年《国务院关于加强地方政府性债务管理的意见》（国发〔2014〕43 号）规定，剥离地方政府融资平台的政府举债功能。政府债务只能通过政府及其部门举借，不得通过企事业单位等举借，主体仅限省级政府，省级以下无举债权，市县可由省级政府代为举借。目前，地方政府举债主渠道是发行地方债券，不再依靠银行贷款、融资平台举债。此外，大力鼓励地方政府推广 PPP（即政府和社会资本合作）模式，将财政支出责任纳入中长期预算。

政府举债必须以政府债券形式，只能用于公益性资本支出和适度归还存量债务，不得用于经常性支出，按照公益性事业有无收益分为一般债券和专项债券。2016 年全年地方新增债券规模为 1.18 万亿元，地方政府发债预计 5 万亿元左右，主要为置换债券，新增债券规模较小。但是，目前政府发行地方债券资金难以满足地方政府发展需求。

实际上，地方政府近年来政府债务率趋于稳中有降，但是，地方政府通过政府购买服务、政府投资基金、PPP 等模式开展了大规模的融资，没有纳入债务监管范畴。这些方式大都通过融资平台、社会资本等作为举债主体，政府将项目补贴责任等纳入预算，实际多为中长期支出事项、构成了未来的财政支出责任。但

不规范的政府购买服务、政府投资基金、资管计划等容易形成变相融资，造成事实上的债务风险，值得关注。

2. PPP 的标准定义是什么？

PPP 译为公私合作伙伴关系或政府与社会资本合作，主要是在基础设施、公共服务领域引入社会资本的一种公共产品供给方式。PPP 在世界范围内并没有一个统一的定义，是实践性很强的一个概念。各国关于 PPP 的定义很多，最具典型代表意义的定义为 2014 年 7 月，世界银行、亚洲开发银行、美洲开发银行联合出版 PPP 指南第 2 版的定义：PPP 是由私营部门同政府部门之间达成长期合同，提供公共资产和服务，由私营部门承担主要风险并管理责任，私营部门根据绩效情况得到酬劳。

目前，国内权威定义来自国务院办公厅《转发财政部、发展改革委人民银行关于在公共服务领域推广政府和社会资本合作模式指导意见的通知》（国办发〔2015〕42 号）。即 PPP 模式是公共服务供给机制的重大创新，即政府采取竞争性方式择优选择具有投资、运营管理能力的社会资本，双方按照平等协商原则订立合同，明确责权利关系，由社会资本提供公共服务，政府依据公共服务绩效评价结果向社会资本支付相应对价，保证社会资本获得合理收益。

广义的 PPP 是指公共部门通过与私营部门建立伙伴关系提供公共产品或服务而建立的长期合作关系，以及与企业合作过程中的优势互补、风险共担和利益共享。国际上越来越多地采用广义 PPP 定义，但具体落脚本国实际时，侧重点有差异，可以从其核心特征出发确定其推广的方式和规范性要素（如 BT 不是当前我国 PPP 模式）。

3. 政府购买服务与 PPP 之间是什么关系？

政府购买服务是指通过发挥市场机制作用，把政府直接提供的一部分公共服务事项以及政府履职所需服务事项，按照一定的方式和程序，交由具备条件的社会力量和事业单位承担，并由政府根据合同约定向其支付费用。

PPP 模式与政府购买服务之间一直存在着概念的模糊不清、界限不明等问题。实际上，政府购买服务的外延比 PPP 更为宽泛，承接的主体的范畴也相对宽泛。PPP 与政府购买服务有一定交叉关系，PPP 模式实质上是一种特殊的政府购买服务。从某种意义上讲，与基础设施相关的政府购买服务方式包括了 PPP 模式和非 PPP 模式的政府购买服务两类。

实践中，要厘清 PPP 模式与政府购买服务的范围以及相应程序，防止滥用政府采购服务。原则上，所有政府采购服务应符合政府采购指导目录范围，应"先预算、后采购"。目前，很多地方将工程项目包装成政府购买服务项目，操作简便、快捷，受到地方政府和银行青睐。这类政府购买服务项目规避了 PPP 相关评价论证程序，是值得警惕的，不规范的政府购买服务实际上会形成的潜在债务游离在预算外，容易加剧地方政府财政债务风险隐患。

4. PPP 与特许经营之间是什么关系？

特许经营分两大类，政府特许经营（Concession）和商业特许经营（Franchise）。与 PPP 相关的特许经营，主要指政府特许经营，"特许经营"是从英文 Concession（让与、承认等）引入的，并结合当时计划经济时代背景（30 多年前）直译过来的，但现在中文的"特许经营"含义远比英文更广，并且也在不断发展。政府特许经营是指"各级人民政府依法选择中华人民共和国内外的企业法人或者其他组织，并签订协议，授权企业法人或者其他组织在一定期限和范围内建设运营或者经营特定基础设施和公用事业，提供公共产品或者公共服务的活动。"政府特许经营强调私营企业从事提供公共产品（服务）必须获得政府授权。

从国际发展历程看，PPP 虽然最初是作为一个宽泛的概念提出来的，但经过持续性实践，其适用领域、模式逐渐明朗化、具体化。PPP 强调的是政企之间的平等合作提供公共服务，本质是公共服务供给机制的创新，但并非所有 PPP 项目都必须获得政府特许或授权。

PPP 与政府特许经营两者之间一直存在部分交叉、相互平行、完全相同等争论。但通常认为，PPP 的范畴比政府特许经营大。我国特许经营已经发展 30 多年，具有广泛的影响力，早期主要在公用事业、交通等领域使用，主要侧重使用者付费项目，后又逐步扩展。

近年来，政府特许经营的范围已经得到事实上的扩大，特许经营和 PPP 的范围相差不太大，目前探讨的基本上是同一个问题。如果特许经营和 PPP 分别立法、割裂运行，则会造成各方无所适从，并将引发实施和监管等诸多问题。故此，应抛开概念之争、摒弃部门之争，在当前的简政放权、市场化改革、增强国家治理能力的大背景下，将两者合并统称为 PPP，统一立法、统一机构、统一监管，更加强调平等合作关系、风险分担、激励相容。

5. BT 方式属于 PPP 的范畴吗？

BT 是 Build - Transfer 的英文缩写，意思是"建设－移交"或政府（分期）回购。在 BT 模式下，政府通常委托具有工程建设资质的施工企业进行工程建设，由施工企业进行融资，建成后根据项目造价以及建设中的合理利润获得回报，把项目移交给政府。BT 方式合作期限比较短，一旦项目建设完成，社会资本就移交退出，政府验收后分期付款。BT 方式下，社会资本只承担建设、融资职责或垫资施工之责，项目缺乏有限的风险分担机制，质量和效率缺乏保障。BT 方式当初兴起是规避预算约束和监管，导致很多地方盲目上项目，债务风险迅速攀升。BT 方式是造成我国巨额地方债的主因之一，不符合预算法、债务管理的相关精神，更不符合当前 PPP 的本质属性。从广义 PPP 而言，PPP 包含 BT、甚至有很多国家将 DB（设计－建设）、EPC（设计－采购－施工）、交钥匙工程也作为 PPP 的运作方式。但诸如 BT、DB、EPC 等这一类偏短期、偏工程的方式不是国际 PPP 的主流，更不符合我国当下推广 PPP 的要求。客观说，BT 方式利弊兼具，是政府性债务的主要源头之一，目前已被政府严禁。BT 与当前的财政体制改革相悖，不属于我国现阶段的 PPP 模式。

6. BOT 与 PPP 之间是什么关系？

我国 20 世纪 80、90 年代，在外资、民企参与公共基础设施建设的热潮中，很多公用事业项目（电厂、水厂等）、交通基础设施项目（大桥、公路等）采用 BOT（Build－Operate－Transfer，建造－经营－移交）方式或其演变形式。早期 BOT 作为政府特许经营的重要方式被引入到基础设施的投资、建设、运营中，侧重于经营性项目或使用者付费项目。

BOT 是我国早期特许经营领域的一个重要概念和运作方式，但目前 BOT 是一个宽泛的概念，可以运用于多个领域。BOT 是从项目运作流程任务（设计、建设、融资、运营、移交）分解的角度进行定义的，可以演变成 BOO（建设－拥有－运营）、BOOT（建设－拥有－运营－移交）等多种形式。

BOT、BOO、ROT（改建－运营－移交）、TOT（转让－运营－移交）等多种方式均是从项目全生命周期的职能、任务分解角度出发界定 PPP 项目的运作方式，都属于 PPP 范畴下具体合作形式或运作方式之一。

7. PPP 与私有化是什么关系？

PPP 模式与私有化具有一定的关联，但不属于私有化范畴。PPP 属于西方公共部门私有化改革的延续，被西方国家视作私有化运动的衍生产品，被英美国家所推崇（Linder S. H.，1999）。多数 PPP 项目，政府拥有所有权，或经营期满拥有完整所有权，这些 PPP 模式显然不属于私有化的类型。在协议期限内，基于项目资产的专用性，资产多数情况下归公共所有，有些资产可以归项目公司所有；即使项目公司在经营期内拥有所有权，当协议到期后，基础设施通常会移交收归公有。

PPP 模式下，政府依然具有一定的控制或监管权、享有剩余权益，PPP 不等于私有化。PPP 模式适用于公共产品领域，并不一定存在私有化情形，即便政府让渡了所有权，但政府依然存在一定的责任和义务，与一般性私有化经营项目不同。即使在 BOO（建设－拥有－运营）这种"类私有化"方式下，也与传统私有化有差别。尽管如此，公共部门仍可在其中扮演重要角色，应承担一定监管（价格、安全等）责任。无论是 BOO 方式，还是 BOT 方式，政府让渡利益的目的是获得等价的公共服务。

PPP 模式本身购买的是公共服务，而不是资产本身，本质上并非国有资产和/或责任的私有化或剥离。PPP 并非通过创建国有企业而实现公共职能的"商业化"，而是将某些运营与风险转移给私营合作伙伴。

8. 股权合作属于 PPP 模式的一种吗？

有些国家将股权合作视为 PPP 的一种方式。1992 年英国提出了 PFI（Private Finance Initiative，私人主动融资），2012 年总结以往 PFI 的不足，颁布了"PPP 新路径"（"PF2"）。PF2 继续吸收私人融资的专长，其最大特征是政府以参股形式投入部分资本金。强调政府在项目公司中占有股份，以加强对项目的控制，保障公众利益，共担风险和共享收益。

实际上，将股权合作、政府购买服务等形式视为 PPP 模式是有偏颇的。同样，把私有化、混合所有制作为 PPP 的实现形式，也同样是牵强的或功能上的"泛化"，都未触及 PPP 的实质内涵。实践中，PPP 合作的方式有多种，可以由社会资本独资，也可以政府与社会资本合资。

PPP 模式的实践性非常强，我国当下 PPP 强调合作、运营、风险、绩效等要素，不能以外在形式评判是否属于 PPP。股权合作在中国是非常普遍的合作形式，尤其是国企改制、上市、商业合作等更为常见，它并非是 PPP 必须选项、也并不一定具有 PPP 当前的核心特征，故此，不能说股权合作就是 PPP 的一种形式。

9. 何谓融资平台？

地方政府融资平台公司指由地方政府及其部门和机构、所属事业单位等通过财政拨款或注入土地、股权等资产设立，具有政府公益性项目投融资功能，并拥有独立企业法人资格的经济实体，包括各类综合性投资公司，如建设投资公司、建设开发公司、投资开发公司、投资控股公司、投资发展公司、投资集团公司、国有资产运营公司、国有资本经营管理中心等，以及行业性投资公司，如交通投资公司等。

传统投融资体制存在"一高（融资平台债务高）、一低（公共供给效率低）、一难（私人资本进入难）"等问题。在现实运作中，融资平台更多是政府融资的工具，严重依赖于金融机构融资、财政兜底。2014 年《国务院关于加强地方政府性债务管理的意见》（国发〔2014〕43 号）出台后，要求融资平台剥离政府融资功能。客观上讲，融资平台仍具有积极作用、不可一味否定，但面临着重新定位和市场转型。

10. 哪些主体能作为政府方或实施机构？

PPP 模式中的"政府"是指各省、自治区、直辖市人民政府，国务院各部委、各直属机构、地方各级人民政府和行业主管部门等具有相应行政能力的政府，或其授权的实施机构、委托的代理机构。

目前政策方面存在差异，主要体现在国有企业、融资平台是否可以代表政府作为实施机构。财政部《政府和社会资本合作模式操作指南》指出，政府或其指定的有关职能部门或事业单位可作为项目实施机构，负责项目准备、采购、监管和移交等工作。根据财政部 PPP 示范申报项目的评审标准要求，国有企业和融资平台公司不能代表政府作为实施机构签署 PPP 项目合同。但是，国家发展和改革委员会《关于开展政府和社会资本合作的指导意见》提出，按照地方政府的相关要求，明确相应的行业管理部门、事业单位、行业运营公司或其他相关机构，作为政府授权的项目实施机构。

从严格意义上讲，PPP 项目的实施机构最好是与项目关联程度高、协调能力强的机构来担任，最适宜作为实施机构的是项目所在地人民政府或行业主管部门，其次是事业单位及经费由财政负担的群团组织。当然，今后考虑到部分行业的特殊性，可以考虑将纳入财政预算统筹管理的公益类国有企业作为实施机构。从政企分开、预算管理、履约能力等角度看，一般性的国企、融资平台不适宜担任实施机构。

11. 社会资本主要指哪些主体？

财政部关于社会资本的界定较窄，国家发改委对社会资本的界定较为宽松。根据财政部《政府和社会资本合作模式操作指南（试行）的通知》（财金〔2014〕113 号），社会资本是指"已建立现代企业制度的境内外企业法人，但不包括本级政府所属融资平台公司及其他控股国有企业"。社会资本是指依法设立且有效存续的具有法人资格的企业，包括民营企业、国有企业、外国企业和外商投资企业，但本级人民政府下属的政府融资平台公司及其控股的其他国有企业（上市公司除外）不得作为社会资本方，不得参与本级政府辖区内的 PPP 项目。在国家发改委《政府和社会资本合作项目通用合同指南》中规定，社会资本应是"符合条件的国有企业、民营企业、外商投资企业、混合所有制企业，或其他投资、经营主体"。

2015 年，《国务院办公厅转发财政部 发展改革委 人民银行关于在公共服务领域推广政府和社会资本合作模式指导意见的通知》《国办发〔2015〕42 号》提出地方融资平台附条件参与 PPP 项目，即"对已经建立现代企业制度、实现市场化运营的，在其承担的地方政府债务已纳入政府财政预算、得到妥善处置并明确公告今后不再承担地方政府举债融资职能的前提下，可作为社会资本参与当地政府和社会资本合作项目"。也即本级政府融资平台公司可以在转型后参与 PPP 项目。

12. 社会资本与项目公司是什么关系？

社会资本方是社会资本或项目公司笼统称谓，是指与政府方签署 PPP 项目合同的社会资本或项目公司。社会资本是 PPP 项目的实际投资人或项目公司的股东。在实践中，社会资本通常会专门成立项目公司，作为 PPP 项目合同及项目其他相关合同的签约主体，负责项目的具体实施。项目公司是实施项目的特殊目的载体（Special Purpose Vehicle，特殊目的机构/公司），通常是在当地依法设立的自主运营、自负盈亏经营实体。

社会资本通常是项目公司的全资或控股股东，承担实质性管理责任。项目公司可以由社会资本（可以是一家企业，也可以是多家企业组成的联合体）出资设立，也可以由政府和社会资本共同出资设立。但政府在项目公司中的持股比例应当低于50%、且不具有实际控制力及管理权。当然，社会资本根据采购要求、自身需求，如在当地已有实体或其他情况下，也可以不再另行成立项目公司。故社会资本通常是项目公司的全资或控股股东，或者也可能社会资本与项目公司本身就是合一的。

13. 非营利组织能否作社会资本？

虽然目前政策上没有明确规定，但非营利组织能作为社会资本是值得提倡的。从国际上的经验来看，非营利组织参与PPP项目已经成为一种趋势。比如，全国低收入者住房联盟（NLIHC）、社区发展公司（CDCs）等，是美国的住房保障体系PPP项目的重要的参与方。

PPP可引入非政府组织（NGO）和（或）社区组织（CBO），它们可代表直接受项目影响的利益相关方参与PPP项目。对于部分PPP项目，尤其是公益性PPP项目，其成功的关键不仅需要企业类的社会资本方投入，也可以来自公益组织的人力物力和组织支持。

14. 什么是可行性研究报告？

可行性研究报告作为基本建设程序中的重要环节，用以分析投资决策上的合理性、技术上的先进性和适应性以及建设条件的可能性和可行性，从而为投资决策提供科学依据。其重点是回答项目的必要性、可行性、经济性和外部性，作为决策者和主管机关（发改部门）审批的上报文件。对于一些各方面相对单一、技术工艺要求不高、前期工作成熟的项目，项目建议书和可行性研究报告也可以合并，也就是通常说的可行性研究报告代项目建议书。

可行性研究报告通常由具有相应资质的规划、设计、工程咨询单位承担。可行性研究报告一般具备以下基本内容：总论，建设规模和建设方案，市场预测和确定的依据，建设标准、设备方案、工程技术方案，原材料、燃料供应、动力、运输、供水等协作配合条件，建设地点、占地面积、布置方案，项目设计方案，节能、节水措施，环境影响评价，劳动安全卫生与消防，组织机构与人力资源配置，项目实施进度，投资估算，融资方案，财务评价，经济效益评价，社会效益评价，风险分析，招标投标内容和核准招标投标事项，研究结论与建议。

目前，很多项目的可行性研究报告深度严重不足，为审批而"走形式"，演变为"可批性报告"。对PPP项目而言，深化可行性研究报告还是非常有必要的。

15. 什么是产出说明？

项目产出是指满足项目需求的基础设施项目资产、公共产品和服务等直观的产出，通过产出说明书的形式进行定义和规范。产出说明（Output Specification），是指项目建成后项目资产所应达到的经济、技术标准，以及公共产品和服务的交付范围、标准和绩效水平等。PPP项目应关注最终的项目产出品和服务绩效能否满足需求，而非该等产出的实施过程、交付方式。

16. 什么是可用性付费？

可用性付费（Availability Payment）是政府付费的重要方式之一，指政府依据项目公司所提供的项目设施或服务是否符合合同约定的标准和要求来付费。可用性付费通常与项目的设施容量或服务能力相关，而不考虑项目设施或服务的实际需求，因此项目公司一般不需要承担需求风险，只要所提供设施或服务符合合同约定的性能标准即可获得付费。大部分公益项目，如社会公共服务类项目（例如学校、医院等）以及部分公用设施和公共交通设施项目可以采用可用性付费。一些项目中也可能会与按绩效付费搭配使用，即如果项目公司提供设施或服务的质量没有达到合同约定的标准，则政府付费将按一定比例进行扣减。

在实践中，可用性侧重符合验收标准的公共产品，政府付费主要针对资本性投入。尤其是目前很多公益性项目采取"可用性付费+运营维护绩效付费"，但实践中，很多项目可用性付费仅与建设、竣工等考核指标挂钩，社会资本不关注运维付费，甚至将运维外包，自身没有承担多少风险，形成类BT或偏固定回报方式。尽管按可用性付费作为回报主体构成对项目公司而言风险更低、可融资性更高，但政府转移给项目公司的风险也相对有限，需要调整优化绩效考核与付费方式。

17. 什么是绩效付费？

绩效付费（Performance Payment）是指政府依据项目公司所提供的公共产品或服务的质量付费，通常会与可用性付费或者使用量付费搭配使用。在按绩效付费的项目中，政府与项目公司通常会明确约定项目的绩效标准，并将政府付费与项目公司的绩效表现挂钩，如果项目公司未能达到约定的绩效标准，则会扣减相应的付费。

18. 什么是物有所值？

"物有所值"来源于英文Value for Money的直译，是西方国家决定是否采用PPP模式建设基础设施项目的一种决策工具。所谓"物有所值"评价，包括定性评价和定量评价两个方面，前者主要关注PPP模式与政府传统采购模式相比能否增加供给、优化风险、提高效率等，后者主要是通过将项目整个周期内的政府支出的现值与传统模式下公共部门的支出进行比较，以确定一个"物有所值"量。

通过物有所值评估，能够避免项目盲目引入社会资本合作，从而优化公共资源配置和利用效率。通过物有所值评价，判断项目采用PPP模式的适用性、可行性，真正实现"少花钱、多办事、办好事"。通过物有所值论证的项目，可进行财政承受能力论证；未通过的项目，可在调整实施方案后重新评价，仍未通过的不宜采用 PPP 模式。

19. 物有所值评价可信吗？

物有所值评价具有积极意义，但在理论上也存在一定的局限性。物有所值的定性评价指标比较笼统、抽象，主观的自由裁量空间很大。物有所值的定量分析比较复杂，但前提条件须收集到较翔实准确的数据和信息，并且，关键数据的收集、处理与传递系统要建立有机联系。否则，影响物有所值评价量化分析的准确性与客观性。在实践中，英国在物有所值评价方面比较成熟，但依然面临很多争议，尚未找到十分有效的解决方案。

不可否认，我国很多地方的物有所值评价主观性强、易被操控，容易流于形式。尽管物有所值评价存在这样那样的问题，但依然有其积极作用，需要在发展中规范和完善。各级政府应从理念上充分认识到位，前期论证要充分、科学。同时，应积极建立基础数据库、专家库，逐步完善评价体系。

二、债务、支出责任与预算

20. 地方政府应出具财政承诺函吗？

以往在 BT 模式、融资平台公司融资过程中，政府、财政部门提供财政承诺函或安慰函，人大出具相应的决议，这是过去政府出具担保的常见方式。

但是，除法律另有规定外，我国一直要求政府不得对外提供担保。《中华人民共和国担保法》（1995 年）规定："国家机关不得为保证人，但经国务院批准为使用外国政府或者国际经济组织贷款进行转贷的除外"。《新预算法》（2014年）规定："地方政府及其所属部门不得为任何单位和个人的债务以任何方式提供担保。"

对 PPP 项目而言，政府不能提供任何形式担保，但是，政府有义务及时、足额支付合同约定的补贴或服务费。政府应强化预算约束，将 PPP 项目合同项下的财政支出责任纳入相应的年度财政预算、中期财政规划是政府的职责。

21. PPP 项目的政府付费、补贴属于政府债务吗？

BT 方式是政府债务的重要源头之一，已被政府严禁。PPP 模式下社会资本代替政府承担融资责任，使政府债务得以"出表"，政府债务会凭空消失吗？显然，PPP 不是"免费午餐"，债务链条发生了较大变化。

PPP 项目的投融资由社会资本或项目公司承担，形成的是企业债务，而非直接政府债务。与 BT 方式下的政府付费不同，PPP 模式下的政府付费、补贴构成了政府未来的财政支出责任。但是，PPP 项目的财政支出责任是按绩效为基础付费，并非固定回报或无风险回报。

PPP 项目的政府付费、补贴不是政府的直接债务，形成的是政府财政支出责任,但依然存在转化为政府债务的风险。作为支出责任,仍要政府偿付,本质上是市场化、中长期债务,属于广义政府债务一部分。财政支出责任是政府债务管理的一部分,资产和负债最终是政府综合财务报告的一部分。

22. 各类棚改、工程项目等政府购买服务支出属于政府债务吗?

近年来,各类棚改、大型工程等项目以政府购买服务形式开展各种融资,但还款来源大部分都是依赖于财政资金。实际上,各种政府购买服务的支出或采购款与PPP项目的支出责任类似,都是结合财政预算执行的,构成了财政的中长期支出事项。但很多非PPP类的政府购买服务未开展财政承受能力评价与物有所值论证等论证程序,造成预算不透明、支出不规范。以国家政策支持的棚改为例,政策性银行使用的是人民银行的PSL(抵押补充贷款),利率4.145%左右,期限最长可达25年。银行通常要求地方政府、人大出具相关列入预算的支持性文件,主要依赖财政资金还款。

各类政府购买服务形成的是财政支出责任,不在政府债务监管体系内。但是,部分政府购买服务的范畴不断扩大,造成滥用、规避债务监管,有些可能直接导致政府债务的显性化,诱发财政风险。故此,政府采购服务范畴要界定清晰,同时,应结合财政承受能力确定采购计划,切实纳入中期财政规划和年度预算。

23. 2015年以来实施的专项建设基金属于政府债务吗?

2015年以来的专项建设基金是一种创新,是经济下行压力下"稳增长"的重要手段之一。该专项建设基金由国家开发银行和农业发展银行面向邮储银行定向发行专项建设债券所募集的资金建立而成,中央财政按照债券利率的90%贴息。目前,专项建设债券定向发行对象,已扩大至股份制银行等金融机构。投放重点是各地地铁、大型水利、农村电网改造、宽带乡村、棚户区改造等资金规模大、建设时间长、回报率较低、回收周期长、政府无力包办,社会、企业投资积极性不高的公用设施或具有一定公益性的领域。国开行和农发行在国家发改委提供的各地优质项目中,选择具体的项目来投放资金,以资本金形式进入项目,期限15年至20年不等,年利率为1.2%。

专项建设基金可有力拉动投资、补短板,缓解经济下压行力。通过项目资本金方式投入、补充资本金,再加上银行的配套贷款,专项建设基金最高可撬动4倍以上的投资。2015年专项建设基金共投放8000亿元左右,2016年有望达到数万亿。

客观讲,专项建设基金也存在政策、财政风险。出于风险考虑,银行通常会要求政府指定当地融资平台按约定回购基金,或按要求纳入预算。专项建设基金具有积极意义,属于股权形式撬动投资模式,但易演化为"明股实债",转换为平台公司债务,进而转化为政府性债务。故此,应严格把控适用领域、严格论证项目可行性和地方财政承受能力，积极防范未来的财政支出责任风险或政府债务风险。

24. 我国地方政府的债务风险如何？

截至 2015 年年末，纳入预算管理的中央政府债务 10.66 万亿元，地方政府债务 16 万亿元，两项合计全国政府债务 26.66 万亿元，占 GDP 的比重为 39.4%。如果加上地方政府或有债务，即政府负有担保责任的债务和可能承担一定救助责任的债务，按平均代偿率 20% 估算，则 2015 年中国全国政府债务的负债率将上升到 41.5% 左右。中国政府这一债务水平低于欧盟 60% 的预警线，也低于当前主要市场经济国家和新兴市场国家水平。

到 2015 年年末，地方政府债务余额限额 16 万亿元。以国际通用的债务率（债务余额/综合财力）指标衡量，2015 年地方政府债务率为 89.2%，低于国际通行警戒值（90%~150%，一般风险警戒线为 100%）。2016 年债务率基本上保持稳中有降趋势。

与发生债务危机的国家不同，我国地方政府债务形成了与之相对应的大量优质资产作为偿债保障，加上未来一段时期内我国经济将保持中速增长，也为债务偿还提供了根本保障。目前，地方政府债务风险总体可控，但局部风险依然存在、部分基层财政困难现象较为严重。但不可忽视的是，近年来以政府购买服务、政府投资基金、PPP 等为代表的中长期支出事项，将可能给地方政府未来财政支出造成巨大压力、加剧债务风险，和地方政府债务一样需要加强监管、提前应对。

25. 什么是财政预算？

财政预算就是由政府编制、经立法机关审批、反映政府一个财政年度内的收支状况的计划。各部门、各单位应当按照国务院财政部门制定的政府收支分类科目、预算支出标准和要求，以及绩效目标管理等预算编制规定，根据其依法履行职能和事业发展的需要以及存量资产情况，编制本部门、本单位预算草案。报送各级人民代表大会审查和批准的预算草案应当细化。本级一般公共预算支出，按其功能分类应当编列到项；按其经济性质分类，基本支出应当编列到款。本级政府性基金预算、国有资本经营预算、社会保险基金预算支出，按其功能分类应当编列到项。财政预算是具有法律效力的文件，它的级次划分、收支内容、管理职权，以及预算的编制、执行和决算的过程都是在预算法的规范下进行的。财政预算要经人民代表大会审查批准后方能公布并组织实施。经人民代表大会批准的预算，非经法定程序，不得调整。各级政府、各部门、各单位的支出必须以经批准的预算为依据，未列入预算的不得支出。

不可否认，当前财政预算管理尚在改革完善进程中，地方政府普遍存在公共财政预算年度缺乏连续性、预算执行不到位、监督机制不够完善及预算的公开透明程度不够等问题。未来应细化预算编制、推进预算公开透明、加强人大对预算的实质审查和全面监督等。

26. 我国财政预算包括哪几部分？

我国财政预算包括一般公共预算、政府性基金预算、国有资本经营预算、社会保险基金预算四个部分。地方财政收入的主体是前两部分，即一般公共预算、政府性基金预算收入。

一般公共预算是对以税收为主体的财政收入，安排用于保障和改善民生、推动经济社会发展、维护国家安全、维持国家机构正常运转等方面的收支预算。中央一般公共预算包括中央各部门（含直属单位）的预算和中央对地方的税收返还、转移支付预算。中央一般公共预算收入包括中央本级收入和地方向中央的上解收入。中央一般公共预算支出包括中央本级支出、中央对地方的税收返还和转移支付。地方各级一般公共预算包括本级各部门（含直属单位）的预算和税收返还、转移支付预算。地方各级一般公共预算收入包括地方本级收入、上级政府对本级政府的税收返还和转移支付、下级政府的上解收入。地方各级一般公共预算支出包括地方本级支出、对上级政府的上解支出、对下级政府的税收返还和转移支付。

政府性基金预算是对依照法律、行政法规的规定在一定期限内向特定对象征收、收取或者以其他方式筹集的资金，专项用于特定公共事业发展的收支预算。政府性基金预算应当根据基金项目收入情况和实际支出需要，按基金项目编制，做到以收定支。对地方政府而言，最常见的就是土地使用权出让金收入。

国有资本经营预算是对国有资本收益作出支出安排的收支预算。国有资本经营预算应当按照收支平衡的原则编制，不列赤字，并安排资金调入一般公共预算。

社会保险基金预算是对社会保险缴款、一般公共预算安排和其他方式筹集的资金，专项用于社会保险的收支预算。社会保险基金预算应当按照统筹层次和社会保险项目分别编制，做到收支平衡。

27. 政府财政承受能力论证时，从财政角度应关注哪些因素？

在测算财政承受能力时，应按照一般公共预算支出为基数，而非全口径财政收入或支出。一般公共预算是对以税收为主体的财政收入，是财政的主体，稳定性、持续性较强。但对部分地方政府而言，土地出让金是其建设资金的重要支出部分，此部分收入纳入政府性基金预算收入，但这部分收入受宏观经济、供需等多因素影响，可持续性差。

对地方政府而言，公共预算收入和其公共财政预算支出并不一定是相当的。尤其是欠发达区域，通常一般公共预算支出额远大于本级财政预算收入，主要原因在于上级政府的税收返还、转移支付、各类补助等。在预测一般公共预算支出时，应结合一般公共预算收入增长、过去数年公共预算支出增长情况综合确定，剔除财政支出方面偶发、不可持续因素。必要时，应进行财政支出能力评估结论的情景分析，帮助财政支出能力评估结论使用者正确理解、调整与科学运用评估结论。

28. 何为中期财政规划？

中期财政规划是中期预算的过渡形态，是在编制年度财政预算的基础上，统筹考虑未来三年本级政府可用财力和支出需求，合理确定三年分年度的收支政策和重点项目资金安排，依次类推，逐年滚动管理。实行中期财政规划管理，有利于建立跨年度预算平衡机制，提高财政政策的前瞻性和有效性，充分发挥财政稳定器和"逆周期"调节器作用。

实行中期财政规划管理，由财政部门会同各部门研究编制三年滚动财政规划，对未来三年重大财政收支情况进行分析预测，对规划期内一些重大改革、重要政策和重大项目，研究政策目标、运行机制和评价办法，通过逐年更新滚动管理，强化财政规划对年度预算的约束性。但是，中期财政规划编制、执行的难度非常大，目前尚在完善进程中。

29. 财政如何保障 PPP 项目的政府付费支付？

为促进 PPP 项目有序推进，保障政府切实履行合同义务，有效防范和控制财政风险，财政部要求必须开展财政承受能力论证。2015 年财政部《政府和社会资本合作项目财政承受能力论证指引》明确设置了财政支出的红线，每一年度全部 PPP 项目需要从预算中安排的支出责任，占一般公共预算支出比例应当不超过 10%。省级财政部门可根据本地实际情况，因地制宜确定实际比例，并报财政部备案，同时对外公布。

通过财政承受能力论证且经同级人民政府审核同意实施的 PPP 项目，可列入 PPP 项目目录，并在编制中期财政规划时，将项目财政支出责任纳入预算统筹安排。

尽管 PPP 项目支出责任纳入预算，但很多地方政府财力薄弱，预算执行也缺乏规范性，后期执行过程中可能出现一些问题，如新官不理旧账、财政的确无力支付等。故此，应进一步改革财政体制，规范地方政府行为，需要前期充分论证、规范实施 PPP，并从法治上、行政上强化预算硬约束。

30. PPP 项目年度支出责任在 10% 红线内，投资安全吗？

总体上看，10% 这个比例总体不高、风险可控，但是，很难评判项目所在地政府未来是否存在财政支付风险。目前，每一年度全部 PPP 项目占一般公共预算支出比例应当不超过 10%，这能抑制地方盲目上马 PPP 的冲动，减少无效投资、降低财政风险。但这个比例设定是否安全很难评判，负债率高未必风险大，这与其财政支出结构、未来收益（税收）等多方面相关。

各地财政收支结构存在很大的差异，很难用一个静态比例判断财政支付风险大小。例如，欠发达地区主要靠转移支付等，财政支出的刚性强，如果长期性缺乏产业支撑、经济发展缓慢，即使 PPP 支出责任达到公共预算支出的 5%，可能也存在财政支付压力。反过来，部分工业区、产业新城，如果产业发展迅猛，财税增长急剧上升，即使 PPP 支出责任超过预测的公共预算支出的 10%，支付风险也不一定大。

故此，应结合所在地的区域规划、经济发展前景、财政收支结构以及 PPP 项目特点等综合研判。同时，PPP 项目落地规模持续增加，正逐步成为公共设施的主要投融资方式之一。实际上，可根据各地发展的具体状况，适当突破 10% 这个红线，如将红线比例上调到 15%，但应充分考虑财政承受能力、做好中期财政规划以及财政支出风险的管理，确保支出透明、规范、有效、可控。

第二节　PPP 的适用性与规范性

一、PPP 适用领域、范围

1. PPP 模式适用哪些领域？

不管是通过列正面清单、负面清单的方式，还是通过完全列举的方式来限定 PPP 的适用范围，都可能会扩大或缩小实际的应用范围。国际上大多数的处理方法是从项目特点入手，而不是从行业入手，主要将物有所值作为一种评估方式。

建议采取必要列举法、项目特征相结合来明确适用范围。PPP 可以在能源、交通运输、市政工程、农业、林业、水利、环境保护、保障性安居工程、医疗卫生、养老、教育、科技、文化、体育、旅游等公共服务领域推广。但对于纯商业性项目（如房地产等可以完全市场化运作的私人产品），国防、国家安全、司法等涉及国家安全、社会公平正义的项目（核心职能原则上必须由公共部门提供，但辅助性服务，则可以采用 PPP），不适宜采取 PPP 模式，进行有条件地排除。

PPP 模式适用于各类公共产品、准公共产品领域，具体项目是否适宜采用 PPP 模式，取决与项目特征，即项目具有公共性、可量化的产出/结果说明书、风险可分担、满足物有所值。

2. PPP 项目范围或合作内容包括哪些？

政府与社会资本/项目公司的合作范围可能包括设计、融资、建设、运营、维护某个基础设施或提供某项公共服务等。政府将其在基础设施和公共服务领域所承担的部分职责让渡给社会资本，这些让渡的部分即双方合作的内容，我国现阶段 PPP 模式基本都要社会资本承担运营或维护职能。通常上述合作范围是排他的，即政府在项目合作期限内不会就该 PPP 项目合同项下的全部或部分内容与其他任何一方合作。

PPP 项目核心资产或合作标的是基础设施或公共服务设施，对于附着项目上的经营性资源或配置的对价资产则不属于合作范围。这些资源、资产产生的责权利归社会资本享有，作为 PPP 项目回报机制中配置性、补贴性的经营资源的一部分。

3. 融资平台经政府授权后可以作为实施机构吗？

即使融资平台获得政府授权，融资平台或国企原则上也不适宜做实施机构。PPP 项目涉及政府的行政管理、民事合作两个方面的双重身份。国有企业或融资平台作为企业不适合代表政府方与社会资本签署 PPP 项目合同，因为企业履行合同能力有缺陷，也无法作为预算单位。从当前改革趋势看，融资平台代表政府有违政企分开精神，不具备行政授权、管理职能、协调政府部门能力有限。但是，融资平台公司可以代表政府入股项目公司，参与监管。

4. 融资平台可以作为社会资本参与 PPP 吗？

如果融资平台、本级国企不受限制、参与过多 PPP 项目，不利于市场竞争、政府风险的剥离、公共服务效率的提高。融资平台、本级国企要与地方政府脱钩，在进行市场化改制、健全完善公司治理结构后，公平参与 PPP 才有意义。对已经建立现代企业制度、实现市场化运营的，在其承担的地方政府债务已纳入政府财政预算、得到妥善处置并明确公告后不再承担地方政府举债融资职能的前提下，可作为社会资本参与当地 PPP 项目。

融资平台应从业务领域、盈利模式、债务责任、治理结构等多个方面进行深入彻底改造，转为真正市场化主体。融资平台切实转型后可以作为社会资本参与 PPP 项目，但地方政府应排除地缘优势、推进各类企业公平竞争。否则，就会导致传统投资体制的回归，效率不会有显著提升、风险依然无法有效控制。

5. 公益性项目可以采取 PPP 模式吗？

综观国际市场，有些国家主推政府付费型、公益类的 PPP 项目，有的国家主推使用者付费型的特许经营项目。其中，很多发达国家在公益性领域有着大量成功的 PPP 模式应用案例。如英国的 PPP 项目主要集中在交通、学校、医院、监狱、废物及水处理、住房保障等领域，以 PFI、PF2 方式开展公益性领域的 PPP 项目，以政府付费为主。

当前财政收支压力大，我国 PPP 模式优先应用于有收益的项目，同样适用于公益性项目。适宜采用 PPP 模式的项目，通常具有价格调整机制相对灵活、市场化程度相对较高、投资规模相对较大、需求长期稳定等特点。但不可忽视的是，大规模推广公益性 PPP 项目可能会加剧未来地方财政支出压力。

对于公益性领域采用 PPP 模式，需要谨慎论证其适用性、物有所值、合作模式，尤其是注重社会资本承担的运营维护或养护职能，确保按绩效付费等。

6. 公益性项目或 BT 项目如何转为 PPP 项目？

公益性项目采用 PPP 模式在存在一定争议，运作方式、监管等存在较大难度。模式设计上通常注意以下几点：

一是创新商业模式，将非经营性项目与其他经营性项目或非经营性项目与相关资源开发权加以捆绑，激励社会资本提供公共服务时，获得商业开发收益，从而降低财政支出责任。

二是对于单体型公益性项目采取 PPP 模式，应让社会资本负责设施的运营维护、维修工作，承担主要的管理责任及风险，实现全生命周期的责权利整合。

三是严格设立绩效付费机制。尤其是目前很多公益性项目采取"可用性付费+运营维护绩效付费"组合方式，但可用性付费针对资本性投入，仅与建设与竣工考核指标挂钩，导致社会资本更偏工程建设导向，造成类 BT 或偏固定回报嫌疑。这种付费结构、考核方式需要调整，必须针对全生命周期运营维护的质量总体考核付费，否则付费机制设计依然缺乏有效的风险分担、收益激励机制。

7. PPP 项目中可以有房地产开发吗？

PPP 模式提供的是公共产品或公共服务，不适用于商业化开发或竞争性领域。显然，房地产开发，尤其商业、住宅用地开发属于私人产品，不适用于 PPP 模式。但是，很多项目可经营性系数较低、项目自身现金流弱，通过资源配置、授予商业开发权，可以增加项目吸引力，房地产开发就是国有资源对价常见的方式之一。故而，PPP 项目中可以有房地产开发，但应谨防以 PPP 之名行房地产开发之实。

值得注意的是，PPP 项目主体是基础设施、公共服务，应界定清晰公共资产与商业开发（土地开发）的逻辑关联、配比问题。PPP 项目的核心资产是公共设施，房地产开发比例不能过大，不能本末倒置。故此，房地产开发不适用于 PPP 模式，但 PPP 模式下可将房地产作为资源对价，同时应谨防国有资产流失、财政风险承担过大、公共服务弱化等问题。

二、规范性要素

8. 合作期限必须超过 10 年吗？

目前，在实践过程中大多数 PPP 项目合作期限（含建设期）在 10～30 年。财政部 PPP 示范项目申请的条件之一就是，合作期限不低于 10 年。《基础设施和公用事业特许经营管理办法》规定："基础设施和公用事业特许经营期限应当根据行业特点、所提供公共产品或服务需求、项目生命周期、投资回收期等综合因素确定，最长不超过 30 年。对于投资规模大、回报周期长的基础设施和公用事业特许经营项目可以由政府或者其授权部门与特许经营者根据项目实际情况，约定超过前款规定的特许经营期限。"

在实施过程中，社会资本如果觉得未来不可预测风险较大，通常倾向于合作期限短一些、尽早回收成本。目前，公益性项目合作期限多倾向于短期（10年或15年以内为主），经营性项目合作期限多在20~30年之间。

实际上，项目的合作期限需要综合考虑以下因素：（1）政府所需要的公共产品或服务的供给期间；（2）项目资产的经济生命周期以及重要的整修时点；（3）项目资产的技术生命周期；（4）项目的投资回收期；（5）项目设计和建设期间的长短；（6）财政承受能力等。

不能僵化地认为，PPP项目合作期限就必须超过10年，即使是英国PPP项目合作期限也有低于10年的。但是，期限过短是不提倡的，否则会造成大量的类BT项目，财政风险的过度聚集。拉长合作期限的确有助于平滑财政支出压力、增强了对社会资本服务绩效的约束。但对部分社会资本而言，由于退出渠道不畅通、不确定性因素较多，事实上造成了各种走偏现象。

期限长短确定的基本的原则是，项目合作期限可以实现物有所值的目标并且形成对项目公司的有效激励。合作各方应当根据行业特点、公共服务需求、项目生命周期、投资回收期等因素论证、协商，在合同中约定合作期限。但需要注意的是，合作期限不宜过短、短周期的PPP项目必须经过严格论证、审核，此外，项目的实际期限还会受制于提前终止的规定。

9. 是不是社会资本或项目公司必须负责运营？

PPP模式将全生命周期内将设计、融资、建造和全部运营、维护到将整合到一个合同中，更有助于社会资本发挥资金、技术、管理等优势。PPP要求社会资本方负责运营，这就倒逼他们在建设环节保证质量，重点关注运营期的公共服务质量。

社会资本方负责项目运营（公益性项目主要是指负责维护维修）是非常重要的一环，有利于保障公共服务质量的持续性，并降低政府风险。但不可否认的是，当前我国很多社会资本更愿意建设，追求短平快，长期运营的意愿不高，这将不利于项目风险防范、效率提升。

但需要明确的是，社会资本负责运营，主要是整合责权利，并不意味着社会资本自身必须需要具备相应资质才能做PPP（除了少数特殊行业），也不意味着事事必须亲力亲为。社会资本主要是要承担运营风险、保障公共服务质量，可以将运营外包给更专业的运营公司，但主体责任依然是项目公司。

10. PPP模式应禁止固定回报吗？

"固定回报"是指政府对社会资本投资公建基础设施项目、提供公共服务的投资，明确约定一个固定的回报率，BT模式下多有此类约定。固定回报违反了风险自担的基本商业原则，在PPP模式下的设定固定回报没有实现转移风险，投资者没有动力去提高效率，还可能故意做大成本，损害政府和公众利益。在合同中约定固定回报缺乏合规性基础，实质上是一种变相的政府担保行为，是应该禁止的情形，必须设定严格的绩效考核机制。

故此，目前禁止政府BT行为，也应禁止PPP模式下政府给投资者提供固定回报承诺行为。但是，通常社会资本联合体之间或其他商业行为中的固定回报安排是自主的，如工程公司与财务投资者之间的保底或固定回报是企业之间的商业行为，政府不必干涉。

11. 最低需求保证与固定回报的区别？

PPP按照"风险由最适宜的一方来承担"的原则合理分配风险，项目设计、建设、财务、运营维护等商业风险原则上由社会资本承担，政策、法律和最低需求风险等由政府承担。PPP项目的最低需求保证，即政府与项目公司约定一个项目的最低使用量，通常称为保底量，可以在一定程度上降低项目风险，提高项目的可融资性。

最低需求保证虽然是一个保底条款，但与固定回报有区别。最低需求保底条款更实质的内容在于项目产出最低需求风险的承担归责，保障项目的财务可行性。在明确最低需求由政府承担的原则下，也并不能一定保证社会资本的投资回报率，毕竟最低需求只是影响社会资本投资回报的一个变量，社会资本回报的最终表现还要取得于项目的运营管理水平、成本控制等全生命周期管理中的一系列因素。因此，由政府承担项目最低需求风险并不违反风险自担的商业原则，具有合理性。

PPP模式的固定回报应禁止，但最低需求是风险分担的机制，具有合理性。类似的最低需求的保底条款为政府依法可（应）承担风险，在具体的PPP项目授权协议中，需要予以明确，但是，不可将保底条款签订成固定回报条款。

12. PPP项目是不是应禁止所有明（名）股实债行为？

明（名）股实债，是指投资回报不与被投资企业的经营业绩挂钩，不是根据企业的投资收益或亏损进行分配，而是向投资者提供保本保收益承诺，根据约定定期向投资者支付固定收益，并在满足特定条件后由被投资企业赎回股权或者偿还本息的投资方式，常见形式包括回购、第三方收购、对赌、定期分红等。实际上，明股实债行为在金融领域是较为普遍的，但是，对PPP项目而言，应该区分对待，不应一概否定。PPP项目中常见的明股实债是指政府对社会资本承诺，在合作期满前提前回购社会资本对项目公司的股权、受让项目资产，这种行为一般而言应该加以禁止。PPP模式强调社会资本参与全生命周期的风险分担、运营管理，如果不加以约束，社会资本很容易实现提前退出或"无风险套利"，公共服务质量无法有效保障、将风险留给政府。这种明股实债行为很容易演变成BT、变相融资行为等，与PPP的本意相悖，是应该否定的行为。

有些"明股实债"行为可优化投资结构、融资成本，并对项目公司的治理也有较大的促进作用，利大于弊。对于社会资本之间，实质控制人给财务投资者明股实债的承诺（固定收益、溢价回购等），只要不存在违规、恶意行为，是可以放开和鼓励的。在 PPP 的一次融资、再融资（含资产证券化）中，在保障公共服务质量可持续的基础上可以有条件支持明股实债。

明股实债行为的优劣关键看是否增加了政府风险、影响了项目运营效率、公共服务的持续性。在保障公共利益的前提下，可以适当放宽对明股实债限制，鼓励为财务投资者设置退出渠道，但应严格执行信息披露、接受监管。

13. PPP 模式下应禁止回购安排吗？

禁止回购安排这种情形主要是指政府承诺在项目合作期满前，提前受让项目公司的股权、资产及负债的行为，实际上是政府的变相融资行为，容易异化为 BT 模式、明股实债行为。显然，这种模式安排下，项目全生命周期的成本控制、效率提升无从谈起，故应对这种回购安排加以禁止。

但是，对于合作期间出现的重大纠纷、影响公共利益等情形时，属于特殊情形，政府往往为保障公共服务的可持续性负有回购义务，是合理的。PPP 项目合作期满，可以无偿移交或有偿移交项目，政府应支付费用视同移交费用，不在禁止之列。此外，应该防范回购安排的滥用，如恶意设置政府回购的触发条件，让政府溢价回购，这种行为应高度重视。

14. PPP 模式下应禁止运营返包吗？

PPP 模式下禁止运营返包有其合理性，但不应一刀切。运营返包是指政府与社会资本方在 PPP 项目协议中或之外约定，将原本应由项目公司承担的运营服务，全部返包政府方承担。禁止运营返包的合理性主要是因为，PPP 模式强调的是社会资本负责运营、承担相应风险，如果项目公司把运营返包给政府方，实际上将风险转嫁给政府，绩效考核机制失效。这种情形下，社会资本只追逐工程利润、固定回报，与 PPP 本意相悖。

但是，对于运营返包行为并不应全部否定，而应区别对待。有些政府的城投公司或其他企事业单位相比社会资本而言，具有更高的运营维护能力，并且运行成本低。如果强行让社会资本去运营、不进行分包，一方面造成资源浪费闲置，另一方面也造成效率低下。故而，关键是确保社会资本方依然是运营责任主体、承担所有运营风险，运营外包是社会资本方的权利、可以选择任何一家运营实力强的企业，但运营外包行为不得增加政府的风险、不得降低公共服务效率。

15. 如何界定变相 BT 方式？

常见的变相 BT 的情形有：合作期限小于 10 年；保底承诺、明股实债项目（社会资本要求的固定收益和安全退出需求）；明确回购条款（回购期、回购时限）等等。

此外，当前应该关注的是，许多 PPP 项目存在"包装"现象，实质上是时间拉长版的 BT、类 BT 项目。很多公益性项目只是拉长了付费期限、缺乏有效的绩效付费机制，或者很多绩效付费机制基本无效，常见的是基于竣工验收的可用性付费机制等等。界定变相 BT 模式关键是看社会资本在项目全生命是否承担了运营责任、主要风险并以绩效获酬等要素。

16．PPP 项目中政府承诺内容是什么？

科学运用财政承诺可以提高 PPP 模式的吸引力，但是，过度使用财政承诺也会孕育较大的政府性债务风险。一般来讲，政府不能对外提供担保，但在 PPP 项目中有必要进行必要的承诺。政府承诺需要同时具备以下两个前提：一是如果没有该政府承诺，会导致项目的效率降低、成本增加甚至无法实施；二是政府有能力控制和承担该义务。

政府可结合项目物有所值评价和财政承受能力论证情况，为保证社会资本取得合理收益，在合作协议中承诺有关土地使用、防止不必要的同类竞争性项目建设、必要合理的费用支出、有关配套公共服务和基础设施的提供等内容，涉及资金支出的纳入政府预算进行管理。但是，政府承诺不得违背《预算法》等，不得承诺固定投资回报和其他法律、行政法规禁止的事项。

17．PPP 模式的规范性特征有哪些？

一个规范的 PPP 项目，能较好地实现物有所值、风险分担、全生命周期管理，在主体、客体、程序上是合规的。规范的 PPP 具有以下特征：

第一，PPP 项目（或其主体）一定是公共产品或公共服务，具有公共属性。

第二，PPP 项目实施中，交易双方需是适格的政府和社会资本。

第三，PPP 项目是长期合同关系。合作期限相对较长，原则上不低于 10 年。

第四，具有合理的风险分配，政府保证社会资本有一定盈利的可能，但不保证一定盈利。

第五，社会资本深入参与到项目的运营或维护中，按绩效获得付费。

第六，按相关法律法规执行，经过相应的论证、审批程序，通过竞争性程序引入社会资本。

第三节　PPP 相关合同风险与责权利

一、合同体系与权利义务

1．PPP 协议体系包括哪些？

PPP 项目的基本合同通常包括 PPP 项目合同、股东协议、履约合同、融资合同和保险合同等。其中，PPP 项目合同是其他合同产生的基础，也是整个 PPP 项目合同体系的核心。次重要的是，如涉及合资，股东协议和章程也是很重要的。

其他的融资、施工、保险、运营协议等主要由社会资本方或项目公司自主负责。

PPP项目合同是项目实施机构与中选社会资本签订（若需要成立专门项目公司的，由项目实施机构与项目公司签订）的约定项目合作主要内容和双方基本权利义务的协议。其目的是在项目实施机构与社会资本之间合理分配项目风险，明确双方的权利义务关系，保障双方能够依据合同约定合理主张权利，妥善履行义务，确保项目全生命周期内的顺利实施。

股东协议由项目公司的股东签订，用以在股东之间建立长期的、有约束力的合约关系。股东协议通常包括以下主要条款：前提条件、项目公司的设立和融资、项目公司的经营范围、股东权利、履行PPP项目合同的股东承诺、股东的商业计划、股权转让、股东会、董事会、监事会组成及其职权范围、股息分配、违约、终止及终止后处理机制、不可抗力、适用法律和争议解决等。

在PPP项目合同体系中，各个合同之间并非完全独立、互不影响，而是紧密衔接、相互贯通的，合同之间存在着一定的"传导关系"。

2. 政府在PPP中扮演的角色是什么？

根据PPP项目运作方式和社会资本参与程度的不同，政府在PPP项目中所承担的具体职责也不同。总体来讲，在PPP项目中，政府需要同时扮演以下两种角色，即监管者、合作者：

一是作为公共事务的管理者，政府负有向公众提供优质且价格合理的公共产品和服务的义务，承担PPP项目的规划、采购、管理、监督等行政管理职能，并在行使上述行政管理职能时形成与项目公司（或社会资本）之间的行政法律关系；二是作为公共产品或服务的购买者（或者购买者的代理人），政府基于PPP项目合同形成与项目公司（或社会资本）之间的平等民事主体关系，按照PPP项目合同的约定行使权利、履行义务。为便于区分政府的不同角色，政府或政府授权机构作为PPP项目合同的一方签约主体时，称为政府方。

此外，为了避免政府既当运动员、又当裁判员，出现角色错位、越位。项目由社会资本全资或控股，并负责投资、建设、运营及日常管理工作，并承担相应的风险。政府不干预微观事务及日常经营，回归其超然监管者、紧密合作者角色。

在PPP项目全生命周期内必然涉及行政、民事两种职能，但更多体现的是政府责任及义务而非"行政权力"，依落脚于平等的民事合作关系。事实上，政府无疑承担着两种角色，即公共事务的管理者（行政主体），公共服务的参与者、购买者（民事主体）。无论政府扮演何种角色，但仍是保障公共服务的公平、效率的责任方以及最终风险的承担方。

3. PPP项目合同是民事合同还是行政合同？

PPP合同的性质在理论界与实务界存在较大争议，主要表现为行政合同与民事合同之争。有的学者从保护私人投资者利益和追求合同双方当事人地位平等的角度出发，认为PPP合同是一种民事合同或商事合同，属于私法契约的范畴。有的学者从维护公共利益的角度出发，认为PPP合同有别于一般民事合同或商事合同，应属于公法契约的范畴。当然，也有人将其界定为经济合同，而非单一的民事合同或行政合同。

在政府政策层面也存在一定的分歧。政府采购法第四十三条规定："政府采购合同适用合同法"，将政府采购PPP合同定性为民事合同。在2015年《最高人民法院关于适用〈中华人民共和国行政诉讼法〉若干问题的解释》中则将政府特许经营协议定性为行政协议。问题核心在于行政协议强调政府方与社会资本方的行政法律关系，突出当事人双方的不平等性，与PPP强调的契约精神、平等协商不符，加剧了社会投资者的疑虑和担心。

实际上，PPP项目合同体现的是政企双方一致的意思表示，与民事合同的意思自治原则完全契合，从行为性质上属于政府向社会资本采购公共服务的民事法律行为，构成民事主体之间的民事法律关系。同时，政府作为公共事务的管理者，在履行PPP项目的规划、管理、监督等行政职能时，与社会资本之间构成行政法律关系。

政府在PPP项目中的双重身份是由PPP项目的特点决定的，且政府行政权的行使是政府作为PPP项目合同当事人一方履行自身合同义务的表现。PPP项目合同产生的合同争议，可以依法提起民事诉讼或仲裁。在有些情况下，对于合同性质是行政合同或者民事合同难以区分，但不应影响当事人的诉权，在此情形下法律应当赋予当事人进行选择诉讼的权利。

4. 政府方主体出现机构调整如何处理？

由于PPP项目合同的实施期限至少在10年以上，期间可能会遇到政府职能机构调整的情况。这种调整导致原本的实施机构不再享有相关职能，考虑到这种可能性，一方面PPP项目合同中就政府签约主体机构调整时的延续或继承方式作出相关约定。同时，从政府行为角度看，契约依然有效，政府依然负有合同义务。故此，相关部门职能调整、合并分立或撤销均不得影响合同执行、项目正常运行。

5. 人民政府是否可以直接签署PPP项目合同？

人民政府可以作为合同主体，直接与社会资本方签订PPP项目合同。由人民政府直接作为主体签订合同，会增强社会资本和金融机构参与的信心。一般而言，PPP项目合同由实施机构代表政府与社会资本方签署，但实施机构的权力来源也是人民政府，必须获得政府授权。

但值得注意的是，政府本身可能没有足够的专业、精力负责实施、监管具体项目。因此，即便由政府直接签订PPP项目合同，也一般授权具体的职能部门或事业单位代位履行相关职权。

6. PPP项目合同如何签署？

在实践中，社会资本中标以后，通常有以下几种签署PPP项目合同的方式：

一是政府方（实施机构）先与社会资本签订框架协议，待项目公司成立后，由项目公司与政府方签署正式PPP项目合同；

二是政府方（实施机构）直接与社会资本签订正式的PPP项目合同，待项目公司成立后，由项目公司与政府方重新签署PPP项目合同（换签方式）；

三是政府方（实施机构）直接与社会资本签订正式的PPP项目合同，在合同中明确社会资本成立的项目公司继承PPP项目合同，或者以签订补充协议的形式继承PPP项目合同。

7. 政府方通常具有哪些权利和义务？

政府在PPP项目中具有作为民事主体与行政主体的双重身份，作为合同主体，需要行使合同约定的权利和义务；作为行政主体，政府还需行使监管等合同约定以外的权利和义务。

政府方的权利主要包括：①对项目公司的投资建设实施监管，包括项目融资及资金到位和使用情况、项目建设进度、工程质量、安全防范措施等；②依据客观真实的社会经济环境和发展规划，对于项目建设进行变更；③在PPP项目运营期限内，对项目建设质量及运营进行管理，保证公共服务质量；④有权要求本项目依法接受审计机关的审计监督；⑤在项目公司严重违约时，有权提前终止合作，终止合作协议；⑥要求项目公司进行项目交付和缺陷责任期内的维修；⑦如发现存在违约情况，有权根据合同进行违约处罚和兑取履约保函；⑧其他相关的权利。

政府方的义务主要包括：①依法授予项目特许经营权；②按照协议的约定，履行出资义务；③负责确定项目建设内容、规模、目标及征地拆迁等工作；④协调项目公司与相关政府部门的关系，协助项目公司进行取得融资及建设所必须的证明文件等工作；⑤出台相关支持政策，协调项目公司与使用单位关系；⑥为本项目建设施工提供必要条件与其他支持，包括水、电、气和道路等配套设施等；⑦审核项目公司提出的项目政府付费申请，履行合同约定的资金支付义务；⑧在协议提前终止时，接管PPP项目设施，并按合同约定向项目公司支付收购款项；⑨负责本项目财政预算、财政投资评审等全部相关工作；⑩其他相关的义务。

8. 社会资本方的通常具有哪些权利和义务？

社会资本的主要权利包括：按约定获得政府支持或排他性授权的权利，按项目合同约定实施项目、获得相应回报的权利等。其主要义务包括：社会资本在合作期间应履行的主要义务，如按约定提供项目资金及融资，履行环境、地质、文物保护及安全生产、运营、维护等义务，承担社会责任、接受必要的监管等。

二、风险分配

9. 政府方和社会资本方的风险分配原则是什么?

PPP 项目重在合理的风险分担,并非完全的风险转嫁。通过风险分配的原则如下:承担风险的一方应该对该风险具有控制力;承担风险的一方能够将该风险合理转移(例如通过购买相应保险);承担风险的一方对于控制该风险有更大的经济利益或动机;由该方承担该风险最有效率;如果风险最终发生,承担风险的一方不应将由此产生的费用和损失转移给合同相对方。

10. 通常由政府方承担的风险是什么?

通常由政府方承担的风险包括:土地获取风险(在特定情形下也可能由项目公司承担),项目审批风险(根据项目具体情形不同,可能由政府方承担,也可能由项目公司承担),最低需求风险,政治不可抗力(包括非因政府方原因且不在政府方控制下的征收征用和法律变更等)。

11. 通常由项目公司承担的风险是什么?

通常由项目公司承担的风险,包括:如期完成项目融资的风险;项目设计、建设和运营维护相关风险,例如完工风险、供应风险、技术风险、运营风险以及移交资产不达标的风险等;项目审批风险(根据项目具体情形不同,可能由政府方承担,也可能由项目公司承担);获得项目相关保险。

具体 PPP 项目的风险分配需要根据项目实际情况,以及各方的风险承受能力,在谈判过程中确定,如建设过程中的变更、超概算等情形,并不一定全部都由项目公司一方承担。根据项目特点及风险归责,可约定社会资本承担全部超支责任、部分超支责任,或不承担超支责任。在实践中不同 PPP 项目合同中的风险分配安排可能完全不同。

12. 通常由双方共同承担的风险是什么?

通常由双方共担的风险是自然不可抗力。在发生不可归责于政府或社会资本一方的事件导致 PPP 项目合同不能按约定履行的,一般作为不可抗力处理,不视为任何一方违约,但因不可抗力而导致的风险及损失由政府与社会资本分担。

三、部分合同难点

13. 存量项目中的职工如何安置?

职工安置是存量项目转为 PPP 项目引入社会资本时的一个难题,就业是重大民生问题,对社会资本、政府而言都面临较大压力。安置的难点主要体现在员工的身份、工资水平、劳动合同等方面。通常,对于同意进入项目公司的职工,经协商一致,与项目公司签订劳动合同;对于不同意进入项目公司的职工,可以自谋职业、回政府所属的关联国企就业、或重新安排工作岗位等。之前已办理正式退休的人员，由政府所属的关联国企负责管理或纳入社会化保障体系。对于社会资本方不愿意接纳的职工，只能各方协商解决。原则上，存量项目的资产必须经过资产评估、达成妥善安置员工方案后才能实施 PPP 模式。

14. 项目的用地取得方式有哪些？

我国的土地管理制度实行用途管制，土地分为农用地、建设用地和未利用地，PPP 项目一般只能使用建设用地，用地必须办理相关审批手续。

PPP 项目土地取得的方式主要有以下几类分成两部分：（1）划拨形式；（2）有偿供应，即出让、租赁、作价出资或入股三种。根据《中华人民共和国土地管理法》规定，建设单位使用国有土地，应当以出让等有偿使用方式取得。但是，如果是城市基础设施用地和公益事业用地，经县级以上人民政府依法批准，可以以划拨方式取得。如果是经营性用地，则根据《物权法》及《招标拍卖挂牌出让国有土地使用权规定》的规定，必须以招标、拍卖或者挂牌方式出让；如采取协议出让的，则需符合《协议出让国有土地使用权规定》。关于公益事业用地，亦区分是营利性和非营利性，如营利性医院则不属于划拨用地目录范围，需要通过出让方式获取。

15. 如何取得配置的经营性土地？

不符合《划拨用地目录》的项目，可以采取出让或租赁方式供地；同一宗 PPP 项目用地有两个或两个以上意向用地者的，采取招标、拍卖方式进行出让或租赁供地，可将土地使用权的招拍挂出让或租赁工作与 PPP 项目招投标同步进行。

现实运作中，也存在"曲线拿地"方式。采取由政府方出资代表（通常为地方融资平台公司）以划拨、协议或低价公开受让等方式取得国有土地使用权，待项目公司设立时，由政府方出资代表通过无偿使用（非划拨）或无偿租赁等形式将土地使用权提供给社会资本（项目公司）使用，或政府方出资代表以其所拥有的国有土地使用权评估、作价出资入股。但是，在土地资源配置过程中，尽量将经营性土地使用权的招拍挂出让工作与 PPP 项目采购工作同步开展，一并取得。

16. 对土地的权利有哪些限制？

项目公司不能擅自处分划拨土地使用权，但是，这并不意味着存量的划拨土地不能进入市场。划拨土地可以通过一定的形式和程序转为出让土地。根据相关法律法规，划拨土地使用权是可以依法有偿转让的，但要按规定程序和条件报有批准权的人民政府批准，办理相关的手续，并补缴土地使用权出让金。

PPP 项目合同中通常会约定，项目公司有权在项目期限内独占性地使用特定土地进行以实施项目为目的的活动。根据我国《土地管理法》规定，出让国有土地使用权可以依法转让、出租、抵押和继承；划拨国有土地使用权在依法报批并补缴土地使用权出让金后，可以转让、出租、抵押。在 PPP 项目合同中通常还会明确规定，未经政府批准，项目公司不得将该项目涉及的土地使用权转让给第三方或用于该项目以外的其他用途。

除 PPP 项目合同中的限制外，项目公司的土地使用权还要受土地使用权出让合同或者土地使用权划拨批准文件的约束，并且要遵守《土地管理法》等相关法律法规的规定。

17．项目期限与土地使用期限存在不匹配问题？

多数 PPP 项目合作期限为 10~30 年，可能与土地租赁期、受让使用期出现不一致。尤其是 BOO 模式下，社会资本方对项目长期拥有，土地无论划拨、出让还是其他形式均形成期限不一致的问题。

故此，可以通过在合同约定到期时土地获取、转移的相关责权利安排，在保障公共服务持续性和质量同时，可以适当给予优惠政策。但这也需要在相关法律、行政法规中予以明确。

18．唯一性条款是什么？

唯一性条款即限制竞争约定，即社会资本方要求政府承诺在一定期限内不在项目附近批准新建与本项目有竞争的项目。由于在使用者付费项目中，项目公司的成本回收和收益取得与项目的使用者实际需求量（即市场风险）直接挂钩，为确保 PPP 项目能够顺利获得融资支持和合理回报，项目公司在 PPP 项目合同中增加唯一性条款。

19．政府可以用收益权出资入股项目公司吗？

用于出资的资产应是《公司法》、《公司登记管理条例》等规定允许出资的资产。既可以采取货币出资方式，也可以实物、工业产权、非专利技术、土地使用权作价出资的方式。通常，非现金方式出资的，须评估作价，办理出资的转移手续。项目公司成立时一般主要包括货币资金、房屋、机器设备、土地使用权、无形资产等。

通常而言，项目收益权及与之相关的特许经营权是一个与投资建设等紧密相关的权利，很难泛泛用于项目公司的出资。只有切实可以评估，类似发明专利、土地使用权等，具有有形、无形资产权属，对项目公司有效的资产才能入股。拟出资资产应当是 PPP 项目所需要的资产，如果收益权缺乏权属证明、完整性，则难以有效界定，入股存在难点。

20．项目的资产所有权属于哪一方？

各国 PPP 项目所有权归属都是结合自身法律、习惯等自行决定。有些国家强调政府对 PPP 项目资产的所有权，如韩国要求 PPP 项目公司在项目建成后把项目资产所有权移交给政府，只保留运营和收益权。这样既可使项目公司获得税收优惠，又可缓解民众的排斥心理，同时政府还可在必要时对收费价格进行干预。

在我国实践中，政府、企业拥有项目的资产所有权的案例均存在。但是，项目土地无论是划拨还是出让，均属于用益物权（使用权），建设用地所有权属于政府。

目前，社会各界对所有权都很关注，社会资本的主要诉求是项目公司进行融资的便利、对项目的控制力及与政府合作的话语权。事实上，项目公司拥有项目资产所有权的意义不大，很多公共设施抵押效力、处置权都存在执行难度，此外，还可能存在移交手续复杂、税务负担加重等问题。尽管如此，政府、社会资本都倾向于自身拥有所有权，以便在博弈中占得先机。

实际上，讨论资产所有权要跳出"全面支配权"的绝对所有权概念。资产权属包括两个问题：所有权的归属、使用权或经营权的归属，其中，使用权或经营权归属的实际上关联到收益权。对社会资本而言，投资的目的是获得收益，项目核心是政府购买服务形成的应收账款权/债权、项目的经营收益权等。

对于涉及重大民生、国家安全的项目，其资产所有权可以约定给政府，其他项目所有权归属可遵循当事人意思自治，合作期的所有权属可以协商约定。但是，如项目资产所有权无论归属哪一方，各方均应严格履行义务、保障相对方权益，不能将所有权凌驾于使用权或经营权之上。所有权与经营权是平等的，关键在于平等合作、权利平等、践诺履约。

四、违约与争议

21. 常见的政府方违约事件包括哪些情形？

常见的政府违约事件包括但不限于：未按合同约定向项目公司付费或提供补助达到一定期限或金额的；违反合同约定转让PPP项目合同项下义务；发生政府方可控的对项目设施或项目公司股份的征收或征用的（是指因政府方导致的或在政府方控制下的征收或征用，如非因政府方原因且不在政府方控制下的征收征用，则可以视为政治不可抗力）；发生政府方可控的法律变更导致PPP项目合同无法继续履行的；其他违反PPP项目合同项下义务，并导致项目公司无法履行合同的情形。

22. 常见的项目公司违约事件包括哪些情形？

常见的项目公司违约事件包括但不限于：项目公司破产或资不抵债的；项目公司未在约定时间内实现约定的建设进度或项目完工、或开始运营，且逾期超过一定期限的；项目公司未按照规定的要求和标准提供产品或服务，情节严重或造成严重后果的；项目公司违反合同约定的股权变更限制；未按合同约定为PPP项目或相关资产购买保险的。

23. 合同提前终止的事由有哪些？

可能导致项目提前终止事由通常包括以下四个方面：

一是政府方违约事件。发生政府方违约事件，政府方在一定期限内未能补救，从而导致合同目的落空的，项目公司可根据合同约定主张终止 PPP 项目合同。

二是项目公司违约事件。发生项目公司违约事件，项目公司和融资方或融资方指定的第三方均未能在规定的期限内对该违约进行补救，从而导致合同目的落空的，政府方可根据合同约定主张终止 PPP 项目合同。

三是政府单方选择终止。为保障公共利益不受损害，PPP 项目合同可能约定政府方在项目期限内任意时间可单方主张终止 PPP 项目合同。当出现 PPP 项目所提供的公共产品或服务已经不合适或不再需要，或者会影响公共安全和公共利益等特殊情况时，政府有权提前单方面决定终止项目，但应当给予社会资本合理补偿。

四是不可抗力事件。发生不可抗力事件持续或累计达到一定期限，导致 PPP 项目合同无法继续履行或者合同目的落空的，根据《合同法》相关规定，任何一方均可主张终止 PPP 项目合同。

24. 争议解决方式有哪些？

PPP 的争议解决机制设计应当具有灵活性，应关注前序协商机制，促进争议的协商解决，同时不宜拘泥于某一种解决方式。PPP 项目合同发生争议后，可以采取协商、调解、仲裁和诉讼等几种途径解决。

协商。通常情况下，项目合同各方应在一方发出争议通知指明争议事项后，首先争取通过友好协商的方式解决争议。协商条款的编写应包括基本协商原则、协商程序、参与协商人员及约定的协商期限。若在约定期限内无法通过协商方式解决问题，则采用调解、仲裁或诉讼方式处理争议。如果在约定时间内协无法就有关争议达成一致，则会进入下一阶段的争议解决程序。需要特别说明的是，通常协商应当是保密并且"无损实体权利"的，当事人在协商过程中所说的话或所提供的书面文件不得用于之后的法律程序。因为如果双方能够确定这些内容在将来的诉讼或仲裁中不会被作为不利于自己的证据，双方可能更愿意主动做出让步或提出解决方案。

调解。项目合同可约定采用调解方式解决争议，并明确调解委员会的组成、职权、议事原则、调解程序、费用的承担主体等内容。对于 PPP 项目中涉及的专业性或技术性纠纷，也可以通过专家裁决的方式解决。

仲裁或诉讼。协商或调解不能解决的争议，合同各方可约定采用仲裁或诉讼方式解决。采用仲裁方式的，应明确仲裁事项、仲裁机构。仲裁裁决与民事判决一样，具有终局性和法律约束力。除基于法律明确规定的事由，法院不能对仲裁的裁决程序和裁决结果进行干预。实践中，诉讼程序相较于仲裁程序时间更长，程序更复杂，比较正式且对立性更强，因此双方在选择最终的争议解决程序是需要仔细的考量。

25. 争议期间合同该如何履行？

鉴于PPP项目通常会涉及公共安全和公共利益，为保障项目的持续稳定运营，通常会在争议解决条款中明确规定在发生争议期间，各方对于合同无争议部分应当继续履行，除法律规定或另有约定外，任何一方不得以发生争议为由，停止项目运营。

26. 项目合作期延期的原则？

政府和项目公司通常会在合同谈判时商定可以延期的事由，基本的原则是：在法律允许的范围内，对于项目合作期限内发生非项目公司应当承担的风险而导致项目公司损失的情形下，项目公司可以请求延长项目合作期限。常见的延期事由包括：因政府方违约导致项目公司延误履行其义务；因发生政府方应承担的风险（关于通常由政府方承担的风险，导致项目公司延误履行其义务；经双方合意且在合同中约定的其他事由。

第四节　PPP模式要点与交易结构

一、交易结构设计及运作方式

1. 项目的交易结构包括哪些主要内容？

交易结构（Deal Structure）是买卖双方以合同条款的形式所确定的、协调与实现交易双方最终利益关系的一系列安排。PPP项目的交易结构是项目结构设计中的核心环节，需要综合协调和合理配置各方责权利。根据财政部《政府和社会资本合作模式操作指南（试行）》（财金〔2014〕113号）规定，交易结构主要包括项目投融资结构、回报机制和相关配套安排。

在交易结构中首先要明确项目参与者，包括授权政府级别、项目实施机构、监管机构、出资机构等。项目投融资结构主要说明项目资本性支出的资金来源、性质和用途，项目资产的形成和转移等。项目回报机制主要说明社会资本取得投资回报的资金来源，包括使用者付费、可行性缺口补助和政府付费等支付方式。相关配套安排主要说明由项目以外相关机构提供的土地、水、电、气和道路等配套设施和项目所需的上下游服务。

从更广泛意义上讲，PPP的交易结构还包括组织结构及治理、风险分配、退出机制等。

2. 项目的交易结构应考虑哪些关键因素？

PPP项目的交易结构多种多样，要因地制宜进行设计。具体项目在设计和选择交易结构时候需考虑诸多因素，如：项目类型、政府的市场化目标以及投资人的投资目标、政府或国企的参与方式、项目建设范围或资产范围、资产权属、项目运营安排、计划实施进度、政府监管体系、价格水平、收费机制等。

总体上看，PPP项目很难有一个普适性的交易结构，还得结合各个参与主体的具体诉求进行分析、设计、论证。一个好的交易结构，在合规性基础上满足交易各方的目的，平衡交易各方的风险与收益关系。

3. PPP主要有哪些运作方式？

从国外看，PPP运作方式非常多。我国财政部财金〔2014〕113号文件要求，PPP项目的主要合作方式包括委托运营（O&M）、管理合同（MC）、建设－运营－移交（BOT）、建设－拥有－运营（BOO）、转让－运营－移交（TOT）以及改建－运营－移交（ROT）等六种方式。2014年国家发展和改革委员会颁布了《关于开展政府和社会资本合作的指导意见》（发改投资〔2014〕2724号），相关运作方式为BOT、BOOT、BOO等。

4. BTO、BTL等属于PPP运作方式吗？

事实上，PPP的运作方式主要围绕全生命周期的各个职能组合展开，包括设计（D）、建设（B，有时广义的建设涵盖工程、投资等内容）、改扩建（R）、融资（F）、拥有（O，不移交）、运营（O，有时广泛的运营涵盖维护）、维护（M）、移交（T）等这些职能，同时，可能衍生出租赁（L）等。最常见的PPP的运作方式是BOT，根据职能组合形成DBFO、DBFOM、BTO等等。每个国家都结合其政治、法律、社会、习俗等具体情况，选择适宜的运作方式。

广义上讲，BTO、BTL（韩国推崇的模式）等都属于PPP的运作方式，但是应看其背后的运作逻辑是否符合所在国PPP要求的特征。故而，抛开概念之争，关键是看项目运作的责权利安排是否符合PPP的规范性要素。我国PPP运作方式的核心是强调运营维护、风险分担、绩效付费等机制安排，是否真正能实现物有所值，确保项目不会演化为BT方式、变相融资等行为。

5. 商业模式或交易结构如何创新？

PPP模式的创新意味着公共服务供给过程中的市场化机制深化、商业模式的创新。其中，项目盈利模式的创新是核心所在，主要是围绕公共服务提供过程中政府与市场资源的对接，要统筹利用"资金、资产、资源"进行商业模式、交易结构的创新。

重点是围绕公共服务提供的内容、目标，在合规性基础上合理利用、匹配好项目所需的财政资金、国有资产、公共资源等政府资金或对价资源，以保障社会资本的合理回报、项目的可融资性。比如，根据项目内容进行抽肥补瘦、以丰补歉，或根据项目特点采取打包组合、分拆、资源补偿、补贴、收益的结构化、杠杆撬动、金融创新等方式，降低、平滑财政支出压力同时增强项目的吸引力。

二、投融资结构

6. 项目的投资构成是什么?

PPP 项目包含新建、改扩建工程的合作项目,应明确工程建设总投资及构成。投资额估算包括建筑工程费、设备及工器具购置费、安装工程费、工程建设其他费用、基本预备费、价差预备费、建设期利息、流动资金等。PPP 项目合同应明确总投资的认定依据,如投资估算、投资概算或竣工决算等,以及政府审计确定的程序与标准,通常涉及财政补贴项目的投资额最终以审定的概算或预算为基准。对于包含政府向社会资本主体转让资产(或股权)的合作项目,应进行评估,在合同中明确受让价款及其构成。

7. 项目公司自有资金或资本金比例有何要求?

目前 PPP 项目多涉及基础设施等固定资产投资行为,项目公司设立及后续融资均有资本金的最低要求,通常应占项目投资额的 20% 或以上。依据 2015 年《国务院关于调整和完善固定资产投资项目资本金制度的通知》(国发〔2015〕51 号文)规定,各行业固定资产投资项目的最低资本金比例按以下规定执行。城市和交通基础设施项目:城市轨道交通项目由 25% 调整为 20%,港口、沿海及内河航运、机场项目由 30% 调整为 25%,铁路、公路项目由 25% 调整为 20%。房地产开发项目:保障性住房和普通商品住房项目维持 20% 不变,其他项目由 30% 调整为 25%。

PPP 项目公司自有资金大都约占投资额的 20%~30%,可以根据项目进度分批到位,缺口资金 70%~80% 通常以债务融资形式获得。企业利用债务资本进行举债经营具有双重作用,既可以发挥财务杠杆效应,但也可能带来财务风险。因此,企业必须权衡财务风险和资本成本的关系,确定最佳的融资结构。

8. 股东借款可以作为资本金吗?

根据《国务院关于固定资产投资项目试行资本金制度的通知》(以下简称"国发〔1996〕35 号文")的规定:"资本金是指在项目总投资中,由投资者认缴的出资额,对投资项目来说是非债务性资金,项目法人不承担这部分资金的任何利息和债务;投资者可按其出资的比例依法享有所有者权益,也可转让其出资,但不得以任何方式抽回",可见,作为项目资本金应具备以下三个关键条件:一是非债务性资金;二是项目法人不承担这部分资金的任何利息和债务;三是投资者可按其出资的比例依法享有所有者权益。

股东借款可以作为资本金。作为资本金的例外情形:(1)股东从第三方以自己的名义借款后,通过注册资本或资本公积的方式投入到项目公司,该部分资金形成所有者权益,借款本金与利息由股东通过分红后自行偿还,项目公司不承担该部分债务。(2)股东借款进入项目公司后,通过股东协议等方式,将股东借款形成的债权转成股权、转成资本公积等也可作为资本金。

9. 政府入股不分红、劣后方式可行吗?

PPP 模式下,政府可以入股项目公司,也可以不入股。政府可指定相关机构(通常为其本级国有企业或投融资平台)依法参股项目公司。政府或其国资公司入股可以不分红,与国有资产管理规定并不相悖。

政府入股与否都不能改变政府提供公共服务的最终责任,政府购买的是公共服务不是资产。为了保障项目财务可行性,政府可以不参与分红,作为可行性缺口补助或财政补贴方式来吸引社会资本;如果机械地从国有资产保障增值角度看,要求政府或其融资平台必须获得分红,势必增加财政支出负担。

政府入股项目公司的分红安排依据双方合同约定执行,可以结合项目收益、风险分配情况,采取同股同权方式,也可以不分红或者社会资本优先分红(作为劣后)。入股比例、分红安排具体安排根据项目属性、项目财务可行性、财政承受能力、监管、协调等方面综合确定。

10. PPP 项目的融资责任由谁承担?

PPP 项目融资责任由项目公司或社会资本承担。政府及其相关部门不应为项目公司或社会资本的融资提供担保,只提供必要的支持。项目公司可以为融资之目的,将其在 PPP 项目合同项下的各项权益(如预期收益权、保险受益权等)及资产(包括动产、不动产和无形资产)之上设置质押、抵押。通常,融资责任不由政府、融资平台承担。若未来项目公司不能顺利完成项目融资的,社会资本应采取股东贷款、补充提供担保等方式以确保项目公司的融资足额到位。特殊情形下,政府才可协助项目公司完成融资。

项目公司或社会资本未按照 PPP 项目合同约定完成融资的,政府方可依法提出履约要求,必要时可提出终止 PPP 项目合同。

11. PPP 项目的融资方式有哪些?

PPP 模式下,社会资本或项目公司可通过项目形成的财产和权利开展银行贷款、发行债券等方式融资。融资方式总体上涵盖股权融资、债务融资两大类,主要以债权融资为主,并以银行贷款为主。

符合条件的项目运营主体可以在资本市场通过发行公司债券、企业债券、中期票据、定向票据等市场化方式进行融资,也可以发行项目收益债券、项目收益票据、资产支持票据等。社会资本或金融机构也可以通过设立产业基金、资管计划等形式提供项目资本金、债权融资。各类信托、证券、基金、保险等金融机构可以创新运用债权投资计划、股权投资计划、项目资产支持计划等多种方式参与项目。

12. 项目都能实现项目融资吗?

广义的项目融资是指一切针对具体项目所作的资金安排。狭义的项目融资是指具有无追索或有限追索形式的融资活动，即融资不是主要依赖项目发起人的信贷或所涉及的有形资产，而是依赖项目本身的效益。传统融资（如信用贷款和抵押贷款）的基础和保证，是债务人现有的各种资产。项目融资的基础和保证是项目的经济强度，即拟建项目未来的现金流量和项目建成后所形成的资产的价值。

PPP 项目应为项目融资导向，即依靠项目公司自身信用实现无追索权狭义的项目融资。但是，由于 PPP 项目周期长、风险大，尤其是欠发达区域的 PPP 项目风险可能更大，社会资本往往心存疑虑，金融机构也有后顾之忧，还是倾向于传统的担保融资。目前，很多 PPP 项目公司刚设立，缺乏信用支撑，融资还是主要依靠社会资本（股东）、第三方提供相应的增信措施。目前，相当多 PPP 项目，尤其是欠发达区域的 PPP 项目或公益性项目等，还无法实现无追索权项目融资。随着法治的完善、PPP 模式的规范推进、市场主体成熟、财政预算的硬化，无追索项目融资方式会越来越多为金融机构所接受。

13. 贷款担保主要有哪几类？

贷款担保可分为人的担保和财产担保两种。人的担保主要指由作为第三人的自然人或法人向银行提供的，许诺借款人按期偿还贷款的保证。如果债务人未按期还款，担保人将承担还款的责任。财产担保又分为不动产、动产和权利财产（例如股票、债券、保险单等）担保。这类担保主要是将债务人或第三人的特定财产抵押给银行。

担保的具体形式主要有如下几种：（1）抵押。抵押是指借款人或第三人在不转移财产占有权的情况下，将财产作为债权的担保，银行持有抵押财产的担保权益，当借款人不履行借款合同时，银行有权以该财产折价或者以拍卖、变卖该财产的价款优先受偿。（2）质押。质押是指债权人与债务人或债务人提供的第三人以协商订立书面合同的方式，移转债务人或者债务人提供的第三人的动产或权利的占有，在债务人不履行债务时，债权人有权以该财产价款优先受偿。（3）保证。保证是指保证人和债权人约定，当债务人不履行债务时，保证人按照约定履行债务或者承担责任的行为。（4）留置。留置是指债权人按照合同约定占有债务人的动产，债务人不按照合同约定的期限履行债务的，债权人有权按照规定留置该财产，以该财产折价或者以拍卖、变卖该财产的价款优先受偿。（5）定金。定金较少用于银行信贷业务中。最常见为抵押、质押、保证三种主要的贷款担保形式。

14. PPP 项目哪些财产和权利可以抵押、质押？

社会资本或项目公司有权处分的下列财产和权利可以抵押、质押，包括：项目公司的财产，包括动产和不动产；项目公司的土地使用权；项目公司的股权；合作项目的收益权；法律法规规定的可以抵押、质押的其他财产和权利。但是，合同项下的权利抵押、质押的行使、处置通常也会受到一定的约束，通常必须经过政府同意。

15．新设项目公司可以发行项目收益债吗？

项目收益债券是以项目公司为发行主体，募集资金直接投入固定资产投资项目，项目运营收入进入专户并专项用于债券本息支付的债券。PPP 模式下的项目收益债无疑会成为债券市场新的投资品种，但这类项目具有明确经营权转让、稳定的现金流及必要的政府补贴。发行主体的信用资质不会是影响债券定价的决定性因素。

在建或拟建 PPP 项目均可发行项目收益债，但有一定条件限制。项目收益债券的核心特征包括三点：一是募投项目可以产生稳定的现金流，现金流可预测且证据充分；二是实现现金流的封闭运转，即通过专户的设置实现了"融资－投资－项目收入－本息偿付"资金流的封闭运行，即从募集资金的筹集使用到项目资金回收再到债券本息的偿付，都在一个闭合的环境中操作；三是提供必要的内外部增信，确保当实际现金流情况未达到预测值时，债券通过增信可以确保按时还本付息。与国内的企业资产证券化相比，项目收益债券有两大特点：一是为在建或拟建项目融资，解决项目实际的资金需求；二是发行方式为公募发行，信息披露更加充分，有利于市场监督，同时公募品种市场流动性高，有利于降低债券发行利率。

项目收益债券在 PPP 领域的应用前景广阔。从行业上来说，符合国家产业政策、具有稳定收入且收入不主要来源于财政资金的项目均可以探索采用项目收益债来融资，包括垃圾处理、电力、污水处理、城市供水供热供气、收费公路、主题公园等领域的各类 PPP 项目。

16．PPP 产业基金有哪些种类以及如何退出？

产业投资基金从组织形式来看，可分为公司型、契约型和有限合伙型。公司型基金是按公司法成立的法人实体，与一般公司拥有相类似的治理结构，基金很大决策权掌握在投资人组成的董事会。与公司型基金不同，契约型基金不是法人，必须委托基金管理公司管理运作基金资产，投资者作为信托、资管等契约的当事人和产业投资基金的受益者，一般不参与管理决策。有限合伙型基金一般由普通合伙人（General Partner，GP）和有限合伙人（Limited Partner，LP）组成，普通合伙人只占基金的少数份额，但负责基金的投资和运作；有限合伙人是基金的主要投资者，不直接参与基金管理，保留一定的监督权，对投资活动承担有限责任，并享受优先分红。

在 PPP 模式下，产业投资基金的组织形式普遍为有限合伙型，其股东由一般合伙人（GP）和有限合伙人（LP）组成，GP 承担无限责任，LP 承担有限责任。GP 除了承担基金的管理运作职能外，一般还担任劣后级，优先承担一定比例的投资风险和损失。LP 享有优先级地位，不参与公司具体管理。有限合伙人内部又可根据风险收益配比的不同进一步划分为优先级和劣后级。GP 一般是该产业基金的实际管理者和运作者，对 LP 负有保值增值义务，且双方按照约定的绩效指标对收益进行分账。

PPP 产业投资基金的退出主要有以下几种方式：（1）项目清算；（2）股权回购/转让；（3）资产证券化；（4）资本市场上市等。

三、回报机制

17. PPP 项目回报机制主要有哪几类？

PPP 模式的回报机制主要包括使用者付费、政府付费、可行性缺口补助。

使用者付费（User Charge），是指由最终消费用户直接付费购买公共产品和服务。可行性缺口补助（Viability Gap Funding），是指使用者付费不足以满足社会资本或项目公司成本回收和合理回报，而由政府以财政补贴、股本投入、优惠贷款和其他优惠政策的形式，给予社会资本或项目公司的经济补助。政府付费（Government Payment），是指政府直接付费购买公共产品和服务，主要包括可用性付费（Availability Payment）、使用量付费（Usage Payment）和绩效付费（Performance Payment）。政府付费的依据主要是设施可用性、产品和服务使用量和质量等要素。除此之外，还包括第三方付费和混合付费。

18. 各种回报机制适用哪一类项目？

PPP 回报机制的具体采用，与项目自身的市场化收费、社会资本的运营能力等都紧密相关，适用性受到技术经济条件、经营能力等多方面制约。实践中，需要根据各方的合作预期和承受能力，结合项目所涉的行业、运作方式等实际情况，因地制宜地设置合理的付费机制。

使用者付费主要针对经营性项目。使用者付费模式通常用于可经营性系数较高、财务效益良好、直接向最终用户提供服务的基础设施项目，如市政供水、城市管道燃气、高速公路等。

政府付费模式主要针对公益性项目。政府付费模式通常用于不直接向最终用户提供服务的终端型基础设施项目，如市政污水处理厂、垃圾焚烧发电厂、净水厂等，或者不具备收益性的基础设施项目，如市政道路等。

可行性缺口补助模式主要针对准经营性项目。可行性缺口补助模式通常用于可经营性系数较低、财务效益欠佳、直接向最终用户提供服务但收费无法覆盖投资和运营回报的基础设施项目，如医院、学校、文化及体育场馆、保障房、价格调整滞后的管网类市政公用项目、交通流量不足的高速公路等。

19. 设定付费机制时需要考虑哪些因素？

通常需要考虑以下因素：

（1）项目产出是否可计量。PPP 项目所提供的公共产品或服务的数量和质量是否可以准确计量，决定了其是否可以采用使用量付费和绩效付费方式。因此，在一些公用设施类和公共服务类 PPP 项目中，如供热、污水处理等，需要事先明确这类项目产出的数量和质量是否可以计量以及计量的方法和标准，并将上述方法和标准在 PPP 项目合同中加以明确。

（2）适当的激励。付费机制应当能够保证项目公司获得合理的回报，以对项目公司形成适当、有效的激励，确保项目实施的效率和质量。

（3）灵活性。鉴于 PPP 项目的期限通常很长，为了更好地应对项目实施过程中可能发生的各种情势变更，付费机制项下一般也需要设置一定的变更或调整机制。

（4）可融资性。对于需要由项目公司进行融资的 PPP 项目，在设置付费机制时还需考虑该付费机制在融资上的可行性以及对融资方吸引力。

（5）财政承受能力。在多数 PPP 项目、尤其是采用政府付费和可行性缺口补助机制的项目中，财政承受能力关系到项目公司能否按时足额地获得付费，因此需要事先对政府的财政承受能力进行评估。

20. PPP 项目定价的财务指标有哪些，多少较为合理？

一般而言，项目决策的财务指标包括：（1）净现值 NPV：净现值大于 0，表明项目可行；净现值越大，项目的盈利能力越强，资产价值越大。（2）内部收益率 IRR：项目 IRR 值越高，表明项目越有利；项目 IRR 应高于实际贷款利率、达到行业平均水平。（3）债务覆盖率 DCR：1.5～2.0。（4）债务承受比率 CR：1.3～1.5。（5）投资回收期 <＝2N/3（N 为合作期）。其中，最核心的财务是内部收益率 IRR，含项目（全部投资）内部收益率、资本金内部收益率两种。

很多社会资本投资 PPP 项目的收益大多分为工程利润和投资收益两大部分。考虑工程利润水平、方案设定的显性投资收益两部分合并后，相对合理的项目整体预期收益率区间如下：社会资本全部投资内部收益率 IRR 在 6%～8%，社会资本资本金内部收益率 IRR 在 8～12%（考虑工程利润后）。社会资本对 PPP 项目的收益指标要求，在不同时期随着央行中长期贷款基准利率、行业平均利润水平、竞争环境等变化。具体回报要求一般根据行业惯例及利润水平、既有项目回报水平、融资成本、风险等因素决定。同时，政府应结合项目市场需求，设定超额利润分享或限制机制。

但是，对于委托运营类等不存在资本性投资的项目，其回报率设定基本是按照成本加成定价，如额定或计划成本之上，加上一定的利润率（如 8%，具体与行业有关）进行定价。

21. 按财金〔2015〕21 号文公式计算财政补助合理吗？

依据文件公式为：

$$\text{当年运营补贴支出数额} = \frac{\text{项目全部建设成本} \times (1+\text{合理利润率}) \times (1+\text{折现率})^n}{\text{财政运营补贴周期（年）}}$$

+年度运营成本×(1+合理利润率)-当年使用者付费数额

　　该公式是计算回报的一种方式，简单明晰，但存在一些弊端。其一，利润率取值并不一定是项目公司真实的利润率，也无法揭示真实的项目收益率水平，还是要综合考虑折旧、利息、税收等因素，最终回到内部收益率（IRR）这一指标来度量利润率、折现率取值以及项目回报。其二，政府付费或补贴额计算相当固化，缺乏支出偏好调整。其三，对于经营性项目，该计算容易形成固定回报、造成反向激励，缺乏经营风险分担及激励相容机制。其四，对一些市场波动大、现金流不规则的项目不一定适用，会造成过度补贴等弊端。

　　简言之，该公式计算实用、简便，是一种政府付费或补贴计算的工具，但也存在弊端。在有些情形下，仍需回归到现金流贴现（DCF）模型来计算内部收益率等指标。

　　在测算政府付费或补贴时，应结合政府财力、市场需求、风险分担等因素综合设计合理的收益结构、支付方式，不局限一种方式或工具。

22. 如何完善公共服务价格调整机制？

　　在PPP项目签约时，就应当考虑在合同中体现调价机制的制定。目前，比较常见的调价机制有基准比价机制和市场测试机制两种，这两种机制都是在PPP项目合同中约定一个固定周期或者一个特定日期，在该周期届满或该日期到来时，由项目公司启动比价程序或对项目中某项特定服务在市场范围内重新进行采购。

　　PPP项目调价机制的进行中，如若涉及调整关系群众切身利益的公用事业价格、公益性服务价格、自然垄断经营的商品价格等，考虑到涉及面广、影响较大，必须将听证作为调价的必经程序。听证会制度是由政府价格主管部门主持，征求消费者、经营者和有关方面的意见，论证其必要性、可行性。在完成听证会程序的基础上，就听证会的结果进行详细沟通与具体调整，确保调价能够顺利进行。

　　项目公司面临通货膨胀、汇率、需求、原材料价格、利息等风险，因此除了关注起始收费高低，还关注收费调节机制以降低风险的不利影响。常见收费调节机制与触发因素包括：与消费指数挂钩以便降低通货膨胀的影响，与汇率挂钩以便降低汇率波动的影响，与需求挂钩以便降低需求变化的影响，与原材料价格挂钩以便降低材料价格起伏的影响，等等。

23. 如何对超额收益实施限制？

　　部分PPP项目在实施过程中可能出现在一定的环境或时期内，因使用者需求激增或收费价格上涨，导致项目公司因此获得超出合理预期的超额利润的情形。针对这种情形，政府在设计付费机制时可以考虑设定对超额收益的限制机制。

通常，PPP项目需要综合考虑项目财务效益和社会效益，建立收益分配和绩效考核制度。通过动态调整收费定价或政府补贴、收益分成等，既保障社会资本有机会获得合理回报，项目可持续运营，也避免谋取暴利。超额收益限制方式，包括约定收益率上限，超出上限的部分归政府所有，或者就超额利润部分与项目公司进行分成等。但超额收益限制机制必须坚持的一条基本原则是：无论如何限制，付费机制必须能保证项目公司获得合理的收益，并且能够保持和提升社会资本的积极性，鼓励其提高项目的效率。

第五节 PPP项目程序与采购

一、项目落地前程序

1. 各部门如何分工？

财政局牵头PPP政策研究和PPP项目规划指导、融资支持、识别评估、咨询服务、信息统计、项目库建设等工作。负责PPP项目的物有所值评价和财政承受能力论证，负责采购监督、资产评估、性能测试、资产交割、绩效评价、第三方专业机构库及专家库等，为项目实施机构提供全方位的业务指导和技术支撑；落实项目财政资金及支出责任预算安排，履行财政监督职责等。

各行业主管部门或有关单位是PPP实施的责任主体，负责遴选适宜采用PPP模式的潜在项目，并具体负责PPP项目的前期工作、编制PPP实施方案、选择社会资本方、项目合同签订、项目组织实施和运行监管等工作。监督合同执行及工程质量、安全、工期进度，办理项目移交，协调解决相关问题。

发改、规划、国土、建设、环保等行政审批部门，共同负责优化相关审批流程，提高审批效率，做好PPP项目管理和服务工作。发改部门应结合国民经济和社会发展规划，牵头做好PPP模式项目筹划，积极在新建、改建项目或存量公共资产中筛选适宜采用PPP模式的项目，制定项目年度和中长期开发计划；负责落实PPP项目的立项等前期工作。

法制办负责PPP项目规范性文件和项目合同的合法性审查；规划、国土和相关职能部门负责PPP项目的用地保障工作；物价局负责拟订和调整PPP项目的产品或服务涉及政府定价、政府指导价的价格，对涉及收费的PPP项目的价格进行监测、分析和预警；审计局负责审计监督PPP项目投资资金使用，组织对项目的预算、决算情况实施专项审计；国资委负责PPP项目国有资产的监督管理，确保国有资产保值增值。

2. 社会资本发起PPP项目还需要走采购程序吗？

社会资本可以项目建议书等方式向财政部门推荐潜在PPP项目。客观上讲，社会资本贴近市场、经营思路开阔，在 PPP 的项目发掘、策划方面具有优势。社会资本发起 PPP 项目有利于激发社会资本的创造性，创新公共服务类型、模式，但是，也可能存在着缺乏公平竞争、公共利益保护等问题。

即便政府部门采纳社会资本的项目建议书，社会资本也不能直接成为政府部门的合作伙伴，仍然要按照竞争程序的要求进行公开采购。其他社会资本也同样有机会向政府部门提出 PPP 项目的建议或方案，但可给予初始项目发起方在同等条件下的优先权。

如果发起人最终未能中标，政府应就社会资本的就 PPP 项目的前期工作的成本进行合理补偿。政府应进行合理的引导和激励社会资本发起 PPP 项目，但不得承诺发起人中标，必须走规范竞争性采购程序。

3. PPP 项目采购前是否必须有可行性研究报告？

财政部门牵头的 PPP 流程与发改部门要求的基本建设程序没有完全对接。实践过程中，根据项目特性，有些 PPP 项目采购完成后，由社会资本或项目公司负责可行性研究报告编制。但是，在 PPP 采购前编制 PPP 可研报告依然是非常必要的。可行性研究作为基本建设程序中的重要环节，如在项目采购前有深度的可研报告，将有助于为 PPP 项目决策提供支撑。

虽然 PPP 流程没有明确强制必须采购前完成可研报告，但是，有深度的可研等前期工作对于政府把控项目边界、风险以及推进 PPP 项目都是有益的。建议 PPP 采购前将可研作为一个重要前置条件，但根据项目特性，在后期实施过程中，可以调整、优化。

4. PPP 项目是否应该走备案制而非审批制管理？

根据我国投资项目审批制度，通常分为审批制、核准制与备案制三种。政府投资项目一般采取审批制，部分企业使用财政资金的项目根据情况也需采取审批制。其他企业投资项目分情况采取核准制、备案制，其中，政府仅对重大项目和限制类项目进行核准，其他企业自主投资项目则采取备案制，备案制程序简便、不需要很多前置审批程序。

问题的关键在于 PPP 项目是政府投资还是企业投资，这方面一直存在争论。事实上，PPP 项目是一种合作提供公共产品的机制，最终回报还是依赖政府付费或政府授与社会资本方特许经营权（收费权）。故而，PPP 项目投资不能简单划为企业投资或政府投资。此外，PPP 项目提供的基础设施、公共服务基本上都涉及到公共利益、政府监管，不完全由社会资本自主、独立决策。因此，PPP 项目在多数情况下不适合采取备案制，但也不能完全照搬过去的政府投资项目的审批制管理。简言之，PPP 项目主要易采取审批制、核制制方式，但应简政放权，减少前置审批程序、简化流程、适度放权给社会资本，加强事后监管与服务。

5. PPP 项目立项或项目批复给谁？

通常，PPP 项目在发起阶段、采购完成前，项目范围内的资产权属均应为政府或其企事业单位所有。如果社会资本发起 PPP 项目、参与前期工作，原则上不应改变资产、项目权属，仍应将立项、批复等前期手续落在政府部门或其融资平台等主体上。但是，应在批复可行性研究报告（审批制）或核准项目申请报告（核准制）时，明确规定可以根据社会资本方选择结果依法变更项目法人。通过公开采购程序选定社会资本后，可办理项目法人变更手续，将其变更为项目公司。

6. 使用者付费的 PPP 项目可以不用开展财政承受能力论证吗？

不论是采取政府付费、可行性缺口补助还是使用者付费方式，原则上都应该按照 PPP 的规范开展财政承受能力论证。使用者付费的经营性项目，依然提供的是公共服务，政府让渡的是收费权，本质是公共资源的对价。但是，在长达数十年经营期内，项目的不可预测因素依然存在，存在相应的风险。在项目全生命周期过程中，通常政府还存在配套责任、风险支出责任，同时，还有可能分享项目收益。使用者付费项目仍存在或有隐性的财政支出责任，同样需要按照 PPP 的统一程序接受物有所值评价和财政承受能力论证。

所有 PPP 项目支出责任与中长期财政预算应有效对接，有助于建立一个规范可预期的投资回报机制，积极推动信用政府建设，实现 PPP 模式持续健康发展。

7. 市场测试有无必要？

市场测试是在启动 PPP 正式采购程序前，政府方用以检验项目方案设想是否符合市场参与主体（如潜在竞标人、融资机构）的意愿一种沟通、反馈机制。通过市场测试引发其兴趣，并借此获得各类市场参与主体的反馈，对 PPP 实施方案进行可能的调整完善。在交易初期建立交易双方的沟通机制，对形成双方合理预期，促成交易有重要意义，也是一种富有弹性的博弈机制，但应该避免影响后续的公平竞争。

尤其是较为复杂的项目或新领域的 PPP 项目进行市场测试非常有必要，可以避免闭门造车，让方案更加契合市场需求，促进项目落地和可执行性。但是，不能演变成违规、暗箱操作。

二、项目采购

8. PPP 采购是属于政府采购范畴吗？

世界主要国际组织和国家在选择 PPP 合作方时都遵循政府采购规则，并把服务和工程特许经营权的授予也视为政府采购公共服务的一种方式，将其纳入政府采购监管。因此，将 PPP 项目选择合作者的过程纳入政府采购管理，可以进一步促进我国政府采购制度与国际规则对接，也符合世界贸易组织《政府采购协定》（GPA）对政府采购的定义——为了政府目的以任何合同方式开展的采购活动。用户付费模式的 PPP 项目只能算广义的政府购买服务，而不属于法律意义上的政府采购。

PPP模式是一类特殊的政府采购。在PPP模式下，社会投资人除负有建设生产和提供产品的义务外，还负有将PPP项目进行全生命周期过程管理与维护的义务，并同时具有基于该综合义务的履行而获得合理投资回报的权利。PPP项目的采购活动性质界定为服务采购较为适当。

9. 社会投资人与承包商是否可以合并招选（两标合一标）？

如果社会资本具有相应的施工资质，通过招标方式，可以一次性将投资人、工程总包合并采购。直接由项目公司和社会资本（施工方、股东）直接签署工程建设合同。如果社会资本是通过公开采购方式确定的，但不具备相应施工资质条件和要求，应通过再次公开采购方式确定项目施工单位。

非公开招标方式（如竞争性谈判、竞争性磋商等）采购社会资本，工程是不是要二次招标存在一定争议，与《招标投标法实施条例》有一定冲突。但是，从理论和逻辑上讲，非招标方式与招标方式都是竞争性采购方式，只要进行资质准入把关审查，通过对投资人一并提交的承包商承包资质等文件的审查已达到了其监管目的。在非招标采购方式下，有资质的投资人自行完成施工并未违背立法本意。争议的关键其实应回归到公平、公开、公正的执行采购程序上讨论。

故此，依法通过规范性、竞争性采购程序选择社会资本合作方时，已根据合作项目需求设置相关条件，对社会资本合作方自行建设、生产和运营合作项目的能力和资质予以全面考察的，已约定工程造价、投资额认定标准，选定社会资本合作方后，可不再进行政府采购和招标。PPP应赋予社会资本更多的自主决策权，政府只需约定好工程资质、工程造价与投资额认定标准即可，重点是加大事中和事后监管力度。

10. 是不是最好采取公开招标方式呢？

PPP项目并不一定要采取公开招标方式，但不可否认，公开招标方式是采购中相对透明、公平的方式。但是，PPP项目更关注的是公共服务质量而非资产本身，多数PPP项目在采购过程中需通过不断协商，才能最终确定合同各方的权利义务。故此，公开招标在PPP项目采购中，也存在一些局限。公开招标主要适用于采购需求中核心边界条件和技术经济参数明确，且采购中不作更改的项目。公开招标的招投标程序较为严格，缺少灵活性。如投标过程中，除需要澄清和说明的以外，不得修改招投标文件，投标文件的某个实质性要求不响应会导致投标无效。

相比较而言，竞争性磋商等方式在有些PPP项目中更适用，但存在容易操纵之嫌，故采取非公开招标方式应注重规范、透明、公正、公平。

11. 竞争性谈判和竞争性磋商是一样的吗？

竞争性磋商是针对PPP项目新出一种竞争性采购方式，与竞争性谈判有一定相似之处，但也存在较大区别。竞争性磋商的核心内容是先明确采购项目特点和采购人的实际需求，再进行竞争报价。它与竞争性谈判相比，既有联系又有区别。首先，在明确采购人的实际需求的阶段，两者关于采购程序、供应商来源、公告要求、响应文件要求、磋商或谈判小组组成等方面的要求基本一致。其次，在报价阶段，竞争性磋商采用了类似公开招标的综合评分法，竞争性谈判采用的则更多是最低价中标。与竞争性谈判相比，竞争性磋商更有利于实现合理报价和公平交易，避免了最低价中标可能导致的恶性竞争。

12. 联合体是法人吗？

通常而言，多个社会资本组建的联合体不是法人组织，亦非合伙企业，不需要到工商部门登记，而是一种以联合体协议为基础的合作关系。联合体各成员对外承担连带责任，对内则按照联合体协议约定承担责任，以一个供应商的身份共同参加政府采购。联合体本身仅是一种合同关系，不是一种法定的商事组织，联合体本身不具有签订合同的法律资格，只能以投资人联合体各方的名义，共同与招标人签署协议。

参加联合体的供应商应当向采购人提交联合体协议，载明联合体各方承担的工作和义务。联合体各方应当共同与采购人签订采购合同，就采购合同约定的事项对采购人承担连带责任。

13. 联合体牵头方必须控股吗？

理论上，联合体的牵头方不一定是控股方。尤其是应该鼓励PPP项目中"运营商＋金融机构"的联合体方式，运营商在PPP中的作用非常重要，但不一定资金占优势或控股。

但在现实运作过程中，很多社会资本是施工方，这些企业往往与基金等财务投资者组成联合体，并且股权比例较低或参股以实现出表、放杠杆等目的。这时，应对社会资本作为联合体头人的义务和连带责任进行明确，注重运营维护责任、绩效付费、风险分配等约定，确保公共服务供给质量与持续性。

在实践过程中，通常政府基于项目实施及风险控制角度，出台一些限制性规定，有时会要求出资最大的那一方作为联合体的牵头方。但无特别规定，可以自行约定出资比例。

14. 如何在合同中约定工程费用的控制？

PPP项目的投资控制责任承担通常由政府承担、项目公司承担、双方共担三种方式，其中，如果前期工作深入，则项目公司承担造价控制责任的情形较多。合同中造价约定主要分为固定单价和固定总价合同两类：

固定单价是合同单价一次包死，固定不变，即不再因为环境的变化和工程量的增减而变化。指合同的价格计算是以图纸及规定、规范为基础，工程任务和内容明确，业主的要求和条件清楚，但是总价可随工程量等变化调整。这种约定方式下，通常前期工作不太深入，如仅达到可研深度，或者不确定性因素较多等情形。固定总价是合同总价一次包死，固定不变，即不再因为环境的变化和工程量的增减而变化。指合同的价格计算是以图纸及规定、规范为基础，工程任务和内容明确，业主的要求和条件清楚，在这类合同中，承包商承担了全部的工作量和价格的风险。固定总价的确定依据一般根据依据是初设概算或施工图预算。

根据设计规范形成的造价存在较高的工程利润，采购人一般以投资估算下浮或初设概算下浮或施工图预算下浮作为确定工程费用的核定方式，工程费用下浮率往往是采购文件的报价标的之一。

15. 社会资本方应缴纳多少履约保证金？

履约保证金的数额不得超过 PPP 项目初始投资总额或者资产评估值的 10%，无固定资产投资或者投资额不大的服务型 PPP 项目，履约保证金的数额不得超过平均 6 个月服务收入额。

16. 采购过程中报价如何设定？

在 PPP 项目采购中，报价部分的分数原则上设置不低于 30 分。在 PPP 报价体系中的标的大致分为两部分，其中：第一部分报价不可缺，主要是项目的投资收益；第二部分视项目而定，主要是涉及工程利润。这两部分实际上也是社会资本进行财务评估的核心。

最核心竞价标的是第一部分的投资收益报价，通常报价方式表现为公共服务单价，或政府付费额、财政补贴额，或相应收益率水平（及相应参数）。第二部分是工程造价下浮率的报价，这部分报价可以结合第一部分的报价中统一体现，也可以独立开来同时报价。工程造价下浮率可以不在采购文件、合同中出现，统一体现在可以结合第一部分的核心报价中，也可以独立开来作为辅助性报价同时报价。

17. 在采购过程中，供应商少于 3 家怎么办？

一般情况下，符合专业条件的供应商或对招标文件实质响应的供应商不足 3 家的，应作为废标并进行重新招标。或者在招标文件内容、程序等符合规定的情形下，经地区级或以上财政部门同意，可以采取竞争性谈判、单一来源等方式采购。

此外，采购人和评标委员会经过合理、合法判断后，当符合要求的供应商（社会资本）有 2 家时，采购活动可以继续进行；当符合要求的供应商（社会资本）有 1 家时，应终止、说明原因、重新开展采购活动。

第六节　PPP 项目公司与股权变更

一、项目公司组建

1. PPP 与混合所有制的关系？

从股权角度看，PPP 是不是混合所有制，要看政府是否出资，实际上，PPP

项目并不强制要求政府入股。显然，不涉及政府与社会资本股权合作，那么PPP就不是混合所有制。比如，英国PPP更强调政府在项目公司中占有股份，以加强对项目的控制，保障公众利益，共担风险和共享收益，很多PPP项目存在股权合作。但是，从PPP本意和多数国家来看，政府入股并不是PPP的核心特征和必要条件。

除了股权关系外，两者机理也不同。对PPP而言，社会资本或项目公司的使命是在一定期限内提供公共服务，项目公司的业务领域、公司性质、风险分担、回报机制等等，与当前的国企的混合所有制改革不同。即便是政府与社会资本合资形成混合所有制企业，政府也仅是参股、不参与实质性管理，让社会资本承担主要管理责任及相应的风险。故此，PPP与混合所有制没有必然联系。

2. PPP项目是否都必须成立项目公司？

PPP项目设立项目公司是一个普遍性操作，但在法律上和实践上并不强制要求。社会资本设立项目公司有利于隔离风险、便于融资，但也可能会加交易成本。对地方政府而言，往往出于本地纳税、监管等考虑，倾向于要求社会资本在本地设立项目公司。

项目公司的设立有利有弊，根据具体情况确定。通常社会资本在当地已有公司实体了，再针对每个项目设立专门的项目公司的意愿不一定强，可能增加交易成本（管理成本、税收等）。原则上社会资本在本地有实体了，可以不再设立项目公司，此外，如果社会资本有能力更好地实施项目、且政府能有效监管，经协商也可不成立项目公司。但是，如果涉及合资、联合体等特殊情形，一般要通过设立项目公司作为一个共同的合作实体来实施项目，可以有效整合联合体之间的资金和资源，也便于政府方的监督。

此外，如政府引入社会资本前，已专门为项目设立了公司，可直接通过股权转让、增资扩股等方式引入社会资本，将现有公司直接转换为项目公司，而不必新设项目公司。这种方式可更好地承接前期合同、工作成果，也避免了前期手续中法人变更等事宜，总体上有利于项目推进。

3. 中标社会资本是否可以让其子公司出资设立项目公司？

这实质涉及到合同可否代为履行问题，在一般商业活动中较为普遍。但是，PPP项目采购时主要是考察社会资本的融资、运营等方面能力，如果没有一定限制或约束，会带来较多的负面影响。一方面对政府而言，子公司的实力可能与采购时母公司有较大差距，进而导致项目推进、运营会出现较大偏差或潜在风险；另一方面，对其他投标人而言，也可能存在显失公平，会造成一些中小企业"挤出"效应。通常情况下，PPP项目由中标人直接设立项目公司，不能授权第三方（含其子公司）出资设立。但是，政府同意，采购文件允许，由其子公司出资设立项目公司也是可行的。但在此种情形下，政府可以要求社会资本（中标人）

对项目的某些特定义务承担连带、担保责任,也即"刺破公司面纱"。

4. 联合体成员是不是都需要入股项目公司?

从目前的法律法规及政策看,没有明确要求联合体成员都必须入股的规定。如果招标人没有明确要求联合体成员必须对项目公司出资,各成员可以仅按照联合体协议分工的约定承担相应工作即可,而不必一定要对项目公司进行出资。故此,联合体其中一方是否参股项目公司应该属于各方可以自由约定的内容。

但从目前实践和各地要求看,PPP 项目一般都会要求联合体每个成员参股项目,而不仅是牵头人入股项目公司。尤其是涉及联合体成员中存在施工企业,拟获得施工总包(不再二次招标),则从谨慎性原则角度看,施工企业应入股项目公司,具体入股比例事先约定。故此,除非招标文件、采购文件有明确要求,联合体各成员原则上可自由约定,但存在特定诉求的联合体成员则建议入股。

5. 政府入股有什么好处?

政府方不一定要入股项目公司,可由社会资本全资设立项目公司。实践过程中,政府是否入股取决于以下几个考虑:(1)政府方是否希望通过参股的方式更直接地参与项目的重大决策、掌握项目实施情况。若政府方不参股项目公司,则只能通过 PPP 项目合同的约定间接对项目公司的决策和履行情况享有知情权。(2)政府参股可以增强社会资本及金融机构对项目的信心,利于项目的开展。(3)政府方股东可以对涉及重大公共利益的事项实行一票否决权,便于项目有效监管。

6. 政府入股比例多少为宜?

政府可以入股项目公司,但持股比例应当低于 50%、且不具有实际控制力及管理权。在实际操作中,政府出资形式较为灵活,可直接以货币形式,或前期成本,或者存量资产、土地等多种形式入股。此外,政府也可以仅入股 1 元作为"金股"保持极低的股权比例,也可股权比例大至 49%。

通常,政府对一般性 PPP 项目入股比例较低(如 10% 或更少),对一些较为复杂的项目或重大民生项目入股比例较高(如 20%、35% 等)。具体入股比例,政府根据项目增信、监管等需求而定,也可结合公司治理结构安排而定,并非比例越高越好,通常在 20% 以内。

7. 项目公司与一般商业企业主要有什么区别?

项目公司不同于一般公司法意义上的公司。PPP 项目建立的项目公司是 SPV(特殊目的载体),是帮助项目融资、实现风险隔离的途径。PPP 项目公司的权利和义务均受到一定限制,以公共服务为核心,不得从事或开展其他合同外业务等,并严格接受政府、社会公众监督。如严重损害公共利益、发生公司破产等,政府通常会介入、接管以保障公共服务的持续性。

8. 项目公司是否可以采用合伙企业或其他形式?

项目公司可以采取有限责任公司、合伙企业或其他形式,具体采取哪种形式，需要根据融资便利性、税收筹划等情况确定。

目前，PPP项目大都是以有限公司形式设立，也有少数与金融机构合作的PPP项目采取有限合伙形式。随着产融结合的发展，越来越多的PPP项目中采取多种融资方式、灵活的组织形式和架构，如设立多层壳公司（SPV）对项目进行投资。

9. 项目资本金与项目公司注册资本有什么关系？

项目资本金是指在PPP项目总投资中，由社会资本按协议投资比例认缴的非债务性资金。社会资本可按其出资的比例依法享有所有者权益，也可转让其出资，但不得以任何方式抽回。项目资本金可用货币出资，也可以用实物、产权、非专利技术、土地使用权等作价出资。目前，多数PPP项目的资本金最低比例为投资额的20%~30%。

项目注册资本是公司登记机关依法登记的全体股东或者发起人认缴的出资额，与项目资本金的性质不同。通常注册资本可以小于资本金额度，之间的余额可以放入资本公积等会计科目。

10. 政府入股项目公司有哪些约定？

根据项目实际情况，应明确项目公司的设立及其存续期间法人治理结构及经营管理机制等事项，如：（1）公司注册资金、住所、组织形式等的限制性要求。（2）公司股东结构、董事会、监事会及决策机制安排。（3）公司股权、实际控制权、重要人事发生变化的处理方式等。

如政府参股项目公司的，还应明确：政府出资人代表、投资金额、股权比例、出资方式等；政府股份享有的分配权益，如是否享有与其他股东同等的权益，在利润分配顺序上是否予以优先安排等；政府股东代表在项目公司法人治理结构中的特殊安排，如在特定事项上是否拥有否决权等。

二、项目公司股权变更与权利

11. 政府和社会资本对于项目股权变更的关注点有何不同？

政府和社会资本对于股权变更问题的主要关注点并不一致，因此，综合考虑双方关注点、合理平衡双方利益诉求是适当界定股权变更范围及其限制的关键。

对于政府而言，限制项目公司自身及其上级公司股权变更的目的主要是为了避免不合适的主体被引入到项目的实施过程中。由于在项目合作方选择阶段，通常政府方是在对社会资本的资信能力、技术能力、管理能力等资格条件进行系统评审后，才最终选定社会资本合作方。如果在项目实施阶段、特别是建设阶段，社会资本将自身或项目公司的部分或全部股权转让给不符合上述资格条件的主体，将有可能架空政府对合格社会资本的选择标准，甚至导致PPP项目无法按照既定目的或标准顺利实施。

对社会资本而言，其希望自主决定项目公司及其上级公司中股权变更，以便于引入新的投资者，或尽快实现项目投资的变现与退出。由于PPP项目具有资金需求量大、投资回报期长的特征，社会资本从分散投资风险、缩短回报周期的商业利益立场出发，必然关注其在项目上的退出渠道，并且希望退出渠道尽可能多、退出限制尽可能少、退出价格尽可能高。相较于其他退出方式，股权变更退出门槛更低、退出效率更高、退出效果更彻底。但是，如果不加以限制，则无法对社会资本产生正向激励效果，进而导致公众利益受到损害。

12. 应主要关注哪些股权变更？

一般而言，项目合同所关注的社会资本股权变更主要有以下几种形式：

第一，直接或间接转让股权。从社会资本的立场来看，基于风险隔离及投资退出等考虑，往往倾向于设立壳公司（SPV）对项目公司进行投资，也就是设立多层级的投资结构，这意味着社会资本可以灵活选择在项目公司层面直接转让项目股权或者在壳公司层面间接转让项目股权。基于此，在PPP项目合同中，往往会将社会资本在项目公司及其上级公司中的股权变更均纳入限制范围，但这类限制的目的在于防止社会资本的实际控制人发生变更，因此对上级公司中不属于实际控制人权益的变更一般不宜作出限制。

第二，合并、分立、增资、减资等资本事件。除前述直接或间接转让项目股权外，导致项目公司中社会资本的实际控制人变更的情形还包括项目公司或社会资本所控股的上级公司合并、分立、增资、减资等资本事件导致社会资本实际控制人发生变更。在公司合并的情形下，社会资本可能会在存续公司或新设公司中出售股权或丧失控股权；在公司分立的情况下，社会资本可能会将项目资产剥离出其控股体系；在公司增资的情况下，社会资本可能以接受股权稀释的方式让渡项目控制权；在公司减资的情形下，社会资本亦可能通过定向减资实现退出。因此，PPP项目合同对于可能导致社会资本转移项目权益的合并、分立、增资、减资等资本事件亦同样关注。

第三，股权附属权益的安排。PPP项目合同对股权变更限制的最终着眼点是社会资本控股股东及实际控制人变更。由于《公司法》允许股东对股权中的表决权作出特别约定，理论上社会资本可以通过普通股－优先股的结构化安排，在不改变其持股比例的情况下降低或取消其表决权，从而导致其向第三方转移项目公司控制。此外，一些附带特殊权益的债权，如股东借款、公司可转债等，可能附带特定的表决权或者赋予债权人讲债权转换为股权的权利，从而导致社会资本对PPP项目的控制和管理存在现实或潜在的弱化风险，故亦纳入"股权变更"的限制范围。

第四，兜底规定。为了确保"股权变更"范围能够全面地涵盖有可能影响项目实施的股权变更，PPP项目合同中往往还会增加一个关于股权变更范围的

"兜底性条款"，即"其他任何可能导致股权变更的事项"。典型情形就是民事强制执行导致社会资本在项目公司或其上级公司中的股权发生变更，但项目合同的限制性约定是否具有对抗民事强制执行的效力，则是一个值得深入探讨的问题。

13. 对股权变更有哪些限制？

PPP项目股权并非完全不能变更，但受到限制。PPP项目的股权变更主要有锁定期限制和受让方资质限制两项。

第一，锁定期限制。锁定期是指社会资本维持其直接或间接持有项目公司股权状态的最低期间，锁定期内社会资本在项目公司及其上级公司中的股权不得发生转让、出质、被稀释等变更情形。锁定期限制是股权变更限制的主要机制。通常在PPP项目合同中会直接规定：在锁定期内，未经政府批准，项目公司及其上级公司不得发生项目合同所定义的任何股权变更的情形。至于具体锁定期限，则需要根据项目具体情况合理设定，既不至于影响项目的顺利实施，又不至于过分损害社会资本投资积极性。常见的锁定期是自项目公司设立之日起，至项目竣工并稳定运营后的一定期限，如运营期2年等。如此便较好地平衡了公共利益与商业利益。

在特殊的情形下，锁定期内可以例外允许发生股权变更：第一，项目贷款人以项目公司股权为本项目融资提供担保，导致股权结构变更；第二，项目公司及其上级公司股权在同一控制下进行重组，导致股权结构变更；第三，政府转让其在项目公司中的股权。

第二，受让方资质限制。除锁定期外，在一些PPP项目合同中还可能会约定对受让方的要求和限制，例如约定受让方须具备相应的履约能力及资格，并继承转让方相应的权利义务等。在一些特定的项目中，政府方有可能不希望特定的主体参与到PPP项目中，因此可能直接在合同中约定禁止将项目公司的股权转让给特定的主体。这类对于股权受让方的特殊限制通常不以锁定期为限，即使在锁定期后，仍然需要政府方的事前批准才能实施。受让方资质限制降低了社会资本所持项目公司股权的流动性，但是保障了PPP项目的长期稳定运行。

14. 社会资本权利限制主要体现在哪个方面？

未经政府依法批准或者合作协议约定，社会资本或项目公司不得擅自转让股权和核心资产，不得将合作项目的设施土地和项目收益权等相关权益用于合作项目之外的用途，不得以上述对产和权利为他人提供担保。

通常，如在确保公共服务质量可持续的基础上，非公共服务资产或商业化开发资产等非核心资产不受政府监管限制。

15. 项目的退出机制有哪些？

由于PPP项目涉及项目设计、工程建设、设备供应、融资安排、运营管理等多个环节，社会资本往往以多家联合的方式参与PPP项目，要求PPP项目建立灵活的退出机制。在目前法律框架下，PPP项目退出方式主要有以下类型：

（1）运营收益：在正常情况下，社会资本通过项目运营所产生收益逐步收回投资，并在项目运营期届满时按PPP项目合同约定条件退出，在建设-运营-移交（BOT）方式下，社会资本在运营期限届满后向政府移交项目资产，即为典型退出方式。

（2）股权变更：尽管PPP项目合同对股权变更一般会采取锁定期限制和受让方资质限制，但股权变更仍然是社会资本退出PPP项目最为直接的方式。事实上，在社会资本履行完项目关键职责后，股权变更不失为一种便捷退出方式。

（3）政府回购：政府回购是在一定条件和期限下政府受让社会资本在PPP项目上的权益，这是建设项目传统退出机制。但一般情况下，政策不允许政府回购或明股实债行为，只有在重大风险或涉及重要公共利益时，政府才能去回购、接管或个人项目。在生命周期较长的项目中，在触发PPP项目合同的回购条款时，政府往往有义务或权利回购社会资本的项目权益。

（4）上市交易：在满足首次公开发行股票及上市交易（IPO）的条件下，社会资本也可以通过在证券市场上出售项目公司股票来实现投资回报。在多层次资本市场中，项目公司在"新三板"或者地方产权交易市场上挂牌出售股份，与IPO退出机制相似。由于公开市场的高流动性和高估值效应，上市退出于社会资本而言，是一种最佳的退出方式。

（5）资产证券化：在项目现金流稳定的情况下，项目公司也可以将项目资产或者项目资产组合（基础资产）出售给特殊目的载体（SPV），特殊目的载体再公开发行以该基础资产收益权为支持的证券产品，将该证券出售给公众投资者。这种方式适用于项目资产收益稳定的情形。

第七节　PPP执行与监管

一、建设与运营

1. 项目设计责任谁来承担？

根据项目的规模和复杂程度，一般来讲设计可以分为三个或四个阶段。通常分为可行性研究、初步设计（或初始设计）和施工图设计（或施工设计）三个阶段；对于复杂的基础设施项目，通常还要在上述初步设计和施工图设计阶段之间增加一个扩初设计（或技术设计）阶段。

设计工作可以由社会资本承担，或政府、项目公司采购第三方来承担。通常，可研在采购前已由政府完成，后续的初步设计、施工图可以自由约定由哪一方负责。但设计文件审查、批复工作由政府负责。政府方的设计审查不能减轻或免除项目公司依法履行相关设计审批程序的义务,对涉及政府付费或补贴的项目,要严控造价。在 PPP 项目中,通常由项目公司对其所作出的设计承担全部责任。该责任不因该设计已由项目公司分包给其他设计单位或已经政府方审查而被豁免或解除。

2. 社会资本是否对建设成本超支承担全部责任?

原则上建设风险由社会资本方承担,但并不意味着建设成本、投资控制责任在任何情况下绝对由社会资本承担。尤其是,因政府因素造成的工程变更导致的成本超支,则应由政府承担或按事先约定执行。

根据合作项目特点,可约定社会资本主体承担全部超支责任、部分超支责任,或不承担超支责任。项目合同应约定建设方案变更(如工程范围、工艺技术方案、设计标准或建设标准等的变更)和控制性进度计划变更等工程变更的触发条件、变更程序、方法和处置方案。

3. 项目公司是否可以将建设、运营的部分工作外包?

多数 PPP 项目公司是新组建的,建设、运营的资质并不一定具备,更多的是依托母公司(中标社会资本)开展项目工作,多数专业性工作由社会资本或第三方代为履行(或分包给其他方)。从合同法角度看,对于体现合同当事人特殊性的工作不能委托其他人代为履行,除非征得合同另一方同意;而次要的或辅助性工作,即便没有事前的"当事人约定",同样可以委托第三人代为履行。PPP 项目也是遵循此原则。如非特殊性工作,PPP 项目可以让社会资本方将建设、运营的部分工作外包给具有相关资质或能力的第三方,但社会资本方(含项目公司)仍需承担合同约定的责任和义务。当然,政府可以要求对运营等核心职能外包,必须经其同意,由社会资本方承担责任、保障项目效率。

4. 如何确定最终的投资额?

合同应明确投资的认定依据,如投资估算、投资概算或竣工决算等。由于部分 PPP 项目前期工作不充分、不深入,普遍存在可行性研究报告只注重可批性、走程序,可能存在较多错漏等问题,其估算并不准确。项目采购时可能存在前期工作尚没有进入初步设计(概算)、施工图(预算)阶段,最终项目的设计可能发生变更、投资规模也会发生变化。

对于涉及政府付费、财政补贴的项目,且与投资额紧密相关的项目,应严格控制投资成本。但是,由于前期工作深度不够,工程不确定性因素较大,在采购过程中涉及造价下浮、实际投资额认定。通常,涉及工程总包时,以概算或预算为基准进行报价,通常不下浮或适当下浮。具体下浮率根据行业工程利润确定,通常 10% 以内,一般比纯粹的工程招标下浮率要少。

以施工图预算为基准下浮为例,实际投资额认定为以下几部分之和:施工图预算中建筑安装工程费、设备及工具购置费乘以(1 - 社会资本在投标文件中填报的下浮系数）为基准作为建安费的包干费用；工程建设其他费用（含征地拆迁等）以实际发生计算或以预算包干价为准；工程变更导致成本变化，按合同约定、比照下浮确定。

综上，通过政府审计确定最终投资额，需要在合同中共约定项目实际投资的认定方法，依据是社会资本方相应报价（下浮）以及造价文件。

5. 项目交工验收与竣工验收有什么区别？

两者存在较大差别。交工验收主要工作包括检查施工合同的执行情况，评价工程质量，对各参建单位工作进行初步评价。竣工验收主要工作包括对工程质量、参建单位和建设项目进行综合评价，并对工程建设项目作出整体性综合评价。

一般情况下，交工验收时间在竣工验收之前，程序也相对简单，但竣工验收对公共项目而言，法律效力更强。从验收主体来说，交工验收由项目发起人组织进行，而竣工验收应由政府相关建设主管部门、管理机构、质量监督机构、造价管理机构等单位代表组成的竣工验收委员会组织进行；从性质上来说，交工验收是项目管理机构行为，而竣工验收是一种政府管理机构行为。

以高速公路为例，当项目按照协议的要求已建成并具有独立使用价值时，可按国家有关规定准备交工验收。很多项目试运营2年后，项目才开始按有关规定向政府申请进行项目的竣工验收。竣工验收合格后，政府签发《公路工程竣工验收鉴定书》，项目进入正式运营期。

6. 项目开始运营的一般条件是什么？

项目开始运营是指PPP项目开始提供公共服务。在订立PPP项目合同时，双方会根据项目的技术特点和商业特性约定开始运营的条件，以确定开始运营及付费的时间点。项目开始运营主要有以下四个一般条件：

（1）项目的建设已经基本完工（除一些不影响运营的部分）并且已经达到满足项目目的的水平；

（2）已按照合同中约定的标准和计划完成项目试运营；

（3）项目运营所需的审批手续已经完成（包括项目相关的备案审批和竣工验收手续）；

（4）其他需要满足项目开始运营条件的测试和要求已经完成或具备。

二、会计、税收

7. PPP税收难点如何处理？

目前，我国还没有制定专门的法规政策来解决PPP项目的涉税问题。为了鼓励社会资本参与PPP项目，只能比照适用某些既有的税收法规及政策措施。与PPP项目紧密相关主要税种为所得税、增值税、土地增值税，现阶段尤其是增值税、所得税是PPP项目涉税的难点。增值税是中央与地方共享税，地方无权减免或返还，此外，增值税核算、缴纳方式较为复杂。如PPP项目公司适用的具体增值税率选择（存在多种税率，如3%、6%、11%、17%等）、是否可抵扣工程增值税、政府付费是否纳税等方面尚未达成一致，各地操作也呈现多样化。经营性项目或过去的特许经营项目税收相对清晰，但公益性项目、新兴行业PPP项目，尤其是针对政府付费或补贴的增值税核算争论更大。但需要指出的是，SPV项目公司通常不具有工程资质，主要是投融资、工程管理、运营服务的载体，其产出是符合绩效标准的公共服务，不应按工程承包商管理纳税。即公益性项目中，项目公司获得的政府付费不适宜11%的增值税率，政策制定上可考虑给予税收优惠（减免）或从低（如6%）税率安排，或另行约定合理分担方式。

对于现阶段不明确的税收（尤其是增值税）问题，一方面要结合新的政策法规逐步明晰，另一方面要在合同约定上采取灵活的再谈判、再分担机制，如采取税收暂估，或社会资本方据实交纳、自担风险方式，或者增值税由政府全部承担等方式。保护各方合理权益，同时，建立风险自担或分担机制，此外，项目公司有义务进行合规性的税收筹划。如执行过程中税收发生变化，应结合新的政策、当时采购时的收益率水平、PPP合同约定，进行调整或再谈判、再分担，应做适当补贴调整。同时，进行必要的政府支出责任、预算安排调整。

8. 如何完善PPP税收？

PPP项目公司设立涉及的交易环节多，重点要解决重复征税、建立PPP模式相适宜的税收优惠体系。

在因PPP模式设计环节造成税负加重方面给予优惠。对于PPP项目两个环节免税，一是免除PPP项目在项目公司成立阶段发生的有关资产转移所涉及的税收，二是免除PPP项目执行到期后发生的有关资产转移所涉及的税收。此外，对PPP融资与金融运作过程中造成的重复征税或过高税负给予减免或优惠。

当前PPP税收问题的重点是厘清流转税，尤其是营改增后的政策执行。基于税收公平、税收中性原则从经济实质出发，可考虑抵扣政策、选择优惠的税率、基数。

扩大现有公共基础设施和环境保护、节能节水等领域的优惠政策，差别化扩展至PPP整个公共服务领域，并适当延长优惠期限。在耕地占用税、土地使用税、契税等方面也给予优惠政策。此外，用税收减免、税收返还、投资抵扣、加速折旧等政策工具，推动我国PPP的健康发展。

9. 政府如何实现项目资产的控制？

根据国际会计准则IFRIC 12约定，需要满足：其一，政府控制或监管社会经营方利用基础设施必须提供的服务类型、提供服务的对象和服务的价格；其二，在合作期满，政府通过所有权、收益权或其他形式控制所有基础设施的重大剩余权益。其中，剩余权益最直接的方式就是政府从始至终拥有基础设施所有权，此外，合作期满，合作方将基础设施无偿或有偿移交给政府或其指定第三方。另外，还可以通过持有购入选择权的方式实施控制。但需要明确的是，政府方的参与必须有一定的限度，不可过度的干预，不适宜参与经营的实质性管理。

10. 项目资产在法律与会计上可能存在的差异是什么？

由于 PPP 项目提供的是公共产品或公共服务，项目资产具有特殊性。社会资本或项目公司承担相关的风险和报酬，在法律上可以拥有所有权（当然也可约定所有权一直归政府所有）。但是，即便社会资本或项目公司拥有所有权，依然是受限的权利，政府通常拥有一定的控制权、剩余权益。

通常，在会计上对基础设施的资产的确认是基于控制这一基本原则，而非"所有权风险和报酬"的考量。从会计确认角度看，PPP 项目资产只能确认为一方的资产，即作为政府或社会资本方的账面资产。政府一般具有一定的控制权，多数项目（BOO 等除外）最终产权属于政府，故一般情况下项目资产作为政府固定资产等。对社会资本或项目公司而言，与 PPP 项目资产直接相连的是体现为合作经营权这一项无形资产或与政府承诺相关的金融资产或混合资产。通常，项目公司不将其确认为固定资产，在法律与会计上可能存在一定差异。

11. 项目公司资产在会计上如何确认？

从国外看，项目公司在不同阶段资产确认形式不同，早期更多是将项目资产确认为项目公司固定资产，后来不将 PPP 项目作为不动产、厂房和设备进行会计处理，而是根据不同的情况，确认为无形资产、金融资产或混合资产。通常围绕 PPP 项目形成的资产主要包括三大类：一是核心资产，即项目形成的公共基础设施资产（或固定资产），在 PPP 项目会计核算中并不确认为公共基础设施资产（或固定资产），而是依据与其相关的 PPP 项目经营权确认为无形资产。二是与项目相关的土地使用权，与企业会计的做法一致，确认为无形资产。三是与政府可行性缺口补助相关的收入，在会计处理上确认为金融资产，或应收款。此外，建造期间归因于资产而发生的借款费用资本化，计入无形资产的价值。

但实际操作中，资产确认类型尽可能简化以提高可操作性。目前，往往本着"谁投资、谁拥有"的原则确定项目资产所有权，以便衔接后期的融资、资产证券化等业务。即便确认为项目公司的金融资产或无形资产，依然参照固定资产、无形资产等形式进行相关折旧或摊销处理，保障社会资本投入回收、税收筹划等。

12. 资产的折旧或摊销如何确定？

不论 PPP 项目资产确认为无形资产、金融资产，还是固定资产，都面临着折旧或摊销问题。多数 PPP 模式涉及到期无偿移交问题，故此，PPP 项目资产折旧与一般企业折旧方式不同。

通常情况下，资产折旧或摊销的年限应与经营期匹配或为上限，并且不考虑其作为资产的残值（即残值率为0），按年度平均折旧计算。特殊情形下，如折旧、摊销的年限长于经营期，应充分考虑税收等影响，尤其要关注社会资本的投资回收问题，保障社会资本获得合理收益。

13. 金融机构控股PPP，能否实现社会资本出表？

现在很多社会资本都会希望金融机构对项目进行股权投资，主要目的是为了加大财务杠杆、提高资本金收益率，同时，也存在财务上的出表（出资产负债表）诉求。现实中，金融机构多以产业基金、联合体等形式进行股权投资。通常，金融机构投资回报不与项目业绩挂钩，而多是采用固定收益或定期分红等方式，此外，要求社会资本进行远期回购、提供保本保收益承诺等。

一般情况下，依据"实质重于形式"原则看，明股实债、固定收益等行为构成社会资本方负债，难以出表。虽然金融机构在法律形式上控股持有项目公司的股权，但由于回购及其他连带担保责任的存在，未真正承担此部分股权对应的剩余风险和报酬，因此在经济实质上不属于股权投资。多数情况下应视同债务工具投资，但实务中也有倾向确认为长期股权投资、衍生工具。

虽然有一部分社会资本通过让渡控股权等方式实现了出表，但必须实现资产真实出售、转移控制权。从PPP现实看，即便将控股权让予金融机构，但金融机构基本上没有运营的能力、风险分担能力。从实质看，目前社会资本的出表存在难度，有些会计操作也不合规。

14. PPP项目开展证券化的范围和标准？

PPP项目资产证券化有利于拓宽融资渠道、降低融资成本、增强资产流动性、丰富社会资本退出方式。依据国家发展改革委、中国证监会《关于推进传统基础设施领域政府和社会资本合作（PPP）项目资产证券化相关工作的通知》（发改投资〔2016〕2698号）文，重点推动符合下列条件的PPP项目在上海证券交易所、深圳证券交易所开展资产证券化融资：一是项目已严格履行审批、核准、备案手续和实施方案审查审批程序，并签订规范有效的PPP项目合同，政府、社会资本及项目各参与方合作顺畅；二是项目工程建设质量符合相关标准，能持续安全稳定运营，项目履约能力较强；三是项目已建成并正常运营2年以上，已建立合理的投资回报机制，并已产生持续、稳定的现金流；四是原始权益人信用稳健，内部控制制度健全，具有持续经营能力，最近三年未发生重大违约或虚假信息披露，无不良信用记录。

目前，政策要求较为严格，资产证券化主要面向PPP项目存量资产、聚焦在现金流稳定的优质项目（如经营性项目、发达地区的公益性项目等）。后续应扩大范围，准经营性项目、公益性项目也可开展资产证券化，同时探索建设期PPP项目依托未来的收益权，发行资产证券化产品。但是资产证券化不得变相"退出",不得影响公共服务的持续性和稳定性。应尤其防范社会资本过度杠杆化、表外化运作,不受约束的"提前退出"、"实质退出",鼓励资产流动性同时,应确保公共服务运营质量和持续性。

15. PPP 资产证券化能实现社会资本(股东方)完全退出或出表吗?

一般而言,资产证券化为了实现风险隔离,需要进行资产让渡,将资产转让给 SPV。如果可以通过资产的真实出售,社会资本可实现退出。但对于 PPP 项目而言,可能"真实出售"存有难度。PPP 项目提供的是公共产品或公共服务,核心落脚于社会资本方的运营能力、最终服务的质量。在运营期内,其他方如果难以承担运维责任、风险,并保障公共服务质量,则未能实现资产的真实出售、风险隔离。此情形下,如果不经政府同意,无法保障公共服务持续性与质量,则社会资本方原则上不应完全退出或开展财务出表。可要求具有运营能力的股东或控股股东转让股权或收益权不超过一定比例(如 50%),同时,要避免将偿付责任向政府延伸,造成政府刚性兑付。

三、评估、监管

16. 政府方对运营维护的监督和介入包括什么内容?

政府方对 PPP 项目的运营和维护,拥有一定的监督和介入权,通常包括以下五个方面:

(1) 在不影响项目正常运营的情况下入场检查;

(2) 定期获得有关项目运营和维护情况的报告及其他相关资料(如运营维护计划、经审计的财务报告、事故报告等);

(3) 审阅项目公司拟定的运营和维护方案并提出意见;

(4) 委托第三方机构开展项目中期评估和后评价;

(5) 在特定情形下,介入项目的运营或维护工作。

17. 项目的暂停服务是指什么?

在项目运营过程中不可避免地会因一些可预见的或突发的事件而暂停服务。暂停服务一般包括计划类的暂停服务和计划外暂停服务两大类。

(1) 计划内的暂停服务。一般来讲,对项目设施进行定期的重大维护或者修复,会导致项目定期暂停运营。对于这种合理的、可预期的计划内暂停服务,项目公司应在报送运营维护计划时提前向政府方报告,政府方应在暂停服务开始之前给予书面答复或批准,项目公司应尽最大努力将暂停服务的影响降到最低。发生计划内的暂停服务,项目公司不承担不履约的违约责任。

(2) 计划外的暂停服务。若发生突发的计划外暂停服务,项目公司应立即通知政府方,解释其原因,尽最大可能降低暂停服务的影响并尽快恢复正常服务。对于计划外的暂停服务,责任的划分按照一般的风险分担原则处理,首先,如因项目公司原因造成,由项目公司承担责任并赔偿相关损失。其次,如因政府方原因造成,由政府方承担责任,项目公司有权向政府方索赔因此造成的费用损失并申请延展项目期限。最后,如因不可抗力原因造成,双方共同分担该风险,均不承担对对方的任何违约责任。

18. 政府如何行使介入权?

介入权(step-in rights)是指依照合同约定或者法律规定,在特定情形下,公共部门或者债权人有权在一定期间内控制项目公司。除了上述的一般监督权,在一些PPP项目合同中,会赋予政府方在特定情形下(如紧急情况发生或者项目公司违约)直接介入项目实施的权利。但与融资方享有的介入权不同,政府方的介入权通常适用于发生短期严重的问题且该问题需要被快速解决、而政府方在解决该问题上更有优势和便利的情形,通常包括项目公司未违约情形下的介入和项目公司违约情形下的介入两类。需要注意的是,上述介入权是政府一项可以选择的权利,而非必须履行的义务。

项目公司未违约情形下的介入。为了保证项目公司履行合同不会受到不必要的干预,只有在特定的情形下,政府方才拥有介入的权利。常见的情形包括:(1)存在危及人身健康或安全、财产安全或环境安全的风险;(2)介入项目以解除或行使政府的法定责任;(3)发生紧急情况,且政府合理认为该紧急情况将会导致人员伤亡、严重财产损失或造成环境污染,并且会影响项目的正常实施。如果发生上述情形,政府方可以选择介入项目的实施,但政府方在介入项目之前必须按PPP项目合同中约定的通知程序提前通知项目公司,并且应当遵守合同中关于行使介入权的要求。

项目公司违约情形下的介入。如果政府方在行使监督权时发现项目公司违约,政府方认为有可能需要介入的,通常应在介入前按照PPP项目合同的约定书面通知项目公司并给予其一定期限自行补救;如果项目公司在约定的期限内仍无法补救,政府方才有权行使其介入权。

19. 如何开展中期评估工作?

中期评估是对项目实施进行的过程性评价,指对已签署的正在运营的项目进行阶段性地全面分析总结,吸取经验教训,包括项目是否达到了阶段性目标,项目执行过程是否按照相关规定及约定进行,并与相关利益者进行全面多渠道的沟通交流,获得项目的运营信息。

项目实施机构应每3~5年对项目进行中期评估,重点分析项目运行状况和项目合同的合规性、适应性和合理性,及时评估已发现问题的风险,制订应对措施,并报财政部门(政府和社会资本合作中心)备案。中期评估应对项目的整体性评估,全面客观反映项目实施的好坏,评估内容应从协议、社会资本方以及政府方三方面进行评估。首先,协议的评估主要从协议的合规性、责权分配与风险管理以及协议的动态适应性进行分析。其次，社会资本方的评估主要包括运营与维护、财务情况及成本分析、企业治理与文化、安全保障与应急机制、节能减排及其他评估事项等方面。最后，政府方的评估主要涉及行业规划发展、监管职责履行、服务费用的支付等方面。

中期评估一般采取以下三种方式：第一，调研方法。通过市场调查、实地调研和客户访谈等渠道，可以获取第一手的资料数据，保证评估的客观公正，从而真实地反映企业特许经营现状。第二，评价体系构建方法。一般采取自上而下的层次分析方法，逐级构建指标体系。在一级指标的基础上逐步细化，分别建立二级和三级指标。此外，采用关键绩效指标方法确定若干具有代表性的指标为评估的对象，并利用德尔菲法确定指标权重。第三，综合评分方法。评分方法分为三类：定性评估法、定量评估法和综合评估法。定性评估法主要用于评价服务质量、企业文化、制度建设等指标；定量评估法主要用于评价产品质量、财务状况和生产运行管理等指标。综合评估方法用于评价规划执行情况、安全保障及应急机制等指标。

20. 如何开展绩效监管？

PPP 项目应通过基于产出/结果的绩效要求促使社会资本确保所提供的产品/服务的质量提高，政府监管重点是产品/服务的质量，而不必干涉社会资本通过何种具体方法满足绩效要求。

建设运营时期的绩效监管主要涉及质量、价格、服务水平、财务和公众满意度等方面的监管。在交易结构设计中，应尽可能建立基于绩效的付费机制。绩效监管主要在两个方面展开：一是在资金层面，从资金使用角度，对资金使用情况、项目实施情况、取得成效等进行追踪问效。二是在 PPP 项目实施层面开展绩效评价，从项目公共属性角度，对 PPP 项目实施过程中提供的产品及服务质量和标准等开展评价。

需要注意的是，应该定期开展 PPP 项目绩效评价，对项目目标实现程度、运营管理、资金使用、公共服务质量、公众满意度等进行绩效评价，形成评价结果应用机制。根据评价结果，依据合同约定对价格或补贴等进行调整。

21. 信息公开应包括什么内容？

政府合作方、社会资本合作方或项目公司应当依法公开披露合作项目合同条款、履约情况、绩效监测报告、中期评估报告和项目重大变更或终止情况等项目相关信息，保障公众知情权，接受社会监督，但涉及国家秘密、商业秘密的除外。

22. 合同终止后，政府回购如何补偿社会资本？

PPP 项目基于不同事由导致的终止，在补偿处理上有所不同。一般来讲，通常会涉及回购和回购补偿两方面的事项。

回购义务。通常只有在项目公司违约导致项目终止的情形下，政府才不负有回购的义务而是享有回购的选择权，即政府可以选择是否回购该项目。

回购补偿。(1) 政府方违约事件、政治不可抗力以及政府方选择终止。补偿的范围：项目公司尚未偿还的所有贷款（其中可能包括剩余贷款本金和利息、逾期偿还的利息及罚息、提前还贷的违约金等）；项目公司股东在项目终止之前投资项目的资金总和（必要时需要进行审计）；因项目提前终止所产生的第三方费用或其他费用（支付承包商的违约金、雇员的补偿金等）；项目公司的利润损失（双方通常会在PPP项目合同中约定利润损失的界定标准及补偿比例）。(2) 项目公司违约事件。常见的回购补偿计算方法包括：市场价值方法，即按照项目终止时合同的市场价值计算补偿金额。账面价值方法，即按照项目资产的账面价值计算补偿金额。(3) 自然不可抗力。一般原则是由双方共同分摊风险。补偿范围一般会包括未偿还融资方的贷款、项目公司股东在项目终止前投入项目的资金以及欠付承包商的款项；补偿一般会扣除保险理赔金额，且不包括预期利润损失。

四、项目移交

23. 项目进行移交时需要移交哪些内容？

移交的内容通常包括：(1) 项目设施；(2) 项目土地使用权及项目用地相关的其他权利；(3) 与项目设施相关的设备、机器、装置、零部件、备品备件以及其他动产；(4) 项目实施相关人员；(5) 运营维护项目设施所要求的技术和技术信息；(6) 与项目设施有关的手册、图纸、文件和资料（书面文件和电子文档）；(7) 移交项目所需的其他文件。

24. 移交的条件和标准是什么？

为了确保回收的项目符合政府的预期，PPP项目合同中通常会明确约定项目移交的条件和标准。特别是在项目移交后政府还将自行或者另行选择第三方继续运营该项目的情形下，移交的条件和标准更为重要。通常包括以下两类条件和标准：

(1) 权利方面的条件和标准：项目设施、土地及所涉及的任何资产不存在权利瑕疵，其上未设置任何担保及其他第三人的权利。但在提前终止导致移交的情形下，如移交时尚有未清偿的项目贷款，就该未清偿贷款所设置的担保除外。

(2) 技术方面的条件和标准：项目设施应符合双方约定的技术、安全和环保标准，并处于良好的运营状况。在一些PPP项目合同中，会对"良好运营状况"的标准做进一步明确，例如在不再维修情况下，项目可以正常运营3年等。

25. 项目移交过程中如何评估和测试？

在PPP项目移交前，通常需要对项目的资产状况进行评估并对项目状况能否达到合同约定的移交条件和标准进行测试。实践中，上述评估和测试工作通常由政府方委托的独立专家或者由政府方和项目公司共同组成的移交工作组负责。

经评估和测试，项目状况不符合约定的移交条件和标准的，政府方有权提取移交维修保函，并要求项目公司对项目设施进行相应的恢复性修理、更新重置，以确保项目在移交时满足约定要求。

26. 移交费用（含税费）如何分担？

关于移交相关费用的承担，通常取决于双方的谈判结果，常见的做法包括：由项目公司承担移交手续的相关费用（这是比较常见的一种安排，而且办理移交手续的相关费用也会在项目的财务安排中予以预先考虑）；由政府方和项目公司共同承担移交手续的相关费用。如果因为一方违约事件导致项目终止而需要提前移交，可以约定由违约方来承担移交费用。

第八节 其他

1. 我国 PPP 市场发展的主要风险是什么？

对于中国 PPP 市场而言，除了一般性商业风险（市场风险、融资风险等）外，政府信用与财政支付能力、政策法规风险问题更突出，尤其是要领导换届、政府不作为、乱作为等现象较为突出，造成契约精神缺乏、违约行为较多。此外，社会资本"重建设、轻运营"，工程利润导向、短期化倾向较为突出。

在实践中不规范的 PPP、假 PPP 泛滥，这些质量不高的 PPP 项目会增加政府财政负担或风险，反过来可能危害社会资本的权益。此外，政府监管不到位、预算软约束、信用缺失等，这些可能导致公共服务效率不高、负担过重，损害公众利益，也可能导致政府支付意愿和能力不足等问题，侵害社会资本利益。这些都需要进一步从政策法规、制度安排、公共治理等方面协同改革。

2. 我国有没有必要进行 PPP 立法？

英国拥有成熟的 PPP 市场，出台了众多配套政策指引，但没有专门的 PPP 法律。与英国不同，我国 PPP 相关的政策繁多，但效力层级低，也存在相关法律、政策的冲突、模糊不清。同时，PPP 合作期限长，"跨越"多届政府，缺乏契约精神、不信守承诺是社会资本参与 PPP 的最大顾虑。推广 PPP 意义重大，涉及财政、市场、行政体制机制的变革，需要在制度上提供保障。通过立法，可以切实保障社会资本的合法权益、制约公权，尤其可以提振民间资本的投资信心、消除其后顾之忧。

因此，在我国非常有必要为 PPP 提供法治保障，将相关政策、法规统一。但 PPP 不是万能的，立法也不是万能的。除了立法，还需要其他的制度安排，PPP 的成功推进与国家治理能力、政治、经济、法律等紧密相关。

3. 我国 PPP 立法应该怎么立？

PPP 立法存在很多争论，主要涉及现行的民商法、行政法、经济法和社会法等。在立法上，建议立足"整合 PPP 与特许经营，立一部法"的思路，采取"先条例、后法律"立法路径，坚持"少即是多"原则、进行框架性立法，为 PPP 的进一步发展预留空间。PPP 立法要坚持问题导向，抓住突出问题，重点约定适用范围、管理体制、合同规范、政策衔接、监督管理、预算管理、争议解决与法律责任等。立法主要是对 PPP 进行原则性规定或引导，不宜规定过细。后续，应继续按照"法律规范、政策保障、操作指引"三位一体思路推进制度构建，重视政策配套、合同与指引等规制工作。

4. PPP 会出现较大范围的纠纷吗？

我国短短几年一跃成为全球最大的 PPP 市场，但项目所在区域差异大，项目模式千差万别，比任何一个国家的 PPP 市场都复杂。PPP 项目出现纠纷是比较正常的，即便是发达的 PPP 市场，也会不断出现合同纠纷、项目公司破产等现象。

PPP 项目长达数十年合作期，合同存在不完全性、难以预见的因素，出现纠纷的概率非常高。不可忽视的是，我国 PPP 在推进过程中普遍存在落地难、不规范、风险大等问题，这也为未来 PPP 的纠纷留下了隐患。可以预见，随之而来的各种纠纷等将是不可避免的，甚至会出现一部分项目的失败。

未来可能会出现一定范围的纠纷，但应理性、宽容看待。事实上，出现纠纷在西方也是常见的，只要是在合理的框架内博弈不见得是坏事，关键是不出现大面积、颠覆性、系统性的纠纷。故当前应尤其注重在体制机制层面改革，提升治理能力、推进 PPP 规范发展，以防范和降低风险。

5. PPP 会产生庞氏骗局吗？

庞氏骗局是对金融领域投资诈骗的称呼，惯常的手段是"拆东墙补西墙"、"空手套白狼"。即利用新投资人的钱来向老投资者支付利息和短期回报，以制造赚钱的假象进而骗取更多的投资。

尽管 PPP 市场中存在一些不规范现象、存在一定风险，但是，不存在庞氏骗局的要素。PPP 项目都投向了基础设施和公共服务领域，属于我国重要民生领域、补短板领域，这些资产的形成有助于提高公共服务水平、带动区域经济社会发展。此外，PPP 项目均经过相应的论证、审批程序，并以公开竞争程序授予社会资本，同时，政府付费或补贴都纳入预算和中期财政规划。

PPP 项目提供的公共服务是切实需求的，其回报机制也是有保障的。即便局部区域出现支付困难，但依然可以通过财政重整等方式保障社会资本方合理权益。

PPP 不是政府甩包袱，强调全生命周期管理、物有所值，是公共产品供给的新机制，具有重要的战略意义。不能因为存在一定的风险，就将 PPP 视为庞氏骗局,但 PPP 仍需要在发展中规范。

6. 民企参与 PPP 市场的程度如何?

目前,国企仍是 PPP 的主力军,尤其是建筑类、城投类国企是社会资本主体,但民企参与度在上升。从财政部示范项目的落地情况来看,截至 2016 年 6 月底,105 个落地示范项目中,82 个已录入签约社会资本信息,包括 54 个单家社会资本参与项目和 28 个联合体(多家社会资本联合参与)项目,签约社会资本共 119 家,其中民企 43 家、混合所有制 8 家、外企 3 家、国企 65 家,民企占比 36%,前三类非国企合计占比 45%。民企从早期的观望也逐步积极参与到 PPP 市场中,尤其是一些上市公司、大型基建企业参与度较高。

进一步促进私营企业公平参与 PPP 项目具有重大意义,有助于推进市场化改革、行政体制改革,更有助于 PPP 的健康持续发展。但是,国企在融资成本方面较民企优势明显,有些大型 PPP 项目、打包型项目等实际上对私营企业具有一定的挤出效应,需要引起重视。预计未来随着国家加强促进民间资本投资的力度,对资质优秀的民企参与 PPP 的支持力度有望加大。客观上讲,PPP 市场成功的一个关键在于民营资本参与度,能否进得去、呆得住、干得好。故此,可以采取一些优惠政策鼓励有投资能力、运营能力的民间资本积极参与 PPP。

7. PPP 咨询服务的服务内容和收费?

咨询机构目前的服务内容包括如下:

(1)核心内容包括:两报告一方案——物有所值评价报告、财政可承受能力论证报告、项目实施方案,以及 PPP 合同。其他包括与之相关的工程、技术、商务、财务等咨询以及谈判、采购工作。

(2)设计咨询(可研、初步设计、施工图、造价等)、招标、监理等。

(3)在项目执行阶段,开展绩效评价、中期评估等;根据实际运行情况,进行合同内容修订等。目前 PPP 咨询主要是针对第一部分的落地咨询(两报告一方案及采购)。

PPP 咨询综合性强,过去大量的工程咨询公司、会计师事务所、律师事务所等从事 PPP 咨询。此外,新进入的各类咨询机构众多,预计达千家咨询公司。目前,没有统一的收费标准,价格恶性竞争现象较为普遍。PPP 咨询收费多数参照工程咨询、设计收费等标准,结合项目投资规模、咨询的难易程度等综合协商或公开竞争确定价格。目前 PPP 咨询采购也多以竞争性磋商方式为主。

8. 如何进一步完善我国 PPP 咨询市场?

目前,经验丰富的咨询机构较少,咨询市场的机构良莠不齐。PPP 咨询综合性较强,不能简单套用工程咨询资质遴选咨询机构,但非常有必要进一步完善咨询市场。一是加强对地方政府的业务指导、培训,并不断从实践中总结提高;二是,在项目前期开发阶段,让中介机构充分参与项目策划,提供全面综合方案;

三是，加强对咨询机构服务质量的考核，建立信息公开机制和警示与退出制度，并逐步形成区域、全国的咨询机构"黑名单"；四是，合理安排项目咨询费用，确保咨询服务采购的公平有效，选择有实力、有经验的咨询机构团队；五是，不断培育壮大我国 PPP 咨询队伍，促进产学研互动、互促。

9. PPP 发展成功的要素是什么？

世界银行通过系统分析，得出成功的 PPP 三要素：经济、政治和执行。全世界 PPP 模式运行比较规范的却是发达国家，原因在于其市场经济成熟，政治承诺和法律环境稳定，项目库丰富、质量高，流程更透明等。相关要素如下：

一是，完善的法律法规与制度安排，政治承诺和法律环境稳定。二是，成立专门的管理部门，并得到政府强有力支持。三是，项目选择适当且项目要求（规划、范围、产量、质量等）明确。四是，风险分担公平，合同规范，追求全生命效率。五是，金融体系成熟，融资方便。

10. 如何看待我国 PPP 发展？

PPP 现实需求巨大、战略意义重大，处于快速发展机遇期，但仍是公共支出的重要补充。PPP 项目实施规范、恰当，有助于公共服务提质增效，平滑财政支出压力，降低未来财政负担。但是，PPP 不是万能的，也不是天上掉馅饼，更不是政府推脱责任的借口。PPP 的意义绝不限于投资拉动和融资，其深远的意义和影响会随之时间推移、各方的博弈与合作中逐步显现。

目前，中国是全球最大的 PPP 市场，成绩斐然。但不可否认，也存在一些不规范、风险大的现象，但是，总体上发展态势向好，应宽容、理性对待发展中的问题。当前，应加强顶层制度设计，进一步完善法律法规、政策、合同、指南，抓紧改革的时间窗口完善体制机制、提升微观操作能力。基础设施与公共服务不可割裂运行，要摈弃部门之争，建立统一的法律、政策体系，实行统一的管理机构、实施标准、监管标准。

PPP 的未来几年依然会爆发式增长，与之相关的融资、资产证券化等金融市场也将迅猛创新、发展。但是，推广 PPP 模式不应急功近利，应规范有序推进，关键是树立重诺履约的契约精神，落实风险分担机制、充分挖掘 PPP 效率。PPP 未来发展是机遇与挑战并存，对此应审慎乐观、宽容理性以对。